大学生职业生涯规划与就业指导

张 卿 王孝胜 主编

西北工业大学出版社
西 安

【内容简介】 本书介绍了当前大学生职业生涯规划和就业指导的研究成果,总结了大学生就业指导的基本经验,具体包含了自我认知与自我管理、职业认知与职业规划、职业素质与职业能力以及就业指导与职业适应四个模块内容。

本书适合高等院校作为大学生就业指导课程的教材,也可供职业教育者以及各类求职者参考。

图书在版编目(CIP)数据

大学生职业生涯规划与就业指导/张卿,王孝胜主编. —西安:西北工业大学出版社,2018.9(2022.9重印)
ISBN 978-7-5612-6255-9

Ⅰ.①大… Ⅱ.①张… ②王… Ⅲ.①大学生—职业选择—高等学校—教材 Ⅳ.①G647.38

中国版本图书馆 CIP 数据核字(2018)第 205730 号

策划编辑:李 萌
责任编辑:张珊珊

出版发行:西北工业大学出版社
通信地址:西安市友谊西路 127 号   邮编:710072
电　　话:(029)88493844　88491757
网　　址:www.nwpup.com
印 刷 者:兴平市博闻印务有限公司
开　　本:787 mm×1 092 mm　　1/16
印　　张:15.375
字　　数:351 千字
版　　次:2019 年 1 月第 1 版　　2022 年 9 月第 7 次印刷
定　　价:38.00 元

本书编委会

主　编：张　卿　王孝胜

副主编：黄雪飞　高全忠　刘艳彩

编　委：(按姓氏笔画排序)

　　　　　王　丽　王　振　王扬宇　毛　磊

　　　　　刘　静　陈冬梅　陈　悦　喻　谨

　　　　　贾　欣　陶云龙

前言

就业是民生之本,毕业生就业工作是关系到千家万户的大事。做好高校大学生的职业规划和就业指导是引导大学生树立科学合理的就业观的必要保证。职业生涯规划和就业指导作为高等院校学生必修的一门课程,应以新时代中国特色社会主义思想为指导,对学生进行职业生涯教育和职业理想教育、就业指导,帮助毕业生全面了解就业指导的历史、意义、内容和方法,引导学生树立正确的职业观。通过本课程的学习,学生可以学会根据社会需要和自身特点进行职业生涯规划,并以此规范自己的思想、行为,提升毕业生的就业能力和综合素质,为就业做好充分的准备。

本书的编者均为长期工作在教学一线的就业指导教师,他们根据自身的教学经验,博采众长,推陈出新,共同编写了《大学生职业生涯规划与就业指导》,可作为相关课程教材。本书将知识传授、能力训练和行为养成相结合,设计了本章导读、名言点津、案例导入、分析讨论、知识链接、项目练习等栏目,理论联系实际,让大学生更好地认清当前的形势,认清自己的情况,掌握好课本所学的知识,并与社会实践紧密结合,规划好自己的未来。

本书由安徽国际商务职业学院的张卿和王孝胜担任主编。各项目编撰人员如下:模块一由安徽国际商务职业学院贾欣和刘艳彩编写;模块二由安徽工业经济职业技术学院王振、安徽国际商务职业学院王扬宇、合肥幼儿师范高等专科学校陈冬梅编写;模块三由安徽财贸职业学院陶云龙、王丽和安徽国际商务职业学院刘静编写;模块四由安徽交通职业技术学院喻谨、陈悦和安徽城市管理职业学院毛磊编写。

在编写本书的过程中,得到了各高校就业指导专家的关心、指导以及相关教师的大力支持与帮助,在此谨表示诚挚的谢意。本书的编写参考了有关职业规划及就业等方面的文献资料,并吸取了其中的许多精髓,在本书即将出版之际,谨向有关作者表示衷心的感谢。

由于水平有限,书中欠妥和疏漏之处在所难免,恳请专家和读者批评指正。

编 者

2018 年 6 月

模块一　自我认知与自我管理

项目一　自我认知 ··· 3
　第一节　自我认知概述与性格探索 ·· 3
　第二节　兴趣探索 ·· 12
　第三节　能力探索 ·· 30
　第四节　价值观探索 ·· 36

项目二　自我管理 ··· 47
　第一节　自我学习管理 ·· 47
　第二节　自我计划管理 ·· 52
　第三节　自我时间管理 ·· 60
　第四节　自我情绪管理 ·· 67

模块二　职业认知与职业规划

项目一　职业认知 ··· 79
　第一节　职业认知概述 ·· 79
　第二节　认知职业世界 ·· 84
　第三节　职业意识 ·· 93
　第四节　职业环境分析 ·· 100

项目二　职业生涯规划 ··· 105
　第一节　职业生涯规划概述 ··· 105
　第二节　职业生涯规划的能力开发 ·· 109
　第三节　职业生涯规划与行动 ·· 114
　第四节　职业生涯规划书 ·· 122

模块三　职业素质与职业能力

项目一　职业素质 ··· 135
第一节　职业素质概述 ·· 135
第二节　职业素质 ··· 141
第三节　心理调适 ··· 149
第四节　职业道德 ··· 158

项目二　职业能力 ··· 166
第一节　职业能力概述 ·· 166
第二节　有效沟通 ··· 169
第三节　团队精神 ··· 173
第四节　创新能力 ··· 180

模块四　就业指导与职业适应

项目一　就业指导 ··· 189
第一节　就业信息的收集与求职途径 ·· 189
第二节　面试技巧与笔试应对 ·· 193
第三节　就业礼仪 ··· 196
第四节　简历制作 ··· 200

项目二　职业适应 ··· 207
第一节　大学生就业权益 ··· 207
第二节　就业协议书和劳动合同 ··· 215
第三节　从学生向职业人转变 ·· 227
第四节　求职目标确定与调试 ·· 231

参考文献 ··· 236

模块一　自我认知与自我管理

项目一　自我认知

【本章导读】

了解性格、兴趣、能力和价值观的概念；了解性格、兴趣、能力和价值观与职业生涯规划和发展的关系，掌握相关测评工具的使用方法；促进学生对自我的了解，提高职业规划意识。能够运用相关的测评工具对自己的性格、兴趣、能力和职业价值观进行探索，完成职业生涯规划书的自我认知部分。

第一节　自我认知概述与性格探索

【名言点津】

生活是一面镜子，我们梦寐以求的第一件事情就是从中辨认出自己。

——尼采

无知的人并不是没有学问的人，而是不明了自己的人。了解是由自我认识而来，而自我认识，乃是一个人明白自己的整个心理过程。因此，教育的真正意义是自我了解。

——克里希那穆提《一生的学习》

【案例导入】

清楚认识"我是谁"。

（1）分组：将班级成员分成 6 人小组。

（2）请用 10 分钟的时间在一张白纸上写出 20 个"我是谁"的句子并编好序号，尽量选择一些能反映个人风格的语句。

（3）按照身体状况、情绪状况、才智状况、社会关系状况以及其他，将相应的句子编号归类，看看自己对自身各方面的关注和了解程度。

（4）评估对自己的描述是积极的还是消极的，并在积极描述的句子后面加上正号（+），表示自己对自己肯定满意的态度；消极描述的句子后面加上负号（-），表示对自己不满意、否定的态度。统计正负句子的数量，如果正号数量大于负号数量，说明你的自我接纳状况良好，负号数将近一半甚至超过一半显示自己不能很好地接纳自己，这时需要查找原因，如是对自己的评价过低，是什么原因，有没有改善的可能。

（5）组内交流。每个小组成员就对自己的认识和活动的感受进行交流。

（6）团队分享。每组派一名代表进行小组情况交流或个人体会发言，供大家分享。

【分析讨论】

如何客观地认识自己？

"我究竟是怎样的一个人？""在班级或社团中我究竟处在什么样的位置？""别人是怎样评价我的呢？""我的人生目标是什么？""我会被人喜欢和接受吗？"……其实对这些问题的思考和回答过程就是自我认知实现的过程。一个人要认可自我、发展自我、完善自我，给自己找准在社会舞台上的定位，就要不断努力去认识自己。通过描述认真分析自己的优势、劣势、机会与不足，帮助学生进行清晰的自我认知和正确的自我评价，促进学生认清自我，发现自己的优势，有助于在面临职业选择时实现人职匹配。

一、自我认知概述

我国思想家老子曾说过"知人者智，自知者明""胜人者力，自胜者强"。希腊人把"认识你自己"作为铭文刻在德尔斐神庙上。由此可见，自我认知的重要性。正确的自我认知不但是学会做人、做事的起点，也是进行职业生涯规划、培养职业能力、进行就业的起点和基础。

（一）自我认知的含义

自我认知（self-cognition）也叫自我意识，或叫自我，是个体对自己存在的觉察，包括对自己的行为和心理状态的认知。自我认知是对自己的洞察和理解，包括自我观察和自我评价。认识自我，实事求是地评价自己，是自我调节和人格完善的重要前提。良好的自我认知对一个人在职业生涯中能否成功，占有关键性的地位。

（二）自我认知的方法

1. 经验法

经验法是指在人际交往过程中依据过去的活动成果由他人或本人对自己进行主观的分析和评价。经验法包括自我反省、参与实践活动、他人评价、社会比较、自身成就和职业测评。

2. 测评法

测评法是指借助专门的测评工具进行自我测试，通过回答有关问题来认识自己了解自己的一种方法。自我测试的内容包括性格测试、气质测试、智力测试、人际关系测试和职业倾向测验等。

3. 乔哈里视窗

乔哈里视窗（Johari Window）是一种关于沟通的技巧和理论，也被称为"自我意识的发现——反馈模型"。美国心理学家 Joe Lufthe 和 Harry Ingam（1969）从自我概念的角度对人际沟通进行了深入的研究，并根据"自己知道—自己不知"和"他人知道—他人不知"这两个维度，依据人际传播双方对传播内容的熟悉程度，将人际沟通信息划分为四个区：开放区、盲目区、隐秘区（又称隐藏区）和未知区（也称封闭区），这个理论称为"乔哈里视窗"。视窗理论将人际沟通的信息比作一个窗子，人的有效沟通就是这四个区域的有机融合。（见表 1-1-1）

表 1-1-1 乔哈里视窗

	自己已知	自己未知
他人已知	开放区 公开我	盲区 背脊我
他人未知	隐藏区 隐藏我	未知区 潜在我

（1）开放区：是自己知道、别人也知道的信息。例如自己的姓名、年龄、身高、爱好等。开放区具有相对性，有些事情对于某人来说是公开的信息，而对于另一些人可能会是隐秘的事情。在实际工作中的人际交往中，共同的开放区越多，沟通起来也就越便利，越不容易产生误会。

（2）盲目区：是自己不知道、别人却可能知道的盲点。例如性格上的弱点或者坏的习惯，某些处事方式，别人对自己的一些感受等。因此，只有不断地缩小自己的盲目区，才是走向成功的必由之路。

（3）隐藏区：是自己知道、别人却可能不知道的部分。例如自己的某些经历、希望、心愿、秘密等。一个真诚的人也需要隐藏区，完全没有隐藏区的人是心智不成熟的。在有效沟通中，适度地打开隐藏区，是增加沟通成功率的一条捷径。

（4）未知区：是自己和别人都不知道的信息。例如自己身上隐藏的疾病。未知区是尚待开发的部分，可以通过测评等发掘潜能，使潜能得到很好的发挥。

乔哈里模型用来分析以及训练个人发展的自我意识，增强信息沟通、人际关系、团队发展、组织动力以及组织间关系。它把人的心理分成四个部分，即公开我、背脊我、隐藏我、潜在我。通过乔哈里视窗分析可知，须加强了解的是隐藏区和未知区的自我。其中，认识了解"潜在我"是自我认识的重点之一。

（三）自我认知的意义

自我认知有利于接纳自我，促进自身的发展；自我认知是职业选择和发展的需要，可以影响到大学生的择业目标、求职策略和求职心理；同时，良好的自我认知也是未来幸福健康生活的基础。

二、性格探索

课程导入——没有两片完全相同的叶子

300多年前，在普鲁士王宫里，大哲学家莱布尼茨正在滔滔不绝地向王室成员和众多贵族宣传他的宇宙观。话锋一转，他说："世界上没有两片完全相同的叶子"。听者哗然，不少人摇头不信。于是，好事者就请宫女到王宫花园中去找两片完全相同的叶子。谁知，数十人寻了个遍也无法找到。人们惊愕，原来大千世界是如此丰富多彩。后来人们都用莱布尼茨的这句话来比喻人的性格——世界上没有两片完全相同的叶子，世界上也没有性格完全相同的人。每个人都有自己的性格，而良好的性格是一个人学业和事业成功的保证。

法国作家罗曼·罗兰说："每个人都有隐藏的精华，和任何别人的精华不同，它使人具有自己的气味。"每个人的生命都具有独特性，他可以根据自己的特点和优势，选择一条适合自己的成才之路，为社会贡献自己的才能和智慧。由此可见，性格是职业生涯探索中重要的一部分。

（一）性格的概述

性格一词，最早出现于古希腊"xapacco"，具有特征、标志、属性和特性的意思。性格是一个人在对现实的稳定的态度和习惯化了的方式中表现出来的人格特征。性格具有稳定性，一旦形成较难改变。

（二）性格与职业发展的关系

美国著名的职业生涯指导专家霍兰德将职业选择看作是一个人性格的延伸。他认为，职业选择也是性格的表现。个人的性格与职业之间的适配和对应是职业满意度、职业稳定性与职业成就的基础。职业心理学的研究表明，性格影响着一个人对职业的适应性，而性格与职业的最佳匹配将会使我们更好地在工作中发挥潜能，实现人生价值。

课堂活动一——签名。

请拿出一张白纸，在纸上签下自己的名字。

请换一只手，再次在纸上签下自己的名字。

两次签名有什么不同感受？请用几个词形容一下。

活动解析：性格也有"左右手"。

人的性格倾向，就像分别使用自己的两只手写字一样，都可以写出来，但习惯用来写字的那只手写出的会比另一只手写得更好。每个人都会沿着自己所属的类型发展出个人行为、技巧和态度，而每一种也都存在着自己的潜能和潜在的盲点，了解自己擅长的一面和不擅长的一面，有助于在面临职业选择时使职业和性格达到最佳匹配。

（三）MBTI职业性格测试

性格集中体现了一个人的处事方式，了解自己的性格才能知道自己适合做什么样的事情。MBTI人格理论的基础是瑞典著名心理学家卡尔·荣格先生关于心理类型的划分，后经布莱格斯（Katharine Cook Briggs）和她的女儿迈尔斯（Isabel Briggs Myers）研究并加以发展成为心理测评工具。

1. MBTI的类型指标

迈尔斯-布里格斯类型指标（MBTI）衡量的是个人的类型偏好，以瑞士心理学家荣格划分的8种类型为基础，加以扩展，形成E-I，S-N，T-F，J-P四个维度，每个维度偏好二分法均由两级组成，见表1-1-2。

表1-1-2　MBTI的类型指标

维度	类型	相对应的英文缩写	类型	相对应的英文缩写
1	外倾	E	内倾	I
2	感觉	S	直觉	N
3	思维	T	情感	F
4	判断	J	知觉	P

2. MBTI 的测评体系

（1）能量倾向：外倾型（Extraversion）- 内倾型（Introversion）。

与我们对周围世界的互动有关，解释能量释放到何处，从何处获得活力。外倾型的人注意力和能量主要指向外部世界的人和事，从与人交往和行动中获得活力。内倾型的人注意力和能量集中于自己的内心世界，从对思想、回忆和情感的反思中获得活力。具体描述见表 1-1-3。

表 1-1-3 外倾型与内倾型的特征比较（E-I 维度）

外倾型（E）	内倾型（I）
*关注外部环境	*关注自己的内心世界
*喜欢用谈话的方式进行沟通	*更愿意用书面方式进行沟通
*通过谈话形成自己的意见	*通过思考形成自己的意见
*用实际操作或讨论的方式能学得最好	*用思考、在头脑中"练习"的方式学得最好
*先行动，后思考	*先思考，后行动
*兴趣广泛，较之精深更喜欢广博	*兴趣专注，较之广博更喜欢精深
*好与人交往，善于表达	*不把热情表现出来，显得内向
*在工作和人际关系中都很积极主动	*当情境或事件对他们具有重要意义时会主动

课堂活动二——性格理解活动：讨论与观察。

请在小组中分享自己偏向内倾（I）还是外倾（E），并说出为什么如此判断。

请外倾（E）和内倾（I）的同学互相说一说，通常对对方的印象是什么？相处时需要对方做一些什么？自己应该注意些什么？能从对方性格中学习些什么？

（2）注意力倾向：感觉型（Sensing）- 直觉型（iNtuition）。

每个人都在不断接受着信息，这是我们跟上外界节奏的必要前提。但不同类型的个体接受信息的方式不同。

感觉型的人用自己的五官获取信息，喜欢收集实实在在的、确实已出现的信息。对于周围所发生的事件观察细致入微，注重关注事实。

直觉型的人通过想象、无意识等超越感觉的方式来获取信息，喜欢看整个事件的全貌，关注事实之间的联系。想要抓住事件的模式，特别善于看到新的可能性。具体描述见表 1-1-4。

表 1-1-4 感觉型与直觉型的特征比较（S-N 维度）

感觉型（S）	直觉型（N）
*相信确定和有形的东西	*相信灵感或推理
*对概念和理论兴趣不大，除非它们有着实际的效用	*对概念和理论感兴趣
*重视现实性和常情	*重视可能性和独创性
*喜欢使用和琢磨已知的技能	*喜欢学习新技能，但掌握之后很容易就厌倦了
*留意具体的、特定的事物；进行细节描述	*留意事物的整体概况、普遍规律及象征含义；用概括、隐喻等方式进行表述
*循序渐进地讲述有关情况	*跳跃性地展现事实
*着眼于现实	*着眼于未来，留意事物的变化趋势，惯于从长远角度看待事物

在我们的周围，两种类型的人都会存在，当然极端典型的比较少，大多数人兼有两种特质，但其中一种会更突出一些，成为本人的特色，也由此可以确定本人的性格类型。

（3）决策方式倾向：思考型（Thinking）-情感型（Feeling）。

从做决策的方式来看，情感型的人常从自我的价值观念出发，变通地贯彻规章制度，做出一些自己认定是对的决策，比较关注决策可能给他人带来的情绪体验，人情味较浓。思维型的人则比较注重依据客观事实的分析，一以贯之、一视同仁地贯彻规章制度，不太习惯根据人情因素变通，哪怕做出的决定并不令人舒服。两类人都有理性思考的成分，但作决定或下结论的主要依据不一样，具体描述见表1-1-5。

表1-1-5　思考型与情感型的特征比较（T-F维度）

思考型（T）	情感型（F）
*行为冷静，公事公办	*行为温和，注重社交细节
*关注事情的客观公正	*关注个人感受与价值观
*很少赞扬别人	*习惯赞扬别人
*言语平实、生硬	*言语友善、委婉
*坚定、自信	*犹豫、情绪化
*遵照客观逻辑推理	*倾向主观想法与道德评判
*人际关系不够敏感	*尽量避免争论和矛盾

（4）行动方式倾向：判断型（Judging）-知觉型（Perceiving）。

判断型的人喜欢将事情管理得井井有条，过一种有计划的、井然有序的生活。喜欢做出决定，完成后继续下面的工作。生活通常会比较有规划、有秩序，按照计划和日程安排办事对他们来说很重要。从完成任务中获得能量。

知觉型的人喜欢以一种灵活、自发的方式生活，更愿意去体验和理解生活而不是去控制它。详细的计划或决定会使他们感到被束缚。他们愿意对新的信息和选择保持开放，足智多谋，善于调节自己适应当前场合的需要，并从中获得能量。具体描述见表1-1-6。

表1-1-6　思考型与情感型的特征比较（J-P维度）

判断型（J）	知觉型（P）
*正式、严肃	*随意、自然
*保守、谨慎	*开放、灵活
*习惯做决定、有决断	*做事拖拉，不愿意做决定
*条理清楚、计划明确	*缺乏条理，保持弹性
*急于完成工作	*喜欢开始一项工作
*遵守制度、规则与组织	*常常感受到被束缚
*喜欢确立目标、努力实现	*经常改变目标
*外表整洁、环境干净	*着装以舒服为标准，不在意环境

通过对照4个维度的描述，你或许已经识别出自己在每个维度上的偏好，取每个维度上偏好类型的代表字母，即可以由4个字母构成你的性格类型，如ISFJ，即内倾感觉情感

判断型；ENFP，即外倾直觉情感知觉型。4个维度、8个类型可组合成16种性格类型，其性格特征及其适合的职业见表1-1-7。

表1-1-7　MBTI性格类型表

	MBTI类型	性格类型特征	适合的职业
外倾型	ESTP	灵活、忍耐力强，实际，注重结果。觉得理论和抽象的解释非常无趣。喜欢积极地采取行动解决问题。注重当前，自然不做作，享受和他人在一起的时刻。喜欢物质享受和时尚。学习新事物最有效的方式是通过亲身感受和练习	企业家、证券经纪人、银行职员、土木工程师、新闻记者等
	ESFP	外向、友好、接受力强。热爱生活、人类和物质上的享受。喜欢和别人一起将事情做成功。在工作中讲究常识和实用性，并使工作显得有趣。灵活、自然不做作，对于新的任何事物都能很快地适应。学习新事物最有效的方式是和他人一起尝试	销售、旅游管理／导游、幼教老师、职业策划咨询师
	ENFP	热情洋溢、富有想象力。认为人生有很多的可能性。能很快地将事情和信息联系起来，然后很自信地根据自己的判断解决问题。总是需要得到别人的认可，也总是准备着给予他人赏识和帮助。灵活、自然不做作，有很强的即兴发挥的能力，言语流畅	人力资源经理、心理学家、平面设计师、演员、管理咨询顾问等
	ENTP	反应快、睿智，有激励别人的能力，警觉性强、直言不讳。在解决新的、具有挑战性的问题时机智而有策略。善于找出理论上的可能性，然后再用战略的眼光分析。善于理解别人。不喜欢例行公事，很少会用相同的方法做相同的事情，倾向于一个接一个地发展新的爱好	企业家、投资银行家、金融规划师、营销策划人员、人事系统开发人员等
	ESTJ	实际、现实主义，果断，一旦下决心就会马上行动。善于将项目和人组织起来将事情完成，并尽可能用最有效率的方法得到结果。注重日常的细节。有一套非常清晰的逻辑标准，有系统性地遵循，并希望他人也同样遵循。在实施计划时强而有力	事务料理专家、公司首席执行官、预算分析师、项目经理、保险经纪人、物业管理、教师（贸易／工商类）等
	ESFJ	热心肠、有责任心。希望周边的环境温馨而和谐，并为此果断地执行。喜欢和他人一起精确并及时地完成任务。事无巨细都会保持忠诚。能体察到他人在日常生活中的所需并竭尽全力帮助。希望自己和自己的所为能受到他人的认可和赏识	房地产经纪人、护士、零售商、运动教练、餐饮业管理、人力资源顾问等
	ENFJ	热情、为他人着想、易感应、有责任心。非常注重他人的感情、需求和动机。善于发现他人的潜能，并希望能帮助他们实现。能成为个人或群体成长和进步的催化剂。忠诚，对于赞扬和批评都会积极地回应。友善、好社交。在团体中能很好地帮助他人，并有鼓舞他人的领导能力	广告客户管理、杂志编辑、公司培训师、电视制片人、人力资源管理、市场专员、作家、社会工作者
	ENTJ	坦诚、果断，有天生的领导能力。能很快看到公司／组织程序和政策中的不合理性和低效能性，发展并实施有效和全面的系统来解决问题。善于做长期的计划和目标的设定。通常见多识广，博览群书，喜欢拓广自己的知识面并将此分享给他人。在陈述自己的想法时非常强而有力	政治家、公司首席执行官、管理咨询顾问、投资顾问、教育咨询顾问、法官、房产开发商等

续表

	MBTI 类型	性格类型特征	适合的职业
内倾型	ISTJ	安静、严肃,通过全面性和可靠性获得成功。实际,有责任感。决定有逻辑性,并一步地朝着目标前进,不易分心。喜欢将工作、家庭和生活都安排得井井有条。重视传统和忠诚	管理者、行政管理、执法者、会计、首席信息系统执行官等
	ISFJ	安静、友好、有责任感和良知。坚定地致力于完成他们的义务。全面、勤勉、精确、忠诚、体贴,留心和记得他们重视的人的小细节,关心他人的感受。努力把工作和家庭环境营造得有序而温馨	内科医生、营养师、记账员、图书/档案管理员、特殊教育教师、酒店管理等
	INFJ	寻求思想、关系、物质等之间的意义和联系。希望了解什么能够激励人,对人有很强的洞察力。有责任心,坚持自己的价值观。对于怎样更好的服务大众有清晰的远景。在对于目标的实现过程中有计划而且果断坚定	精神领袖、建筑设计师、心理咨询师、网站编辑、培训经理/培训师、仲裁师等
	INTJ	在实现自己的想法和达成自己的目标时有创新的想法和非凡的动力。能很快洞察到外界事物间的规律并形成长期的远景计划。一旦决定做一件事就会开始规划并直到完成为止。多疑、独立,对于自己和他人能力和表现的要求都非常高	科学或技术领域、计算机、法律、媒体策划、心脏病专家、设计工程师等
	ISTP	灵活、忍耐力强,是个安静的观察者直到有问题发生,就会马上行动,找到实用的解决方法。分析事物运作的原理,能从大量的信息中很快找到关键的症结所在。对于原因和结果感兴趣,用逻辑的方式处理问题,重视效率	熟练工种、技术领域、农业、执法者、军人等
	ISFP	安静、友好、敏感、和善。享受当前。喜欢有自己的空间,喜欢能按照自己的时间表工作。对于自己的价值观和自己觉得重要的人非常忠诚,有责任心。不喜欢争论和冲突。不会将自己的观念和价值观强加到别人身上	思想家、健康护理(包括生理、心理)商业、执法者、室内装潢设计师、厨师等
	INFP	理想主义,对于自己的价值观和自己觉得重要的人非常忠诚。希望外部的生活和自己内心的价值观是统一的。好奇心重,很快能看到事情的可能性,能成为实现想法的催化剂。寻求理解别人和帮助他们实现潜能。适应力强,灵活,善于接受,除非是有悖于自己的价值观的	心理学家、人力资源管理、翻译、大学教师(人文学科)、社会工作者、服装设计师、网站设计师等
	INTP	对于自己感兴趣的任何事物都寻求找到合理的解释。喜欢理论性的和抽象的事物,热衷于思考而非社交活动。安静、内向、灵活、适应力强。对于自己感兴趣的领域有超凡的集中精力深度解决问题的能力。多疑,有时会有点挑剔,喜欢分析	建筑师、软件设计师、风险投资家、金融分析师、音乐家、知识产权律师、网站设计师等

性格对一个人的成功有着很大的影响。性格类型与职业适配性的高低,可以预测个人对职业的满意度、稳定性及职业成就。如果一个人从事的职业与他的个性相适应,工作起来就会得心应手,容易取得成功。如果性格与职业不相适应,性格就会阻碍工作的顺利进行。MBTI 性格类型中,每个偏好、每种类型没有哪种是更好的,也没有更坏的,更没有对错之分,每种类型都是独特的,会在适合的环境中发挥自己的特点。因此,每个同学要清楚自己的性格类型,寻找适合自己的职业方向,在这个问题上请同学们认真对待。

【知识链接】

个性新说

扉言：当一个内向的人试图变得外向的时候，他可能失去了自我内心的安宁，也失去了命运的眷顾！

人们判断一个人是内向性格或者外向性格是从行为与情绪类型来判断的。这个判断不太可靠，因为人的行为可以是后天通过学习与强化得到，人的情绪也可以因为经验和年龄变得和谐。在心理学涵义上内向外向主要指人的精神指向，比较关注内心的人性格是偏内向，比较关注外部世界的人性格是偏外向。关注内心的人着力发展自我感，首要面对的是如何喜欢自己，关注外在的人着力发展能力，首要面对的被人喜欢与被环境认同。两种力量对每个人都会是必不可少的。

有一些内向的人为自己的个性烦恼，其实这样的人应该感谢上帝让他获得如此重要的个性倾向。仔细想想，没有内在肯定和自我认同的人不可能有持续的力量去发展朝外的进取与奋斗，一个只关注外界从不自省内心的人也不可能获得成功。我们的文化对个性的描述一直存在着一种无意识的割裂，以为这两种个性是恰好相反的，二者只能是其一。其实这可能是人类二律背反得出的最荒诞的偏见。内向的力量是树根与树干，外向的力量是枝叶、花蕾与果实。这两种心理力量恰好是并存相依的。

文化习惯把外向的人想象为乐观、开朗、热情、自信和进取，把内向者联想为保守、压抑、退缩、不安、胆怯、不合群。差不多会识字的人都会说外向是社会欢迎的，内向却不那么好。当然，内向的人很自我，内省，另类，不按常规出牌，自然难以得到主流文化的喜欢。外向的人不坚持己见，从众，随同，喜欢分享，依赖规则，服从环境，追求社会认同，自然容易成为文化价值导向下的宠儿。

区别内向与外向的一个简单可信的依据是问问自己的快乐从哪里来。内向的人把心理能量指向自己，因此快乐也主要由心而生，不那么依靠外部世界的认同与赞许；外向的人把心理能量指向外部世界，喜欢人际接触，好奇，富于冒险精神，对主流文化比较认同。

内向为主的人比较有意志、理想，也有个性追求，特色的美感、兴趣、爱学习、没事偷着乐，外界不管有多大的变化、干扰、甚至打击也妨碍不了他生活的目的与信念。为了一个梦想或观点常常会独自坚持，不达目的誓不罢休。外向为主的人比较灵活、顺从、不跟别人和自己找麻烦，审时度势，喜欢顺水推舟，不好逆水行船。

很多人陷入社交的烦恼，害怕人际关系，胆怯，退缩，自认为是内向的。其实他正好缺少内在的精神指向，内心根本就没有快乐，期待被别人喜欢认同来快乐，这样的人恰好是外向的，也恰好缺乏内向的心理能力。

人的一生，两种个性力量是同时存在的，不夸张地说内向的个性能力是获得外向个性能力的前提。正如埃里克森在《同一性危机》中说的，自我认同是一种精神朝内的灌注。其实，人的个性是复杂的，不可能像文化标定那样是单一的。社会是个舞台，只要喜欢，人才可以表演出不同的个性色彩。如果真能单一的话，我猜单一的内向还是比单一的外向好。很多科学家，哲学家，伟人，艺术家，创业者都因为发展了很好的内向能力而让自己能在浮躁的社会里沉静下来，独立思考，富于创意，最终获得成就。

被文化描述的个性其实是人的社会性格，而非人内心本质的心理性格。要让偏内向的人喜欢自己，就要思考我们的文化定义给内向人带来的观念困境。如果社会把内向与外向的人等同起来看，那么内向的人可能更容易找到适合自己存在的方式。强迫内向的人按照文化导向的外向模式去生活，他可能产生很严重的不适感。

人只有发展好内向的力量，让心灵成为快乐的源泉，外向的个性才能慢慢有根基，既沉静得下来，也能放得开去。不喜欢自己，不接纳自己，你的灵魂会远离你，终身漂泊。自己爱自己，从内心世界去找到存在的意义，这样的快乐才是随时可以自给自足的。

【项目练习】

设置项目小组，活动内容等：

（1）我的MBTI类型。

请在横线上写下自己的MBTI类型。

能量倾向（外倾E/内倾I）：＿＿＿＿＿＿

注意力倾向（感觉S/直觉N）：＿＿＿＿＿＿

决策方式倾向（思考T/情感F）：＿＿＿＿＿＿

行动方式倾向（判断J/知觉P）：＿＿＿＿＿＿

（2）完成职业生涯规划书中的性格部分。

第二节　兴趣探索

【名言点津】

在你最感兴趣的事物上，隐藏着你人生的钥匙。

——比尔·盖茨

你兴趣所在的地方，也就是你能力所在的地方。

——戴尔·卡耐基《人性的弱点》

知之者不如好之者，好之者不如乐之者。

——孔子

学问必须合乎自己的兴趣，方可得益。

——莎士比亚

"我和你没有什么差别。如果你一定要找一个差别，那可能就是我每天有机会做我最爱的工作。如果你要我给你忠告，这是我能给你的最好忠告了。"

——华伦·巴菲特

【案例导入】

找准自己的位置——兴趣成就事业

诺贝尔化学奖获得者奥托·瓦拉赫在上中学时，他的父母曾为他选择了文学之路，但只过了一个学期，教师就在他的评语中下了结论：瓦拉赫很用功，但过分拘泥，这样的人即使有着完善的道德，也绝不会在文学上有所成就。后来父母又让他改学油画，谁知瓦拉赫既不关心构图，又不会调色，对艺术的理解力也很差。可是，化学教师却认为瓦拉赫做事一丝不苟，具备做化学试验应有的品格，建议他试学化学。这一次，瓦拉赫兴趣的火花被点燃了，其化学成绩在同学中遥遥领先，并最终获得了诺贝尔化学奖。

【分析讨论】

瓦拉赫的成功告诉我们，每个人的智能都不会是均衡发展的，如果能发现自己的兴趣，就会有所作为。

爱因斯坦说过"兴趣是最好的老师"。兴趣是良师益友，它牵引着你走进趣味盎然的生活。培养一个人对于某件事情的兴趣，其实可以很大程度上帮助他成功。所以说，兴趣是成功的基石。兴趣是生涯规划中进行自我探索的一个重要方面，它是影响人们工作满意度、职业稳定性和职业成就感的重要因素，同时也是对职业进行分类的重要基础。

一、兴趣概述

（一）兴趣与职业兴趣

1. 兴趣

兴趣是指一个人力求认识某种事物或从事某种活动的心理倾向。每个人都会对他感兴趣的事物给予优先注意和积极地探索，并表现出心驰神往。如，对美术感兴趣的人，对各种油画、美展、摄影都会认真观赏、评点，对好的作品进行收藏、模仿；对邮票或钱币感兴趣的人，会想尽办法对古今中外的各种邮票或钱币进行收集、珍藏、研究；此外，还有对乐器、京剧、体育运动等等感兴趣并积极关注和行动的。由此可见，人们的兴趣是多种多样、各有特色的。在实践活动中，兴趣能使人们工作目标明确，积极主动，从而能自觉克服各种艰难困苦，获取工作的最大成就，并能在活动过程中不断体验成功的愉悦。

2. 职业兴趣

职业兴趣是指一个人想从事某种职业的愿望，即一个人力求从事某种职业的心理倾向，或称为争取得到某种职业的意向。

（二）兴趣的分类

兴趣具有倾向性、广度、稳定性和效能四种品质，人的兴趣是多种多样的，概括起来大致可以分为三大类，见表 1-1-8。

表 1-1-8 兴趣的分类

兴趣分类	类别名称	含义
第一类	物质兴趣	主要指人们对舒适的物质生活（如衣、食、住、行方面）的兴趣和追求
	精神兴趣	精神兴趣主要指人们对精神生活（如学习、研究、文学艺术、知识）的兴趣和追求
第二类	直接兴趣	是指对活动过程的兴趣。如有的学生想象力丰富，富于创造性，喜欢制作各种模型，在制作过程中，全神贯注，表现出浓厚的兴趣
	间接兴趣	主要指对活动过程所产生的结果的兴趣。如有的学生喜欢绘画，每当完成一幅画，他都会对自己取得的成果表现出极大兴趣

续表

兴趣分类	类别名称	含义
第三类	个人兴趣	是个体以特定的事物、活动及人为对象所产生的积极的和带有倾向性、选择性的态度和情绪
	社会兴趣	指社会成员对某一领域的普遍兴趣，或社会某一领域对社会成员的普遍需求

（三）兴趣与职业的关系

1. 兴趣是职业生涯选择的重要依据

兴趣是一种甜蜜的牵引，可以使人集中精力去探索自己所喜欢的职业相关知识，启迪智慧并创造性地开展工作。人们通常倾向于选择与自我兴趣类型匹配的职业环境。正像人们在日常生活中喜欢从事自己感兴趣的活动一样（如书法、乐器、体育运动等）。因此，具有一定兴趣类型的人更倾向于寻找与此有关的职业（类型），更倾向于选择自己感兴趣的职业。

2. 兴趣是获得成功的原动力

曾经有一项针对1500名哈佛商学院毕业生的研究，追踪他们从1960—1980年的事业发展。这些毕业生有两组，第一组人选择先赚钱，然后才做自己想做的事。第二组人则先追求他们真正的兴趣。其中，第一组占83%，1245人，第二组占17%，255人。20年后，两组共有101名百万富翁，不过，只有1人属于第一组，其他100人则属于第二组。

3. 兴趣是我们内心动力和快乐的最终来源

美国芝加哥大学心理学教授米哈利（Mihaly Csikszentmihalyi，1988）花30多年的时间对几百位各行各业的人进行了访谈，研究到底什么东西真正令人们感到幸福和满足。他发现，和人们通常想象的不同，不是在人们很放松、什么事业都不做（比如看电视）的时候，而是当人们专心致志地从事某种活动、甚至忘我地完全沉浸在这种活动中的时候，他们感到最为愉快和满足。

米哈利将这种状态称之为"flow"（它的原意是"流动"，也被译为"沉浸"或"心流"状态），因为这时候人们的体验好像是被一股潮流往前推动，一切都很平稳而自然地发生了。在这种状态下，人们没有考虑到做这样的事情可能带来什么样的回报或担心自己的表现如何，而只是整个人都忘情地投入其中，享受从事这个活动过程本身带来的快乐。这种活动通常对我们的体力或智力都有一定的挑战，同时人们也在最大限度地使用自己的技能。我们的满足感、幸福感往往来自于从事某种活动，而不是无所事事或单纯的享乐游玩，这也正是工作原本的意义所在。

4. 兴趣是提高工作满意度、增强职业稳定性、获得职业成就感的重要因素

如果人能从事自己感兴趣的工作，那么，人生就是天堂。据研究，一个人怀着兴趣从事工作，能发挥全部才能的80%～90%，而且在工作过程中，能够有主动性、创造性，效率高，不易疲劳。相反，从事自己无兴趣的工作，只能发挥人全部才能的20%～30%，且在工作时表现被动，效率低。人生的最大生活价值，就在于对所从事的工作有兴趣。兴趣可以提高工作效率，充分发挥潜能，在其他条件相似的情况下，从事自己感兴趣的职业有助于

提高工作满意度,获得工作单位的满意,职业的长期性和稳定性较好,也较容易做出成就,获得职业成就感。

二、霍兰德职业兴趣理论

约翰·霍兰德(John Holland),美国著名的职业指导专家,约翰·霍普金斯大学心理学教授。他于1959年提出了具有广泛社会影响的职业兴趣理论。认为人的人格类型、兴趣与职业密切相关,兴趣是人们活动的巨大动力。凡是具有职业兴趣的职业,都可以提高人们的积极性,促使人们积极地、愉快地从事该职业,且职业兴趣与人格之间存在很高的相关性。

霍兰德认为人格可分为现实型、研究型、艺术型、社会型、企业型和事务型六种类型。这六大类型,并非是并列的、有着明晰的边界的。他以六边形标示出六大类型的关系,边和对角线的长度反映了六种人格类型之间心理上的一致性程度,同时也代表着六种职业类型之间的相似与相容程度,如图1-1-1所示。

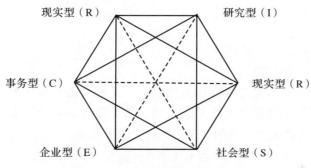

图1-1-1 六种兴趣类型之间的关系

每一种类型与其他类型之间存在不同程度的关系,大体可描述为三类。

(1) 相邻关系:如RI, IR, IA, AI, AS, SA, SE, ES, EC, CE, RC及CR。属于这种关系的两种类型的个体之间共同点较多,现实型R、研究型I的人都不太偏好人际交往,这两种职业环境中也都较少有机会与人接触。

(2) 相隔关系:如RA, RE, IC, IS, AR, AE, SI, SC, EA, ER, CI及CS,属于这种关系的两种类型的个体之间共同点较相邻关系少。

(3) 相对关系:在六边形上处于对角位置的类型之间即为相对关系,如RS, IE, AC, SR, EI, CA,相对关系的人格类型共同点少。因此,一个共同人同时对处于相对关系的两种职业环境都兴趣很浓的情况较为少见。

以下介绍一下霍兰德代码。霍兰德的兴趣类型编码有三种编码方式:

单编码:R, I, A, S, E, C

双编码:RI, RA, EA, ES……

三编码:ISA, EAS, CRI……

个人的职业兴趣往往是多方面的,因此,通常用3个字母(代表3种兴趣类型)的代码来标示一个人的职业兴趣,这个代码就称为"霍兰德代码"(Holland Code)。这三个字母之间的顺序表示了不同兴趣的强弱程度的不同。

霍兰德的职业兴趣理论主要从兴趣的角度出发来探索职业指导的问题。他明确提出了职业兴趣的人格观，使人们对职业兴趣的认识有了质的变化。自我兴趣的发现，需要个人在实践的过程中不断培养和调整。即使从事自己感兴趣的职业，仍需要付出艰苦的努力。

【知识链接】

霍兰德职业兴趣测试的理论来源

职业兴趣测试的研究可以追溯到 20 世纪初，桑代克于 1912 年对兴趣和能力的关系进行了探讨。1915 年詹穆士发展了一个关于兴趣的问卷，标志着职业兴趣测试的系统研究的开始。1927 年，斯特朗编制了斯特朗职业兴趣调查表，是最早的职业兴趣测试。库德又在 1939 年发表了库德爱好调查表。1953 年编制了职业偏好量表，并在此基础上发展了自我指导探索（1969 年），据此提出了"人格特质与工作环境相匹配"的理论（1970 年）。不难看出，在 Holland 职业兴趣理论提出之前，关于职业兴趣测试和个体分析是孤立的，Holland 将二者有机结合起来。

【项目练习】

设置项目小组，活动内容等。

活动一：兴趣岛。

恭喜你，你获得了一次免费度假旅游的机会，有机会去下列岛屿中的一个。唯一的要求是你必须要在这个岛上待满至少半年的时间。请不要考虑其他因素，仅凭自己的兴趣按一、二、三的顺序挑出你最想前往的 3 个岛屿，见表 1-1-9。

表 1-1-9 兴趣岛

岛屿 R	岛屿 I	岛屿 A
自然原始的岛屿：岛上保留有热带的原始森林，自然生态保持得很好，有各种各样的野生动物。岛上居民生活状态还相当原始，他们以手工见长，自己种植花果蔬菜、修缮房屋、打造器物、制作工具，喜欢户外运动	深思冥想的岛屿：岛上人迹较少，建筑物多僻处一隅，平畴绿野，适合夜观星象。岛上有多处天文馆、科博馆以及科学图书馆等。岛上居民喜好观察、学习、探究、分析，崇尚和追求真知，常有机会和来自各地的哲学家、科学家、心理学家等交换心得	美丽浪漫的岛屿：岛上充满了美术馆、音乐厅、街头雕塑和街边艺人，弥漫着浓厚的艺术文化气息。当地的原住民很有艺术、创新和直觉能力，他们保留了传统的舞蹈、音乐与绘画，许多文艺界的朋友都喜欢来这里找寻灵感
岛屿 S	岛屿 E	岛屿 C
友善亲切的岛屿：岛上居民个性温和、十分友善、乐于助人，社区均自成一个密切互动的服务网络，人们重视互助合作，重视教育，关怀他人，充满人文气息	显赫富庶的岛屿：善于企业经营和贸易，能言善道，以口才见长。岛上的经济高度发展，处处是高级饭店、俱乐部、高尔夫球场。来往者多是企业家、经理人、政治家、律师等，曾数次在这里召开财富论坛和其他行业峰会	现代、井然有序的岛屿：岛上建筑十分现代化，是进步的都市形态，以完善的户政管理、地政管理、金融管理见长。岛民个性冷静保守，处事有条不紊，善于组织规划，细心高效

测试结果：六个岛屿代表着六种典型的职业生涯兴趣类型（其中，第一个是主要兴趣，第二、三个是辅助兴趣），见表 1-1-10。

表 1-1-10 测试结果

选择岛屿	类型	性格特点	兴趣职业
R岛	实用型	愿意使用工具从事操作性工作,动手能力强,做事手脚灵活,动作协调。偏好于具体任务,不善言辞,做事保守,较为谦虚。缺乏社交能力,通常喜欢独立做事	制造业、渔业、野外生活管理业、技术贸易业、机械业、农业、技术、林业、特种工程师和军事工作
I岛	研究型	思想家而非实干家,抽象思维能力强,求知欲强,肯动脑,善思考,不愿动手。喜欢独立的和富有创造性的工作。知识渊博,有学识才能,不善于领导他人。考虑问题理性,做事喜欢精确,喜欢逻辑分析和推理,不断探讨未知的领域	实验室工作人员、生物学家、化学家、社会学家、工程设计师、物理学家和程序设计员
A岛	艺术型	有创造力,乐于创造新颖、与众不同的成果,渴望表现自己的个性,实现自身的价值。做事理想化,追求完美,不重实际。具有一定的艺术才能和个性。善于表达、怀旧、心态较为复杂	作家、艺术家、音乐家、诗人、漫画家、演员、戏剧导演、作曲家、乐队指挥和室内装潢人员
S岛	社会型	喜欢与人交往、不断结交新的朋友、善言谈、愿意教导别人。关心社会问题、渴望发挥自己的社会作用。寻求广泛的人际关系,比较看重社会义务和社会道德	教师、社会工作者、心理咨询员、服务性行业人员
E岛	企业型	追求权力、权威和物质财富,具有领导才能。喜欢竞争、敢冒风险、有野心、抱负。为人务实,习惯以利益得失、权利、地位、金钱等来衡量做事的价值,做事有较强的目的性	商业管理、律师、营销人员、市场或销售经理、公关人员、采购员、投资商、电视制片人和保险代理等
C岛	事物型	尊重权威和规章制度,喜欢按计划办事,细心、有条理,习惯接受他人的指挥和领导,自己不谋求领导职务。喜欢关注实际和细节情况,通常较为谨慎和保守,缺乏创造性,不喜欢冒险和竞争,富有自我牺牲精神	会计师、银行出纳、簿记、行政助理、秘书、档案文书和计算机操作员等

活动二:霍兰德职业倾向测验量表。

本测验量表将帮助你发现和确定自己的职业兴趣和能力特长,从而更好地做出求职择业的决策。如果你已经考虑好或选择好了自己的职业,本测验将使你的这种考虑或选择具有理论基础,或向你展示其他合适的职业;如果你至今尚未确定职业方向,本测验将帮助你根据自己的情况选择一个恰当的职业目标。本测验共有七部分,每部分测验都没有时间限制但请你尽快按要求完成。

第一部分　你心目中的理想职业(专业)

对于未来的职业(或升学进修的专业),你得早有考虑,它可能很抽象、很朦胧,也可能很具体、很清晰。不论是哪种情况,现在都请你把自己最想干的3种工作或最想读的3种专业,按顺序写下来:

1. _____
2. _____
3. _____

第二部分　你所感兴趣的活动

下表列举一些具体活动，这些活动无所谓好坏，如果你喜欢参加（包括过去、现在和将来），请在"是"栏打"√"，反之则在"否"栏打"√"。这一部分将确定你的职业兴趣，而不是选择工作，你喜欢某种活动并不意味着你一定从事这种活动。答题时不必考虑过去是否干过和是否擅长这种活动，只根据你的兴趣直接判断即可。

R 现实型活动：你喜欢做下列事情吗？	是	否
1. 装配修理电器或玩具		
2. 修理自行车		
3. 做木工活		
4. 开汽车或摩托车		
5. 开机床		
6. 参加木工技术学习班		
7. 上机械制图课		
8. 驾驶卡车或拖拉机		
9. 参加机械和电器学习班		
10. 上金属工艺课		
11. 上电气自动化技术课		
统计"是"一栏得分计		

I 调查型活动：你喜欢做下列事情吗？	是	否
1. 阅读科技图书和杂志		
2. 在实验室工作		
3. 研究自己选择的特殊问题		
4. 解算术题或玩数学游戏		
5. 制作飞机或汽车模型		
6. 阅读专业性论文		
7. 上物理课		
8. 上化学课		
9. 上几何课		
10. 上生物课		
11. 做化学实验		
统计"是"一栏得分计		

模块一　自我认知与自我管理

A 艺术型活动：你喜欢做下列事情吗？	是	否
1. 素描／制图或绘画		
2. 表演戏剧、小品或相声		
3. 设计家具或房间		
4. 练习乐器或参加乐队		
5. 阅读小说、读剧本		
6. 从事摄影创作		
7. 写诗或吟诗		
8. 上书法美术课		
9. 参加艺术（美术或音乐）培训班		
10. 欣赏音乐或戏剧		
11. 在舞台上演唱或跳舞		
统计"是"一栏得分计		

S 社会型活动：你喜欢做下列事情吗？	是	否
1. 参加学校或单位组织的正式活动		
2. 参加某个社会团体或俱乐部的活动		
3. 帮助别人解决困难		
4. 照顾儿童		
5. 出席晚会、联欢会、茶话会		
6. 和大家一起出去郊游		
7. 想获得关于心理学方面的知识		
8. 参加讲座会或辩论会		
9. 观看或参加体育比赛和运动会		
10. 结交新朋友		
11. 阅读与人际交往有关的书刊		
统计"是"一栏得分计		

E 企业型活动：你喜欢做下列事情吗？	是	否
1. 对他人做劝说工作		
2. 从事个体或独立的经营活动		
3. 谈论政治问题		
4. 制定计划、参加会议		

续表

E 企业型活动：你喜欢做下列事情吗？	是	否
5. 做演讲		
6. 检查与评价别人的工作		
7. 结交名流		
8. 在社会团体中担任职务		
9. 买东西与人讨价还价		
10. 指导有某种目标的团体		
11. 以自己的意志影响别人的行动		
统计"是"一栏得分计		

C 事务型活动：你喜欢做下列事情吗？	是	否
1. 保持桌面与房间整洁		
2. 抄写文章和信件		
3. 检查个人收支情况		
4. 为领导写报告或公务信函		
5. 记流水账或备忘录		
6. 上打字课或学习速记法		
7. 将文件、报告、记录分类与归档		
8. 上会计课		
9. 上商业统计课		
10. 参加算盘、文秘等实务培训		
11. 参加情报处理培训		
统计"是"一栏得分计		

第三部分　你所擅长获胜的活动

下表列举了若干种活动，确定你具有哪一方面的工作特长。回答时，只需考虑你过去或现在对所列活动是否擅长、胜任，不必考虑你是否喜欢这种活动。其中你能做或大概能做的事，请在"是"栏打"√"，反之在"否"栏打"√"。注意，你如果从未从事过某种活动，就请考虑你将来是否会擅长从事该项活动，务必做完每一道题目。

R 现实型能力	是	否
1. 使用锯子、钳子、车床、砂轮等工具		
2. 使用万用电表		
3. 能够修理自行车或其他机械		
4. 给家具和木制品刷漆		
5. 看建筑设计图		

续表

R 现实型能力	是	否
6. 修理家具		
7. 修理结构简单的家用电器		
8. 疏通、修理水管或下水道		
9. 制作简单的家具		
10. 绘制机械设计图样		
11. 使用电钻、缝纫机		
统计"是"一栏得分计		

I 调研型能力	是	否
1. 了解真空管的原理和作用		
2. 能够列举三种蛋白质多的食品		
3. 理解铀的裂变		
4. 能够使用计算尺、计算器、对数表		
5. 会使用显微镜		
6. 能找到三个星座		
7. 能解释简单的化学分子式		
8. 能独立进行调查研究		
9. 理解人造卫星为什么不落地		
10. 经常参加学术会议		
11. 说明白细胞的功能		
统计"是"一栏得分计		

A 艺术型活动能力	是	否
1. 能演奏乐器		
2. 能参加二部或四部合唱		
3. 独唱或演奏		
4. 扮演剧中角色		
5. 创作简单的乐谱		
6. 跳舞		
7. 能绘画、素描或书法		
8. 能雕刻、剪纸或泥塑		
9. 设计板报、服装或家具		
10. 写好文章		
11. 说书或讲故事		
统计"是"一栏得分计		

S 社会型能力	是	否
1. 有向各种人说明、解释的能力		
2. 常参加社会福利活动		
3. 能和大家一起友好相处地工作		
4. 善于与年长者相处		
5. 会邀请人、招待人		
6. 能简单易懂地教育儿童		
7. 善于体察人心和帮助别人		
8. 帮助护理病人和伤员		
9. 安排社团组织的各种事务		
10. 善于判断人的性格		
11. 安排会议等活动的各种事务		
统计"是"一栏得分计		

E 企业型能力	是	否
1. 担任过学生干部并且干得不错		
2. 工作上能指导和监督别人		
3. 做事充满活力和热情		
4. 有效利用自身的做法调动他人		
5. 销售能力强		
6. 曾作为俱乐部或社团的负责人		
7. 向领导提出建议或意见		
8. 有开创事业的能力		
9. 知道怎样做一个优秀的领导者		
10. 健谈善辩		
11. 说服别人参加你所在的团体		
统计"是"一栏得分计		

C 事务型能力	是	否
1. 会熟练地打印中文		
2. 会用外文打字机或复印机		
3. 能快速记笔记和抄写文章		
4. 善于整理和保管文件与资料		
5. 善于从事事务性的工作		
6. 会用算盘		

续表

C 事务型能力	是	否
7. 能在短时间内分类和处理大量文件		
8. 能使用计算机		
9. 能搜集数据		
10. 善于为自己或集体做财务预算表		
11. 能迅速理清贷方和借方的账目		
统计"是"一栏得分计		

第四部分 你所喜欢的职业

下表列举了多种职业,请逐一认真地看,如果是你有兴趣的工作,请在"是"栏里打√;如果是你不太喜欢、不关心的工作,请在"否"栏里打√。请回答全部问题。

R 现实型职业	是	否
1. 飞机机械师		
2. 野生动物专家		
3. 汽车维修工		
4. 木匠		
5. 测量工程师		
6. 无线电报务员		
7. 园艺师		
8. 长途公共汽车司机		
9. 电工		
10. 自动化工程技术人员		
11. 机械安装或钳工		
统计"是"一栏得分计		

I 调研型职业	是	否
1. 气象学或天文学学者		
2. 生物学研究人员		
3. 医学实验室的技术人员		
4. 人类学研究人员		
5. 动物学研究人员		
6. 化学研究人员		
7. 数学研究人员		

续表

I 调研型职业	是	否
8. 科学杂志的编辑或作家		
9. 地质学研究人员		
10. 物理学研究人员		
11. 药剂师		
统计"是"一栏得分计		

A 艺术型职业	是	否
1. 乐队指挥		
2. 演奏家		
3. 作家		
4. 摄影家		
5. 记者		
6. 画家、书法家		
7. 歌唱家		
8. 作曲家		
9. 演员		
10. 诗人		
11. 文学艺术评论家		
统计"是"一栏得分计		

S 社会型职业	是	否
1. 街道、工会或妇联干部		
2. 小学或中学教师		
3. 精神病医生		
4. 婚姻介绍所工作人员		
5. 体育教练		
6. 福利机构负责人		
7. 心理咨询员		
8. 共青团干部		
9. 导游		
10. 国家机关工作人员		
11. 青少年犯罪问题专家		
统计"是"一栏得分计		

E 企业型职业	是	否
1. 厂长		
2. 电视片编制人员		
3. 公司经理		
4. 销售员		
5. 人民代表		
6. 广告部长		
7. 体育活动主办者		
8. 销售部长		
9. 个体工商业者		
10. 企业管理咨询人员		
11. 律师或法官		
统计"是"一栏得分计		

C 事务型职业	是	否
1. 会计师		
2. 税收管理员		
3. 计算机操作员		
4. 簿记人员		
5. 成本核算员		
6. 文书档案管理员		
7. 打字员		
8. 法庭书记员		
9. 人口普查统计员		
10. 办公室秘书		
11. 质量检查员		
统计"是"一栏得分计		

第五部分　你的能力类型简评

下表 A、表 B 是你在 6 个职业能力方面的自我评定表。你可以先与同龄者比较出自己在每一方面的能力，然后经斟酌后对自己的能力作评估。请在表中适当的数字上画圈。数字越大，表示你的能力越强。注意，请勿全部画同样的数字，因为人的每项能力不可能完全一样。

表 A

R 型	I 型	A 型	S 型	E 型	C 型
机械操作能力	科学研究能力	艺术创作能力	解释表达能力	商业洽谈能力	事务执行能力
7	7	7	7	7	7
6	6	6	6	6	6
5	5	5	5	5	5
4	4	4	4	4	4
3	3	3	3	3	3
2	2	2	2	2	2
1	1	1	1	1	1

表 B

R 型	I 型	A 型	S 型	E 型	C 型
体育技能	数学技能	音乐技能	交际技能	领导技能	办公技能
7	7	7	7	7	7
6	6	6	6	6	6
5	5	5	5	5	5
4	4	4	4	4	4
3	3	3	3	3	3
2	2	2	2	2	2
1	1	1	1	1	1

第六部分　统计和确定你的职业倾向

请将第二部分至第五部分的全部测验分数按前面已统计好的6种职业倾向（R型、I型、A型、S型、E型和C型）得分填入下表，并作纵向累加。

测试	R型	I型	A型	S型	E型	C型
第二部分						
第三部分						
第四部分						
第五部分A						
第五部分B						
总分						

请将上表中的6种职业倾向总分按大小顺序依次从左到右排列：
_____型、_____型、_____型、_____型、_____型、_____型

写出你的霍兰德代码（前三位顺序）：_____

测验完毕。现在，请将你测验得分第一位的职业类型找出来，对照表1-1-11，判断一下自己适合的职业类型。

表1-1-11 霍兰德职业索引——职业兴趣代码与其相应的职业对照表

职业兴趣代码	职业对照
R（实用型）	木匠、农民、操作X光的技师、工程师、飞机机械师、鱼类和野生动物专家、自动化技师、机械工（车工、钳工等）、电工、无线电报务员、火车司机、长途公共汽车司机、机械制图员、修理机器、电器师
I（研究型）	气象学者、生物学者、天文学家、药剂师、动物学者、化学家、科学报刊编辑、地质学者、植物学者、物理学者、数学家、实验员、科研人员、科技作者
A（艺术型）	室内装饰专家、图书管理专家、摄影师、音乐教师、作家、演员、记者、诗人、作曲家、编剧、雕刻家、漫画家
S（社会型）	社会学者、导游、福利机构工作者、咨询人员、社会工作者、社会科学教师、学校领导、精神病工作者、公共保健护士。
E（企业型）	推销员、进货员、商品批发员、旅馆经理、饭店经理、广告宣传员、调度员、律师、政治家、零售商
C（事务型）	记账员、会计、银行出纳、法庭速记员、成本估算员、税务员、核算员、打字员、办公室职员、统计员、计算机操作员、秘书

下表是与你3个代码的职业兴趣类型一致的职业表，对照的方法如下：首先根据你的职业兴趣代码，在下表中找出相应的职业，例如你的职业兴趣代码是RIA，那么牙科技术人员、陶工等是适合你兴趣的职业。然后寻找与你职业兴趣代码相近的职业，如你的职业兴趣代码是RIA，那么，其他由这3个字母组成的编号（如IRA，IAR，ARI等）对应的职业，也较适合你的兴趣。

职业兴趣代码	职业对照
RIA	牙科技术员、陶工、建筑设计员、模型工、细木工、制作链条人员
RIS	厨师、林务员、跳水员、潜水员、染色员、电器修理、眼镜制作、电工、纺织机器装配工、服务员、装玻璃工人、发电厂工人、焊接工
RIE	建筑和桥梁工程、环境工程、航空工程、公路工程、电力工程、信号工程、电话工程、一般机械工程、自动工程、矿业工程、海洋工程、交通工程技术人员、制图员、家政经济人员、计量员、农民、农场工人、农业机械操作、清洁工、无线电修理、汽车修理、手表修理、管工、线路装配工、工具仓库管理员
RIC	船上工作人员、接待员、杂志保管员、牙医助手、制帽工、磨坊工、石匠、机器制造、机车（火车头）制造、农业机器装配、汽车装配工、缝纫机装配工、钟表装配和检验、电动器具装配、鞋匠、锁匠、货物检验员、电梯机修工、托儿所所长、钢琴调音员、装配工、印刷工、建筑钢铁工作、卡车司机
RAI	手工雕刻、玻璃雕刻、制作模型人员、家具木工、制作皮革品、手工绣花、手工钩针纺织、排字工作、印刷工作、图画雕刻、装订工
RSE	消防员、交通巡警、警察、门卫、理发师、房间清洁工、屠夫、锻工、开凿工人、管道安装工、出租汽车驾驶员、货物搬运工、送报员、勘探员、娱乐场所的服务员、起卸机操作工、灭害虫者、电梯操作工、厨房助手
RSI	纺织工、编织工、农业学校教师、某些职业课程教师（诸如艺术、商业、技术、工艺课程）、雨衣上胶工
REC	抄水表员、保姆、实验室动物饲养员、动物管理员

续表

职业兴趣代码	职业对照
REI	轮船船长、航海领航员、大副、试管实验员
RES	旅馆服务员、家畜饲养员、渔民、渔网修补工、水手长、收割机操作工、搬运行李工人、公园服务员、救生员、登山导游、火车工程技术员、建筑工作、铺轨工人
RCI	测量员、勘测员、仪表操作者、农业工程技术、化学工程技师、民用工程技师、石油工程技师、资料室管理员、探矿工、煅烧工、烧窑工、矿工、保养工、磨床工、取样工、样品检验员、纺纱工、炮手、漂洗工、电焊工、锯木工、刨床工、制帽工、手工缝纫工、油漆工、染色工、按摩工、木匠、农民建筑工作、电影放映员、勘测员助手
RCS	公共汽车驾驶员、一等水手、游泳池服务员、裁缝、建筑工作、石匠、烟囱修建工、混凝土工、电话修理工、爆炸手、邮递员、矿工、裱糊工人、纺纱工
RCE	打井工、吊车驾驶员、农场工人、邮件分类员、铲车司机、拖拉机司机
IAS	普通经济学家、农场经济学家、财政经济学家、国际贸易经济学家、实验心理学家、工程心理学家、心理学家、哲学家、内科医生、数学家。
IAR	人类学家、天文学家、化学家、物理学家、医学病理、动物标本剥制者、化石修复者、艺术品管理者
ISE	营养学家、饮食顾问、火灾检查员、邮政服务检查员
ISC	侦察员、电视播音室修理员、电视修理服务员、验尸室人员、编目录者、医学实验定技师、调查研究者
ISR	水生生物学者，昆虫学者、微生物学家、配镜师、矫正视力者、细菌学家、牙科医生、骨科医生
ISA	实验心理学家、普通心理学家、发展心理学家、教育心理学家、社会心理学家、临床心理学家、目标学家、皮肤病学家、精神病学家、妇产科医师、眼科医生、五官科医生、医学实验室技术专家、民航医务人员、护士
IES	细菌学家、生理学家、化学专家、地质专家、地理物理学专家、纺织技术专家、医院药剂师、工业药剂师、药房营业员
IEC	档案保管员、保险统计员
ICR	质量检验技术员、地质学技师、工程师、法官、图书馆技术辅导员、计算机操作员、医院听诊员、家禽检查员
IRA	地理学家、地质学家、声学物理学家、矿物学家、古生物学家、石油学家、地震学家、声学物理学家、原子和分子物理学家、电学和磁学物理学家、气象学家、设计审核员、人口统计学家、数学统计学家、外科医生、城市规划家、气象员
IRS	流体物理学家、物理海洋学家、等离子体物理学家、农业科学家、动物学家、食品科学家、园艺学家、植物学家、细菌学家、解剖学家、动物病理学家、作物病理学家、药物学家、生物化学家、生物物理学家、细胞生物学家、临床化学家、遗传学家、分子生物学家、质量控制工程师、地理学家、兽医、放射性治疗技师
IRE	化验员、化学工程师、纺织工程师、食品技师、渔业技术专家、材料和测试工程师、电气工程师、土木工程师、航空工程师、行政官员、冶金专家、原子核工程师、陶瓷工程师、地质工程师、电力工程量、口腔医生、牙科医生
IRC	飞机领航员、飞行员、物理实验室技师、文献检查员、农业技术专家、动植物技术专家、生物技师、油管检查员、工商业规划者、矿藏安全检查员、纺织品检验员、照相机修理者、工程技术员、编计算程序者、工具设计者、仪器维修工

续表

职业兴趣代码	职业对照
CRI	簿记员、会计、记时员、铸造机操作工、打字员、按键操作工、复印机操作工
CRS	仓库保管员、档案管理员、缝纫工、讲述员、收款人
CRE	标价员、实验室工作者、广告管理员、自动打字机操作员、电动机装配工、缝纫机操作工
CIS	记账员、顾客服务员、报刊发行员、土地测量员、保险公司职员、会计师、估价员、邮政检查员、外贸检查员
CIE	打字员、统计员、支票记录员、订货员、校对员、办公室工作人员
CIR	校对员、工程职员、海底电报员、检修计划员、发报员
CSE	接待员、通讯员、电话接线员、卖票员、旅馆服务员、私人职员、商学教师、旅游办事员
CSR	运货代理商、铁路职员、交通检查员、办公室通信员、簿记员、出纳员、银行财务职员
CSA	秘书、图书管理员、办公室办事员
CER	邮递员、数据处理员、办公室办事员
CEI	推销员、经济分析家
CES	银行会计、记账员、法人秘书、速记员、法院报告人
ECI	银行行长、审计员、信用管理员、地产管理员、商业管理员
ECS	信用办事员、保险人员、各类进货员、海关服务经理、售货员、购买员、会计
ERI	建筑物管理员、工业工程师、农场管理员、护士长、农业经营管理人员
ERS	仓库管理员、房屋管理员、货栈监督管理员
ERC	邮政局长、渔船船长、机械操作领班、木工领班、瓦工领班、驾驶员领班
EIR	科学、技术和有关周期出版物的管理员
EIC	专利代理人、鉴定人、运输服务检查员、安全检查员、废品收购人员
EIS	警官、侦察员、交通检验员、安全咨询员、合同管理者、商人
EAS	法官、律师、公证人
EAR	展览室管理员、舞台管理员、播音员、驯兽员
ESC	理发师、裁判员、政府行政管理员、财政管理员、工程管理员、职业病防治、售货员、商业经理、办公室主任、人事负责人、调度员
ESR	家具售货员、书店售货员、公共汽车的驾驶员、日用品售货员、护士长、自然科学和工程的行政领导
ESI	博物馆管理员、图书馆管理员、古迹管理员、饮食业经理、地区安全服务管理员、技术服务咨询者、超级市场管理员、零售商品店店员、批发商、出租汽车服务站调度
ESA	博物馆馆长、报刊管理员、音乐器材售货员、广告商售画营业员、导游、（轮船或班机上的）事务长、飞机上的服务员、船员、法官、律师
ASE	戏剧导演、舞蹈教师、广告撰稿人，报刊、专栏作者、记者、演员、英语翻译
ASI	音乐教师、乐器教师、美术教师、管弦乐指挥、合唱队指挥、歌星、演奏家、哲学家、作家、广告经理、时装模特
AER	新闻摄影师、电视摄影师、艺术指导、录音指导、丑角演员、魔术师、木偶戏演员、骑士、跳水员

续表

职业兴趣代码	职业对照
AEI	音乐指挥、舞台指导、电影导演
AES	流行歌手、舞蹈演员、电影导演、广播节目主持人、舞蹈教师、口技表演者、喜剧演员、模特
AIS	花匠、皮衣设计师、工业产品设计师、剪影艺术家、复制雕刻品大师
AIR	建筑师、画家、摄影师、绘图员、环境美化工、雕刻家、包装设计师、陶器设计师、绣花工、漫画工
SEC	社会活动家、退伍军人服务官员、工商会事务代表、教育咨询者、宿舍管理员、旅馆经理、饮食服务管理员
SER	体育教练、游泳指导
SEI	大学校长、学院院长、医院行政管理员、历史学家、家政经济学家、职业学校教师、资料员
SEA	娱乐活动管理员、国外服务办事员、社会服务助理、一般咨询者、宗教教育工作者
SCE	部长助理、福利机构职员、生产协调人、环境卫生管理人员、戏院经理、餐馆经理、售票员
SRI	外科医师助手、医院服务员
SRE	体育教师、职业病治疗者、体育教练、专业运动员、房管员、儿童家庭教师、警察、引座员、传达员、保姆
SRC	护理员、护理助理、医院勤杂工、理发师、学校儿童服务人员
SIA	社会学家、心理咨询者、学校心理学家、政治科学家、大学或学院的系主任、大学或学院的教育学教师、大学农业教师、大学工程和建筑课程的教师、大学法律教师、大学数学、医学、物理、社会科学和生命科学的教师、研究生助教、成人教育教师
SIE	营养学家、饮食学家、海关检查员、安全检查员、税务稽查员、校长
SIC	描图员、兽医助手、诊所助理、体检检查员、监督缓刑犯的工作者、娱乐指导者、咨询人员、社会科学教师
SIR	理疗员、救护队工作人员、手足病医生、职业病治疗助手
SAC	理发师、指甲修剪师、包装艺术家、美容师、整容专家、发式设计师
SAE	听觉病治疗者、演讲矫正者
SAI	图书馆管理员、小学教师、幼儿园教师、学前儿童教师、中学教师、师范学院教师、盲人教师、智力障碍人的教师、聋哑人的教师、学校护士、牙科助理、飞行指导员

第三节 能力探索

【名言点津】

成功好比一张梯子，机会是梯子两侧的长柱，能力是插在两根长柱之间的横木，只有长柱没有横木，梯子没有用处。

—— 狄更斯

【案例导入】

得知某一知名公司招聘一名秘书的消息，秘书专业高职毕业生张某带上了全部个人资料：简历、学习成绩单、教师评价表、求职信，各种奖状、优秀学生、三好学生证书，外语与计算机等级证书和秘书职业资格证书等赶到了公司。到了招聘现场一看，连自己共有六位应聘者。他们有来自重点大学中文系的本科生，有新闻专业的毕业生，师范大学政教系应届毕业生，还有一位是将要毕业的研究生。与这些研究生、本科生相比自己仅仅是高职生，顿时觉得自己比他们矮了一截。张某鼓励自己：既来之则安之，不管怎样，要努力争取。

9点整，主考官来了。他宣布道：这次我公司需招聘一名办公室秘书，主要的任务是文件处理、上下沟通、操办领导交办的事。今天时间有限，请大家做两件事，一是起草报告，二是文字录入。起草一份上报给总公司的报告，希望总公司给我们增加一个秘书名额；再起草一份通知，要求公司各部门尽快把这一季度工作进程的情况报来，一律手写。交卷后领一份文件稿，用计算机录入、打印一份，复印两份。完成后将卷子与简历一起交来，就可以离开，一周内等我们通知。

张某立刻沉下心埋头完成，不到一小时就全部完成了。因为觉得自己的学校不是名牌，自己的学历不如其他应聘者，张某没有抱很大希望。但在第四天就接到通知，要他去面谈录用后的一些具体问题。

【分析讨论】

归纳一下，张某求职成功说明应聘者应具备怎样的条件？

一、能力概述

（一）能力的概念

能力是完成一项目标或者任务所体现出来的素质。心理学上，能力是指人们顺利完成某种活动所必须具备的个性心理特征。能力有两重含义，已经表现出来的实际能力，是个人在先天遗传基础上，在后天环境中努力学习的结果。尚未表现出来的心理潜能，是个体具有的可能性。能力是具体的，是和完成某种活动相联系的，而不是抽象的。

（二）能力的分类（见表1-1-12）

表1-1-12 能力的分类

	分类依据	分类名称
1	按能力的结构	一般能力和特殊能力
2	按能力与先天禀赋和社会文化因素的关系	液体能力和晶体能力
3	按能力所涉及的领域	认知能力、操作能力和社会交往能力
4	按创造程度	模仿能力、再造能力和创造能力

活动导入——夸夸我自己。

请大家在5分钟内在纸上尽可能多地写下自己所拥有的能力,并与同学分享,看看大家写的一样吗?有什么不同?汇总大家所写的能力并试着对它们进行分类,看看可以分为几类。

(三)能力与职业

能力是一个人能否进入职业的先决条件,也是能否胜任职业工作的主观条件。无论从事什么职业总要有一定的能力作保证。

1. 能力差异与职业选择应遵循的原则

(1)注意能力类型与职业类型相吻合。每个人都有自己的特殊能力优势。根据工作的性质、内容和环境,职业可以划分为不同的类型。不同的职业类型具有不同的特殊性,对从业者的能力要求也不一样。大学生在进行职业选择时,要注意能力类型与职业类型的吻合。

(2)注意能力水平与职业层次相吻合。同一种职业类型,由于工作的具体内容和所承担的责任不同,可以分为不同的层次,不同的职业层次对能力水平有着不同的要求,如幼儿园教师、小学教师和大学教师的能力就有差异等。因此,只有能力和职业层次相吻合,工作才能得心应手。

(3)发挥能力优势。每个人都具有一个多种能力组成的能力系统,在这个能力系统中,每个人各方面能力的发展是不平衡的,常常是某方面的能力占优势,而另一些能力则不太突出,对职业选择和职业指导而言,应主要考虑其最佳能力,选择最能运用其优势能力的职业。

二、职业能力

招聘会上,高职毕业生小李没有像一般应聘者那样忙着递交简历,而是向招聘人员咨询:"请问,你们单位需要做什么工作的人?"招聘人员回答:"我们需要产品设计的实物绘图人员,就是将研发人员设计的草图或设计思想,用三维图形表现出来,以便有关领导决策。"小李想了想,又看了看招聘人员使用的电脑问道:"您的电脑中有没有绘图软件?"招聘人员点了点头,"能不能让我试试?"得到了肯定答复后小李开始在计算机上操作。他的头脑中呈现了在实习工厂做过的一个产品三维图。所以很快就在计算机显示屏上出现了一个加湿器的三维图。招聘人员微笑着开始询问小李的姓名、毕业的学校、所学专业、在哪些地方实习过……小李递上了简历。招聘人员表示,欢迎小李到他的企业工作,并介绍了企业的业务前景、交通环境、人员结构、工资待遇等情况。小李为自己受到赏识而表示高兴,愿意在适当的时间到单位看看,如果双方满意,可以签订协议。

高职高专毕业生要想受到用人单位的欢迎,不仅需要具有一定的理论和科学知识素养,还需要具有把设计、规划、决策等转化为物质形态的产品的职业能力。

职业能力是一种综合能力,在不同岗位上有不同的具体表现。具有较强的职业能力是高职高专毕业生立足社会,自我发展的基础条件,也是高职高专毕业生在求职竞争中的优势所在。同学们要想在求职竞争中立于不败之地,受到用人单位的欢迎,必须加强职业能力的自我培养。

(一)职业能力的概念

职业能力是在学习活动和职业活动中发展起来的,直接影响职业活动效率、使职业活动得以顺利完成的个性心理特征。一定的职业能力是胜任某种职业岗位的必要条件,而职业实践和教育培训是职业能力发展的前提。

(二)职业能力的构成(见表1-1-13)

表1-1-13 职业能力的构成

	职业能力构成	具体内容
1	专业能力	从事职业活动所需要的运用专业知识、技能的能力
2	方法能力	从事职业活动所需要的工作方法、学习方法方面的能力
3	社会能力	从事职业活动所需要的社会行为能力,适应社会、融入社会的能力

(三)大学生应具备的职业能力

当今社会竞争激烈,人才辈出,而作为未来社会主角的大学生,应该提前树立职业意识,培养自己的职业能力。虽然用人单位对人才的要求有差异,但也有一些共性因素,如创新能力、专业知识能力、社会适应能力、动手操作能力、人际交往能力、沟通协调能力、应变能力、决策能力、组织管理能力、团队协作能力等。在大学期间,学生应积极抓住一切可以利用的东西和资源锻炼自己的职业能力,通过加入社团学生会,做兼职,参与社会实践等,来塑造更加完美的自己。

(四)职业能力的培养

大学阶段是大学生学习知识、培养能力、发展智力、丰富阅历、积累经验、准备承担成人责任的过渡期,也是大学生步入社会的准备期。就职业能力而言,目前大学生的不足之处表现一是学业能力不足,表现为专业不精不专;二是职业能力不高,表现为对于职业能力了解不够,缺乏相关的实践和锻炼。所以,职业能力的培养在这一关键的阶段也显得尤为重要,大学生应树立正确的意识,培养自己的职业能力。

1. 引导学生树立职业能力意识

学生对职业能力培养的认识程度及关注度主体意识不强,很多学生不知道自己毕业后想从事或能从事何种职业,需要具备哪些能力和素质。因此,需要学生根据自己的个性特点、目标及能力特长,进行职业测评,增强"职业"及"职业能力"的意识。同时,"量体裁衣",确定职业发展目标,制定职业生涯规划。

2. 明确专业方向,培养专业能力

专业能力的培养建立在学生主动学习的基础之上。学生在校期间应主动参与课堂教学活动和课外学习实践和社会实践活动,并正确的运用网络途径对相关专业知识进行自主探索性学习,强化职业能力意识,提高自身的专业素质和能力。

3. 通过不同的渠道获得其他各种能力

学生可以参加如勤工俭学、社团活动、各类职业技能竞赛、各类文艺活动比赛等,来树立时间观念、体验竞争、团队合作、锻炼创新能力、决策能力、应变能力和组织协调能力等。

4. 知识、技能、态度的内化迁移和整合

知识、技能、态度等的习得或会应用，并不等于已具备了职业能力。学生职业能力的形成和发展，必须参与特定的职业活动或模拟的职业情境，通过对已有的知识、技能、态度等的类化迁移，并得到特殊的发展与整合，从而才能形成职业能力。

【知识链接】

雇主们最重视的技能

根据美国"全国大学与雇主协会"的调查，美国雇主们最为重视的技能和个人品质按顺序排列：①沟通能力，②积极主动性，③团队合作精神，④领导能力，⑤学习成绩，⑥人际交往能力，⑦灵活性/适应能力，⑧专业技术，⑨诚实正直，⑩工作道德，⑪分析和解决问题的能力。

许多企业在招聘人才时非常重视学生的综合能力，如创新能力、敬业精神、吃苦耐劳、诚实守信、团队合作、沟通协调和适应能力等。

成功经理人的12项自我管理能力

1. 自我心态管理能力

在我们不断塑造自我的过程中，影响最大的莫过于持积极的态度还是消极的态度。自我心态管理是个人为了要达到人生目标而进行心态调整，以实现最大化自我目的的一种行为。成功经理人应善于进行自我心态管理，随时调整自我心态，持续地保持积极的心态！

2. 自我心智管理能力

主观偏见是禁锢心灵的罪魁祸首，经理人的见识、行为总是受制于它。心智模式是人们在成长的过程中受环境、教育、经历的影响，而逐步形成的一套思维、行为的模式。每个经理人都有自己的心智模式，但每个经理人的心智都会存在一定的障碍。经理人要善于突破自我，要善于审视自我心智，要善于塑造正确的心智模式。

3. 自我形象管理能力

作为经理人，你的身上吸引了许多人的目光，所以，形象很重要。经理人懂得如何更加得体的着装，如何适应社会对商务礼仪的要求，可以让经理人更有魅力！自身形象、自身修养、举动、谈吐等方面的管理，是每一个经理人都应该重视的。

4. 自我激励管理能力

在我们每个人的生命里，都潜藏着一种神秘而有趣的力量，那就是自我激励。人的一切行为都是受到激励而产生的，善于自我激励的经理人，通过不断地自我激励使自己永远具有前进的动力。自我激励是一个人事业成功的推动力。其实质则是一个把握自己命运的能力，经理人要有健康的心理，善于运用一定方法自我激励。

5. 自我角色认知能力

经理人的角色夹插于公司、上级、同级及部属、客户之间，若在定位上没有一套正确的认知能力，往往会落到上下难做人、里外不是人的地步。如何正确认识自己的角色，是经理人走向成功的重要环节！

6. 自我时间管理能力

每个经理人都同样地享有每年365天，每天24小时。可是，为什么有的经理人在有限

的时间里既完成了辉煌事业又能充分享受到亲情和友情，还能使自己的业余生活多姿多彩呢？他有三头六臂吗？他们会分身术吗？时间过多地偏爱他们吗？关键的秘诀就在于成功经理人善于进行自我时间管理。

7. 自我人际管理能力

有人说："成功＝30%知识＋70%人脉。"更有人说："人际关系与人力技能才是真正的第一生产力。"因为人的生命永远不孤立，我们和所有的东西都会发生关系，而生命中最主要的，也就是这种人际关系。由此看来，经理人要想成功，就应该加强自我人际管理能力。

8. 自我目标管理能力

生命的悲剧不在于目标没有达成，而在于没有目标！目标有多远，我们就能走多远。目标指引经理人工作的总方向。经理人每天的生活与工作，其实都可以理解为一个不断提出目标、追求目标并实现目标的过程。

9. 自我情绪管理能力

情绪能改变人的生活，有助于改善人际关系和说服他人，情商高的人可以控制、化解不良情绪。在成功的路上，最大的敌人其实并不是缺少机会，或是资历浅薄，成功最大的敌人是缺乏对自己情绪的控制。愤怒时，不能遏制怒火，使周围的合作者望而却步；消沉时，放纵自己，把许多稍纵即逝的机会白白浪费。成功经理人必须善于管理自我情绪。

10. 自我行为管理能力

根据社会伦理和组织所要求的行为规范，每个人的行为都可以分为正确的行为和错误的行为。经理人职业行为就是成为经理人要坚守的正确行事规范。经理人如何具有职业化的行为，如何对自我行为进行管理已达到职业化行为规范的要求？这是每个经理人都应该重视的事情。因为只有进行自我行为管理，坚守职业行为，才是经理人职业化素质的成熟表现。

11. 自我学习管理能力

学习是人类生存与发展的推动力。人不是生而知之，而是学而知之，知识和能力不是天上掉下来的，而是从学习和实践中来的。经理人最重要的能力是什么？是学习能力。经理人的竞争力表现在学习力上。我们处在一个激励竞争的时代，具备"比他人学得快的能力"是经理人唯一能保持竞争的优势。

12. 自我反省管理能力

反省是成功的加速器。经理人经常反省自己，可以去除心中的杂念，可以理性地认识自己，对事物有清晰的判断，也可以提醒自己改正过失。经理人只有全面地反省，才能真正认识自己，只有真正认识了自己并付出了相应的行动，才能不断完善自己。因此，每日反省自己是不可或缺的。"反省自己"就应该成为经理人工作中的一个重要组成部分。不断地检查自己行为中的不足，及时地反思自己失误之原因，就一定能够不断地完善自我。

演员阿诺变成州长阿诺，靠的不是钢铁般的肌肉，靠的是自身钢铁般的意志。纵观古今中外，凡大成者，绝不仅仅是从被别人管理或管理别人中获得成功的，无不是通过严格的自我管理才获得大成和圆满的。

【项目练习】

设置项目小组，活动内容等。

活动一：讨论本专业所需要的职业能力。

活动二：撰写自己的成就故事。

写下生活中令你有成就感的具体的事件，然后对其进行分析，了解自己在其中具备及提升了哪些能力。

在撰写成就故事时，每一个故事都应当包含以下要素：

（1）你想达到的目标：即需要完成的事情。

（2）面临的障碍、限制、困难。

（3）你的具体行动步骤：你是如何一步步克服障碍、达成目标的？

（4）对结果的描述：你取得了什么成就？

（5）对结果的量化评估：可以证明你成就的任何衡量方法或数量。

（6）与同学分享。

第四节　价值观探索

【名言点津】

人生的价值，应当看他贡献什么，而不应当看他取得什么。

——爱因斯坦

你若要喜爱自己的价值，你就得给世界创造价值。

——歌　德

【案例导入】

案例一：渔夫与商人的对话

一个美国商人坐在墨西哥海边一个小渔村的码头上，看着一个墨西哥渔夫划着一艘小船靠岸。小船上有好几尾大黄鳍鲔鱼，这个美国商人问渔夫要多少时间才能抓这么多？墨西哥渔夫说，才一会儿工夫就抓到了。美国人接着问道："你为什么不待久一点，好多抓一些鱼？"墨西哥渔夫觉得不以为然："这些鱼已经足够我一家人生活所需啦！"

美国人又问："那么你一天剩下那么多时间都在干什么？"墨西哥渔夫解释："我呀？我每天睡到自然醒，出海抓几条鱼，回来后跟孩子们玩一玩，再跟老婆睡个午觉，黄昏时晃到村子里喝点小酒，跟哥儿们玩玩吉他，我的日子可过得充满又忙碌呢！"

美国人不以为然，帮他出主意，他说："我是美国哈佛大学企管硕士，我倒是可以帮你忙！你应该每天多花一些时间去抓鱼，到时候你就有钱去买条大一点的船，再买更多渔船。然后你就可以拥有一个渔船队。然后你可以自己开一家罐头工厂。如此你就可以控制整个生产、加工处理和行销。然后你可以离开这个小渔村，搬到墨西哥城，再搬到洛杉矶，最后到纽约。在那里经营你不断扩充的企业。"

墨西哥渔夫问："这又花多少时间呢？"美国人回答："15～20年。"

"然后呢？"

美国人大笑着说："然后你就可以在家当皇帝啦！时机一到，你就可以宣布股票上市，把你的公司股份卖给投资大众。到时候你就发啦！你可以几亿几亿地赚！"

"再然后呢？"

美国人说："到那个时候你就可以退休啦！你可以搬到海边的小渔村去住。每天睡到自然醒，出海随便抓几条鱼，跟孩子们玩一玩，再跟老婆睡个午觉，黄昏时，晃到村子里喝点小酒，跟哥儿们玩玩吉他喽！"

墨西哥渔夫疑惑地说："我现在不就是这样了吗？

读完这个故事，你有什么感受？你更倾向渔夫还是商人的观点？

案例二：小米的选择

小米师范大学研究生毕业后找工作时应聘了好几家单位，其中一家外企因她出色的口语高薪聘请她当秘书，而另一所普通大专院校只以五分之一的薪酬聘请其当英语教师。小米最终选择了去当英语教师，这让她的朋友们非常意外。当她的朋友询问其原因时，她的回答是她一直以来更加愿意帮助他人成长以及拥有相对自由的支配时间。

面对重要的选择时，我们必须弄清楚自己的价值观，知道自己为什么选择。

【分析讨论】

价值观是谁都无法逃开的问题，它是一个人在人生道路上的行为指南。每个人的价值观都不相同。价值体现于两个方面：自身的含金量以及他人的认可。因此，我们要懂得去利用生命给予自己的一切，我们有一双手，就不能浪费它，同样上天赋予了我们智慧，我们就不能让它空置下去。学会开发自己，学会发挥自己的才能，不让自己的存在是一个空白。每个人都有自己的价值，认同自己的价值，更重要的是让身边的人认同自己的价值。人生正是因为充实了，才变得完满。

【教材正文】

活动导入——你对工作的期待

我希望工作……

要求：请在一分钟的时间内，尽可能地写下你头脑中所联想到的任何短语。

对工作价值观的思考：

（1）你在工作中寻找的是什么？

（2）你判断工作"好""坏"的标准是什么？

一、价值观的含义及类型

（一）价值观的含义

价值观是指一个人对人、事、物看法的原则、标准或品质。它是我们生活中的信念、情感和动力、行为的指挥官。价值观指向我们内心最重要的东西，它是我们强大的内在驱动力，是引导行为的方向，是自我激励的机制。

一个人的价值观就是人们对某种具体活动或事物的重要性、有用性或价值的判断，它与一个人的兴趣、态度有关。价值观稳定、持久但不是一直不变的，是从社会的环境接触经验中学习得到的。

舒伯认为职业价值观是个人追求的与工作有关的目标，亦即个人的内在需求及在从事活动时所追求的工作特质或属性。它是人生价值观在职业问题上的反映。从价值观的角度来说，职业发展成功还是失败的判别标准就是你是否得到了你想要的生活，你的职业所带来的生活方式是否符合你的价值观念。

（二）价值观的类型

1. 斯普朗格的 6 种价值取向

德国著名哲学家斯普朗格在《人的类型》一书中提出 6 种类型的价值取向

（1）经济型：强调有效和实用，追求财富，具有务实的特点。

（2）政治型：追求权力、影响和声望，喜欢支配和控制他人。

（3）理论型：重视用批判和理性的方法去寻求真理，求知欲强、富于幻想。

（4）审美型：重视外形的匀称与和谐，以美的原则评价事物。

（5）社会型：强调对人的热爱，热心社会活动，尊重他人价值，注重人文关怀。

（6）宗教型：关心对宇宙整体的理解和体验的融合，相信神话和命运，寻求把自己与宇宙联系起来。

2. 米尔顿·洛克奇的 13 种价值观偏好

美国心理学家洛克奇（Milton Rokeach）于 1973 年在《人类价值观的本质》（The Nature of Human Values）中，提出 13 种价值观。

（1）成就感：提升社会地位，得到社会认同；希望工作能受到他人的认可，对工作的完成和挑战成功感到满足。

（2）美感的追求：能有机会多方面地欣赏周遭的人、事、物，或任何自己觉得重要且有意义的事物。

（3）挑战：能有机会运用聪明才智来解决困难；舍弃传统的方法，而选择创新的方法处理事物。

（4）健康（包括身体和心理健康）：工作能够免于焦虑、紧张和恐惧；希望能够心平气和地处理事物。

（5）收入与财富：工作能够明显、有效地改变自己的财务状况；希望能够得到金钱所能买到的东西。

（6）独立性：在工作中能有弹性，可以充分掌握自己的时间和行动，自由度高。

（7）爱、家庭、人际关系：关心他人，与别人分享，协助别人解决问题；体贴、关爱，对周遭的人慷慨。

（8）道德感：与组织的目标、价值观、宗教观和工作使命能够不相冲突，紧密结合。

（9）欢乐：享受生命，结交新朋友，与别人共处，一同享受美好时光。

（10）权力：能够影响或控制他人，使他人照着自己的意思去行动。

（11）安全感：能够满足基本的需求，有安全感，远离突如其来的变动。

（12）自我成长：能够追求知性上的刺激，寻求更圆融的人生，在智慧、知识与人生的体会上有所提升。

（13）协助他人：认识到自己的付出对团体是有帮助的，别人因为您的行为而受惠颇多。

洛克奇对价值观的分类突破了以往价值观分类的框架，他将价值观分为"行为方式"与"终极状态"两大类：终极性价值观（terminal values）和工具性价值观

（instrumental values），每一类由 18 项价值信念组成，见表 1-1-14。

表见 1-1-14　终极价值与工具价值对照表

终极价值观	工具性价值观
舒适的生活（富足的生活）	雄心勃勃（辛勤工作、奋发向上）
令人兴奋的生活（刺激的、积极的生活）	心胸开阔（开放）
成就感（持续的贡献）	能干（有能力、有效率）
和平的世界（没有冲突和战争）	欢乐（轻松愉快）
美丽的世界（艺术和自然的美）	清洁（卫生、整洁）
平等（兄弟情谊、机会均等）	勇敢（坚持自己的信仰）
家庭安全（照顾自己所爱的人）	宽容（谅解他人）
自由（独立、自主的选择）	助人为乐（为他人的福利工作）
幸福（满足）	正直（真挚、诚实）
内心的和谐（没有内心冲突）	富于想象（大胆、有创造性）
成人的爱	独立（自力更生、自给自足）
国家安全（免遭攻击）	智慧（有知识、善思考）
快乐（快乐的、休闲的生活）	符合逻辑（理性的）
救世（救世的、永恒的生活）	博爱（温情的、温柔的）
自尊（自重）	顺从（有责任感、尊重的）
社会承认（尊重、赞赏）	礼貌（有礼的、性情好）
真挚的友谊（亲密关系）	负责（可靠的）
睿智（对生活有成熟的理解）	自我控制（自律的、约束的）

价值观无论在我们的人生还是职业生涯发展中都起着极其重要的、决定性的作用，甚至超过了兴趣和性格对我们的影响。什么是你生命中最重要的，你自己的真正追求是什么？

真正回答的时候，很多人又有些茫然。我们每天在校园里忙忙碌碌，要么根据学校的教学计划按部就班，要么和大多数人一样随波逐流，要么睡懒觉、逃课、上网、兼职、恋爱……有时也躺在床上思索人生的意义，但是绕来绕去总觉得很累，迟迟得不到答案。根本的原因在于他们不知道自己真正追求的是什么，不知道自己忙来忙去究竟要到哪里去，因此无法做出正确的决定，无法制定出明确的目标和采取有效的行动。

3. 价值观的三个层面：个人价值观、工作价值观和文化价值观

个人价值观是指一个人对周围的客观事物（包括人、事、物）的意义、重要性的总评价和总看法。

工作价值观指超越具体情境，引导个体对与工作相关的行为与事件进行选择和评价，指向希望达到的状态与行为的一些重要性不同的观念与信仰。

文化价值观是指文化领域里一些现代和历史被重视和被否认的理论及言行所引起的感想。

（三）马斯洛的需求层次理论

马斯洛需求层次理论是行为科学的理论之一。1943 年，美国心理学家亚伯拉罕·马斯洛在《人类激励理论》论文中将人类需求像阶梯一样从低到高按层次分为五种（见图 1-1-2），分别是生理需求、安全需求、社交需求、尊重需求和自我实现需求。这些需求体现在我们的生活中，就成为我们的价值观。它们具有强大的驱动力。

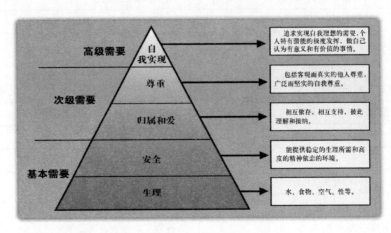

图 1-1-2　马斯洛的需求层次理论

二、价值观与职业选择

价值观是影响个人职业选择的重要因素之一，众多科学研究和经验表明，个人总是倾向于选择那些能满足其价值观追求的工作。

一份职业越能满足个人的价值需求，个人对职业的满意度就会越高，职业稳定性也越高。

（一）职业价值观

俗话说："人各有志。"这个"志"表现在职业选择上就是职业价值观，它是一个人的人生观在求职方面的具体体现，是一种具有明确的目的性、自觉性和坚定性的职业选择的态度和行为，包括人们对各种职业的优劣评价，对某种具体工作岗位的看法。对一个人职业目标和择业动机起着决定性的作用。

不同的职业可以满足不同的价值需求。职业不是我们为了谋生才做的事，而是为了通过从事职业给个人的生活赋予意义，给自己的生命赋予光彩。

（二）价值观的形成与改变

10 岁：从父母、老师或朋友们那里接受了一套价值观。

13～18 岁：拒绝某些家庭的价值观，发展出某些自己的价值观。

成年后：将这些接受的价值观进行整理和筛选，确立自己的价值观，并可能因价值观的改变而对自己的生活与职业做出新的选择。

（三）价值观考虑

价值观在人们的职业生涯发展中起着极其重要的作用，当我们有矛盾冲突，或妥协与放弃时，常常也是出于对价值观的考虑。

同时，由于个人所处的生涯发展阶段、社会环境的不同，个人需求的改变和多元社会中多种价值观的冲击，可能导致价值观的变化，因此，价值观需要不断地审视和澄清。

（四）价值观澄清

每个人都有自己独特的价值观，生活中的重要他人（如长辈、父母、同辈群体等）的价值观也常常会对我们产生影响。重要的不是去评判对错，而是去考量这些价值观给自己的生活和职业发展带来的影响，并适时作出调整，只有对自己的价值观进行澄清和排序，才能知道如何取舍。

拉舍（Raths，1966 年）等学者指出，真实的"价值观"需要具备以下一些基本要素。

（1）选择：它是你自由选择的，没有来自任何人或任何方面的压力吗？它是从众多的价值观中挑选出来的吗？它是你思考了所做选择的结果后被挑选出来的吗？

（2）珍视：你是否珍爱你的价值观，或者为你的选择感到自豪？你愿意公开向其他人承认你的价值观吗？

（3）行动：你的行动是否与你选择的价值观一致？你是否始终如一地根据你的价值观来行动？

价值观澄清的 3 个阶段说明如下：

（1）选择：自由选举由各种可能过程中选择由各途径形成的后果，三思后选择。

（2）赞赏：重视并珍惜所作的选择，公开表示自己的选择。

（3）行动：根据自己的选择采取行动重复的实行。

价值观澄清的 4 个规准说明如下：

（1）自由的选择：经过自由选择后所产生的价值观念，无论有无权威势力的监视，都能具有引导个人言行的效力。换言之，个人经过积极而自由的选择后，所得的价值，愈能觉得此价值是其思想的中心。

（2）从不同的途径中选择：价值的定义是基于个人所做选择的结果，当个人知觉没有选择余地时，价值范畴所包含的内容就失去意义。开放越多的选择途径，我们越能发觉真正的价值所在。

（3）经过考虑后才选择：个人对各种不同途径的后果，加以深思熟虑，并予衡量比较后，所做的选择，才是理智的选择。

（4）重视与珍惜自己的选择：对于我们乐意选择、决定的价值，以它为荣，并珍惜和重视之，作为我们生活的准绳。

价值观澄清需要投入时间和精力，但这样的投入是值得的，因为它会有助于个人从整体出发，更好地为自己全面发展作出考虑和选择。

【知识链接】

WVI 职业价值观测试量表

WVI 职业价值观测试量表是美国心理学家舒伯于 1970 年编制的，用来衡量价值观（工作中和工作以外的）以及激励人们工作目标。量表将职业价值分为三个维度：一是内在价值观，即与职业本身性质有关的因素；二是外在价值观，即与职业性质有关的外部因素；

三是外在报酬,共计 13 个因素:利他主义;美感;智力刺激;成就感;独立性;社会地位;管理;经济报酬;社会交际;安全感;舒适;人际关系;变异性或追求新意(后面有详细解释)。

指导语:有 52 道题目(见表 1-1-15),每个题目都有 5 个备选答案,请根据自己的实际情况或想法,在题目后面选出相应字母,每题只能选择一个答案。通过测验,你可以大致了解自己的职业价值观念倾向。A. 非常重要;B. 比较重要;C. 一般;D. 较不重要;E. 很不重要。

表 1-1-15　WVI 职业价值观测量表

测试题	A	B	C	D	E
1. 你的工作必须经常解决新的问题					
2. 你的工作能为社会福利带来看得见的效果					
3. 你的工作奖金很高					
4. 你的工作内容经常变换					
5. 你能在你的工作范围内自由发挥					
6. 工作能使你的同学、朋友非常羡慕你					
7. 工作带有艺术性					
8. 你的工作能使人感觉到你是团体中的一分子					
9. 不论你怎么干,你总能和大多数人一样晋级和涨工资					
10. 你的工作使你有可能经常变换工作地点、场所和方式					
11. 在工作中你能接触到各种不同的人					
12. 你的工作上下班时间比较随便、自由					
13. 你的工作使你不断获得成功的感觉					
14. 你的工作赋予你高于别人的权力					
15. 在工作中,你能试行一些自己的新想法					
16. 在工作中你不会因为身体或能力等因素,被人瞧不起					
17. 你能从工作的成果中,知道自己做得不错					
18. 你的工作经常要外出、参加各种集会和活动					
19. 只要干上这份工作,你不再被调到其他意想不到的工作上					
20. 你的工作能使世界更美丽					
21. 在你的工作中,不会有人常来打扰你					
22. 只要努力,你的工资会高于其他同年龄的人,升级或涨工资的可能性比干其他工作大得多					
23. 你的工作是一项对智力的挑战					
24. 你的工作要求你把一些事务管理得井井有条					
25. 你的工作单位有舒适的休息室、更衣室、浴室及其他设备					
26. 你的工作有可能结识各行各业的知名人物					

续表

测试题	A	B	C	D	E
27. 在你的工作中，能和同事建立良好的关系					
28. 在别人眼中，你的工作是很重要的					
29. 在工作中你经常接触到新鲜的事物					
30. 你的工作使你能常常帮助别人					
31. 你在工作单位中，有可能经常变换工作					
32. 你的作风使你被别人尊重					
33. 领导人品较好，你和他们相处比较随便					
34. 你的工作会使许多人认识你					
35. 你的工作场所很好，比如有适度的灯光、安静、清洁的工作环境，甚至恒温、恒湿等优越的条件					
36. 在工作中，你为他人服务，使他人感到很满意，你自己也很高兴					
37. 你的工作需要计划和组织别人的工作					
38. 你的工作需要敏锐的思考					
39. 你的工作可以使你获得较多的额外收入，比如，常发实物、常能购买打折扣的商品、常发商品的提货券、有机会购买进口货等					
40. 在工作中你是不受别人差遣的					
41. 你的工作结果应该是一种艺术而不是一般的产品					
42. 在工作中不必担心会因为所做的事情领导不满意，而受到训斥或经济惩罚					
43. 在你的工作中能和领导有融洽的关系					
44. 你可以看到努力工作的成果					
45. 在工作中常常要你提出许多新的想法					
46. 由于你的工作，经常有许多人来感谢你					
47. 你的工作成果常常能得到上级、同事或社会的肯定					
48. 在工作中，你可能做一个负责人，虽然可能只领导很少几个人，你信奉"宁做兵头，不做将尾"的俗话					
49. 你从事的那种工作，经常在报刊、电视中被提到，因而在人们的心目中很有地位					
50. 你的工作有数量可观的夜班费、加班费、保健费或营养费					
51. 你的工作比较轻松，精神上也不紧张					
52. 你的工作需要和影视、戏剧、音乐、美术、文学等艺术打交道					

评分与评价方法：上面的52道题目分别代表13项工作价值观。每个A得5分、B得4分、C得3分、D得2分、E得1分。请计算每一项的得分总数，并把它填在每一项的得分栏上。然后再表格下面依次理出得分最高的三项，见表1-1-16。

表 1-1-16　工作价值观量表说明

题号	得分	价值观	说明
1, 23, 38, 45		智力刺激	工作的目的和价值,在于不断进行智力的操作,动脑思考,学习以及探索新事物,解决新问题
2, 30, 36, 46		利他主义	工作的目的和价值,在于直接为大众的幸福和利益尽一份力
3, 22, 39, 50		经济报酬	工作的目的和价值,在于获得优厚的报酬,使自己有足够的财力去获得自己想要的东西,使生活过得较为富足
4, 10, 29, 31		变异性或追求新意	希望工作的内容应该经常变换,使工作和生活显得丰富多彩,不单调枯燥
5, 15, 21, 40		独立性	工作的目的和价值,在于能充分发挥自己的独立性和主动性,按自己的方式、步调或想法去做,不受他人的干扰
6, 28, 32, 49		社会地位	工作的目的和价值,在于所从事的工作在人们的心目中有较高的社会地位,从而使自己得到了人的重视与尊敬
7, 20, 41, 52		审美追求	工作的目的和价值,在于能不断地追求美的东西,得到美感的享受
8, 27, 33, 43		人际关系	希望一起工作的大多数同事和领导人品较好,相处在一起感到愉快、自然,认为这就是很有价值的事,是一种极大的满足
9, 16, 19, 42		安全感	不管自己能力怎样,希望在工作中有一个安稳局面,不会因为奖金、涨工资、调动工作或领导训斥等经常提心吊胆、心烦意乱
11, 18, 26, 34		社会交际	工作的目的和价值,在于能和各种人交往,建立比较广泛的社会联系和关系,甚至能和知名人物结识
12, 25, 35, 51		舒适	希望能将工作作为一种消遣、休息或享受的形式,追求比较舒适、轻松、自由、优越的工作条件和环境
13, 17, 44, 47		成就感	工作的目的和价值,在于不断创新,不断取得成就,不断得到领导与同事的赞扬,或不断实现自己想要做的事
14, 24, 37, 48		管理	工作的目的和价值,在于获得对他人或某事物的管理支配权,能指挥和调遣一定范围内的人或事物

得分最高的三项是:(1)_____;(2)_____;(3)_____。这三项,就代表你工作中最看重的东西,在选择职业时就可以加以考虑。

【项目练习】

设置项目小组,活动内容等。

价值观拍卖会

(1) 活动目的:
1) 激发学生思考和澄清自己的价值观念,学会抓住机会,不轻易放弃。
2) 帮助学生体验和澄清自己的人生态度。
(2) 活动时间:30 分钟。
(3) 活动道具:道具币、不同颜色的硬纸板、拍卖槌。
(4) 活动场地:教室内。
(5) 活动流程:

1）活动准备：将拍卖品写在硬纸板上，以增加拍卖的趣味性及方便拍卖进行。

2）宣布游戏规则：每个学生手中有5000元（道具币），代表了一个人一生的时间、精力和金钱。学生可以根据自己对人生的理解随意竞拍买下表中拍卖品。每件拍卖品都有底价，每次出价以500元为单位，价高者得到拍卖品，有出价5000元的，立即成交（5000元等于一生的时间、精力和金钱）。拍卖品底价如下：

序号	项目	底价/元	序号	项目	底价/元
1	爱情	500	12	金钱	1000
2	友情	500	13	欢乐	500
3	健康	1000	14	长命百岁	500
4	美貌	500	15	豪宅名车	500
5	礼貌	1000	16	每天都能吃美食	500
6	名望	500	17	良心	1000
7	自由	500	18	孝心	1000
8	爱心	500	19	诚信	1000
9	权力	1000	20	智慧	1000
10	拥有自己的图书馆	1000	21	名牌大学录取通知书	500
11	聪明	1000	22	冒险精神	1000

3）举行拍卖会。由教师或学生主持拍卖。拍卖情况填入下表。注意，有的同学可能会重复使用自己手中的代币券，主持人应该注意提醒这些学生购买所付出的钱不能超过5000元。按游戏方式进行，直到所有的东西都拍卖完为止，然后请学生认真思考买回来的拍卖品。

项目	底价/元	学生号数	拍卖价格	项目	底价/元	学生号数	拍卖价格
爱情	500			金钱	1000		
友情	500			欢乐	500		
健康	1000			长命百岁	500		
美貌	500			豪宅名车	500		
礼貌	1000			每天都能吃美食	500		
名望	500			良心	1000		
自由	500			孝心	1000		
爱心	500			诚信	1000		
权力	1000			智慧	1000		
拥有自己的图书馆	1000			名牌大学录取通知书	500		
聪明	1000			冒险精神	1000		

（6）讨论交流。
1）你是否后悔得到你所买的东西？为什么？
2）在拍卖的过程中，你的心情如何？
3）有没有同学什么都没有买？为什么不买？
4）假如现在已经是人生的尽头，请看看你手上拍卖所得的是什么东西？
5）它们对你来说是否仍有意义？
6）你是否后悔刚才为自己争取的太少？
7）你争取回来的东西是否是你最想得到的东西？
8）你是否甘愿为了拥有金钱、声望而放弃一切呢？
9）金钱是否一定会带来快乐呢？
10）有没有比金钱更值得追寻的东西呢？

项目二　自我管理

【本章导读】

通过本章的学习，教会学生学会更好地进行自我学习管理，做好日常计划，充分利用时间，学会控制自己的情绪，为未来职业生涯发展做好准备。

第一节　自我学习管理

【名言点津】

每个人都是自己的命运建筑师。

——沙拉斯特

【案例导入】

施瓦伯出生在美国乡村，没受过多少学校教育。18岁那年，他来到钢铁大王卡耐基所属的一个建筑工地打工，他抱定了要做同事中最优秀者的决心。施瓦伯每天默默地积累着工作经验，并自学建筑知识。他有一个信念："我不只是为老板打工，也是在为自己的梦想和远大前途打工。只有不断提升自己，使自己工作所产生的价值远远超过所得的薪水，才能获得机遇！"他坚信只有学习才能改变自己的命运。25岁那年，施瓦伯做了这家建筑公司的总经理。再后来，施瓦伯被卡耐基任命为钢铁公司的董事长。

所有成功人士的成功都有一个共同的秘诀：学习，不断地学习。未来企业间、人与人之间的竞争都是学习力的竞争，所以说，学习改变命运，知识创造未来。

【分析讨论】

（1）为什么要进行自我管理？

（2）如何做好自我学习管理？

一、自我学习管理的重要性

世界上有三种类型的人：第一种是不肯学习的人，很快会被淘汰；第二种是肯学习但不善于学习的人，也会被淘汰；第三种是既肯学习又会学习的人，最后取得了成功。学习管理的最终目的就是让你成为第三种人，取得成功。

(一)自我学习管理的重要性

1. 只有学习才能适应变化的需要

彼得·德鲁克认为,现代社会各个领域的深刻变化,使每个人都会意识到一种不能与时代发展同步甚至落后于时代步伐的危机。一项研究结果显示,越是那些受过高等教育和已经取得巨大成就的人,这种危机感就越强烈。在现代社会中,任何人都必须不断的再学习来更新自己的知识结构,以提高自己的社会竞争能力。

2. 只有学习才能取得可持续的成功

现代社会,职业的半衰期越来越短,今天具有优势的职业,明天就可能被淘汰,只有不断学习,提升自己的能力,增强自己的竞争力,才能在职业生涯中取得持续性成功,如果我们沉溺在自满、骄傲当中,不思进取,学习的动力就会消失,自己的职业生涯最终会面临停止不前甚至倒退的境地,更别提持续性成功。

(二)自我学习管理的特征

自我学习管理以学习者为中心,体现了"我要学""我想这样学"的思维方式。其具有以下特征。

(1)主客体统一性。自我学习管理的精髓和灵魂在于"自我",即管理的主体和客体合二为一。在自我学习管理中,自己既是学习中管理行为的施行者(主体),又是管理行为的承受者(客体),这种双重的角色有利于激发学习的积极性和自觉性。

(2)自主选择性。作为学习中的管理者,自己对学习的内容有更多选择权,可根据自己的兴趣、特点,选择不同难度的学习内容和确定自己的学习方法,调控自己的学习过程。

(3)自我独特性。在自我学习管理中,学习不再是被动地接受现成的知识,而是独立的主动探索,根据自身特点积极反思,发现并解决其中的问题。

(4)广泛多元性。自我学习管理突破传统学习的狭窄范围,从课堂学习到课外学习、网络学习,从日常学习习惯到学习行为的养成,从独立学习到与他人合作学习。

(5)灵活时效性。这主要体现为课程结构的设置灵活,学习的管理过程灵活,学习内容的时效性强。

(6)学习终身性。终身学习是指人的可持续发展,即每个人不仅在学校教育阶段学习,而走出校门之后也要继续学习,把学习作为自己生活的习惯,贯穿个人的一生。

二、自我学习管理的流程

自我学习管理是实施认知、制定目标和计划、组织和控制学习行为的活动,它既不是一种智力,也不是一种学习技能,而是一个认知行为的自我训练、自我约束的过程。其具体流程如下。

(一)认识自己的学习优势

了解自己是善于阅读还是善于倾听。自我学习管理的第一要点是了解自己的学习风格,再寻找个人擅长的学习方式。如果我们不按照自己的行为优势去执行,几乎可以肯定不会有杰出成就。在确定学习风格的基础上,依据自己的实际情况选择相应的学习方法。

(二)制定合理的学习目标和计划

学习目标是学习中学习者预期达到的学习结果和标准,有了明确的学习目标,你就会集中精力，始终处于一种主动进攻的竞技状态，并能够将自己的学习风格有机地与目标进行结合，达到事半功倍的效果。学习目标的确定必须来源于需要，即你当前的工作、生活或自我发展中遇到的实际问题。

目标明确之后，围绕目标需要执行详细的学习计划。一个好的学习计划必须能够明确回答三个问题，即做什么？怎么做？何时做？这就相应地形成了计划的三个基本内容：任务、措施和步骤。

当然，制定学习计划时也需要注意相应的事项，具体见表1-2-1。

表1-2-1　制定学习计划需注意的事项

序号	制定学习计划需注意的事项
1	学习计划要符合自己的实际情况
2	目标任务的确定要从实际出发，切实可行
3	学习内容的确定要具体，尽可能量化
4	学习任务的安排，既要考虑全面周到，又要保证重点
5	时间的安排要科学合理
6	长计划与短安排相结合，灵活多变
7	积极寻求支持、请人指导、听取别人的意见
8	着重行动

（三）积极实施学习计划

要想积极有效地实施学习计划、提升学习能力，必须做好以下几项工作。

1. 按时落实学习任务

按时落实学习任务，需要学会专注和排除外界的干扰，养成良好的学习习惯。一是消除桌上所有的纸张，只留下与你正要处理的事务相关的纸张；二是按事情的重要程度来做事；三是当你碰到问题的时候，如果必须做出决定，当场解决，不要迟疑不决；四是学会组织、分层负责和监督，不必事必躬亲。

2. 利用各种资源提升学习效率

积极实施学习计划，还需要借助各种资源来提升学习效率，注重从他人实践和经验中学习，注重网络在线学习，利用一切可以利用的资源，尽可能提高效率。

3. 灵活调整学习计划

计划在执行的过程中，随时会遇到意想不到的环境变化，如果这些变化对目标的实现会产生重大影响，就必须及时调整学习计划，采取新的措施推动任务的继续完成，甚至必要的时候要调整自己的学习目标。

（四）对学习效果进行正确的反馈和评估

学习如果没有评估和反馈，学习效率肯定大打折扣，因此，必须采取科学合理的方法对学习效果进行全面系统的反馈和评估。

1. 正确进行自我评估

在学习过程中，需要我们每天、每周、每月来检测自己的学习目标的实现程度，了解达到目标的途径是否合理正确，方法是否科学有效。只有不断进行正确的自我评估，查找问题，改进缺点，才能取得真正的进步。正确的自我评估需要对学习的过程和学习的结果进行科学合理的评价。

学习过程的评估主要包括以下几项。

（1）学习内容的评估；

（2）学习进度的评估；

（3）学习方法的评估；

（4）目标实现途径的评估；

（5）学习行为的评估等。

而学习效果的评估主要侧重于：

（1）目标的实现程度；

（2）学习的效率。

2. 查找原因，改进学习

自我评估不能仅停留在结果上，还需要根据评估的结果进行改进和补救，只有这样才能达到评估的效果。

3. 运用学习成果，举一反三

古人云，举一反三，触类旁通，意思是掌握某种知识后，对相似的东西可以联系自己已学的知识，不学自通，实现学习的迁移。聪明的学习者能够有效运用学习成果，主动迁移，达到事半功倍的效果，最大限度激发潜能，培养自己发现问题、分析问题和解决问题的能力。

三、自我学习管理的方法

要想达到较好的自我学习管理效果，还需要掌握一定的方法。

（一）创造性思维方法

创造性思维方法就是打破常规，改变思维模式，寻求以非常规的方法来提升学习能力的一种学习思考方法。创造性思维方法可以让你找到意想不到的途径解决问题，可以帮助你迅速加深对知识的理解和掌握，极大提升学习效率。创造性思维训练的方法很多，最常用的方法主要有头脑风暴法、系统探索法、联想类比法、组合创新法。

（二）锥形进军学习法

诺贝尔经济学奖获得者西蒙教授曾经提出"对于一个有一定基础的人来说，只要他肯下功夫，在6个月内就可以掌握任何一门学问"。西蒙理论所依据的试验心理的研究结果表明：一个人60秒到90秒可以记忆一个信息，心理学把这样一个信息称为"块"，估计每一门学问所包含的信息大概是5万块，如果一分钟能记忆1块，那么5万块大约需要1000小时，以每周40小时计算，掌握一门学问大概需要时间也就是6个月。

为了形象说明，我们把这种学习方法比作一个锥子。锥子有两股劲：一是钻劲，二是挤劲。知识的专一性好比锥子尖，精力的集中好比锥子的作用力，时间的连续性好比是不停顿使锥子向前钻进。这种学习方法所支配的学习活动，呈现出一种尖锐猛烈、持续不断的态势。

(三)"螺旋上升式"学习法

所谓"螺旋上升式"学习法，就是用一系列的循环知识单元来代替平铺直叙的知识积累和阐述。每一循环都比上一个循环更高一层，更进一步。

"螺旋上升式"学习法，以学习者感兴趣或想研究的内容为目标。起点可以是某个基本概念、某个公式、某个实验现象、某个疑难问题，甚至可以是自己的假设。从这个起点出发，围绕中心内容，学习、掌握与中心内容有直接关系的基本知识。同时了解那些与中心内容有联系，但不直接影响的有关知识。学习者经过一个阶段的学习，使基本概念得到掌握，公式得到理解和运用，试验现象得到分析，疑难问题得到解决，假设得到验证，同时还了解相关领域的知识。这一循环的学习中，螺旋式上升前进，不断地开拓研究新的领域，即使在"知识爆炸"的今天，也一定能够在最短的时间内通过学习获得较多的知识或技能。

(四)快速学习法

快速学习法产生于日本，它能使人们以高于常法五倍的速度灵活、迅速掌握新的知识。

在运用快速学习的过程中，先不强求完全的理解，也不要去听别人的讲述，而是拿到所要学习的信息目录。动员自己所有的潜在知识，进行一次"自我讲授"。对于第一次自我讲授的不足之处、谬误都进行记录，使你印象深刻。然后你就可以用自己的语言对所学信息进行更加精确的整理，并对照整理的资料进行第二次自我讲授。这次的自我讲授比第一次更加完善、更加丰富，许多模糊之处也会渐渐清晰起来，印象更深刻。这样经过 4～5 次的自我讲授，你就能得心应手地掌握信息，而且很难忘记。

(五)求异质疑学习法

质疑是思维的开端、创新的基础，是激发探索知识的兴趣和热情，是增强自主探索未知领域的动力。在学习过程中，善于用质疑求异的态度对现有的结论、现状和步骤勇敢提出为什么，就可能会发现大量学习中存在的问题，对这些问题进行有效地解决，是提升学习能力的根本。

(六)处处留心皆学问

"天下之大，学问无处不在。"大凡成功人士，都具有处处留心的习惯，善于从生活中、学习中、个人发展中发现问题，从细节入手，去思考、去学习。其实，每个人的身边都有很多大家从未发现的知识和现象，只要处处留心，善于发现，每个人都会找到学习的动力，发现学习的乐趣。

(七)提高注意力法

面对日新月异的信息，我们要学会分析和剔除信息，对信息进行甄别，因此在学习过程中，要善于提高注意力，把目光盯在值得我们注意的信息上，并对这些信息进行筛选和归类，便于记忆和理解，并运用思维付诸行动，在不断积累经验的过程中发挥这些信息的作用。

【知识链接】

中华人民共和国教育部令第 41 号：《普通高等学校学生管理规定》已于 2016 年 12 月

16日经教育部2016年第49次部长办公会议修订通过,现将修订后的《普通高等学校学生管理规定》公布,自2017年9月1日起施行。其中第一章总则第五条内容为:实施学生管理,应当尊重和保护学生的合法权利,教育和引导学生承担应尽的义务与责任,鼓励和支持学生实行自我管理、自我服务、自我教育、自我监督。

【项目练习】

鲨鱼级人物的成长

拿破仑·希尔有一个习惯:晚上睡觉前,他闭上眼睛,想象有9个朋友和自己围桌而坐,有时他还担任这联席会议的主席。要知道,这9个人的地位和成就都是那时的希尔望尘莫及的,他们是:爱默生、潘恩、爱迪生、达尔文、林肯、柏班克、拿破仑一世、福特、卡耐基。

鲨鱼的敏锐使它能在几英里以外感觉到海中一滴血的气味,成功者正是这样的鲨鱼。作为一条刚下海的小鱼,拿破仑·希尔曾经听取鲨鱼级人物——钢铁大王安德鲁·卡耐基的建议,去遍访成功的"鲨鱼"们。经过20年的奋斗,拿破仑·希尔也成为鲨鱼级人物。

启示:根据自身需要不断过滤、整理知识,博采众家之长为我所用,然后调整自己的发展节奏,这样才能快速成功。

练习:每个同学撰写一篇向偶像学习的学习心得,分组讨论并分享学习效果。

第二节 自我计划管理

【名言点津】

凡事预则立,不预则废。

——佚名

【案例导入】

职业经理人邓某的自我管理

邓某是一位幸福白领,拥有一个温馨的三口之家。从一个普通的专科生,到名牌大学的MBA,从一个默默无闻的业务员到集团公司的人力资源总监、业务总监、市场总监、副总经理、总经理,历任3家上市公司高管。邓某在学习、工作和家庭生活中寻找到了某种和谐和平衡,在外人看来,他既取得了职场的成功,也拥有普通人的天伦之乐。事业、家庭、个人发展三者兼顾,这都归功于邓某中学时代开始培养的自我管理能力。

邓某从初中开始养成写日记的习惯,后来担任班干部,又学会了总结、计划以及时间管理的方法。刚上大学的时候,因为没有进入心仪的大学而一度为此感到自卑,然而追求优质教育的目标也在邓某心目中确定下来。毕业后,邓某边工作边学习,在学习进步的同时,工作也获得了提升。

每到年底,邓某都会买一个标记有一年365天的记事本。在每一天的页面上,邓某把记事本分为4块内容:当日计划、完成情况、备忘纪录、小结。并且不断反思改进。就这样,邓某用了不到3年的时间,从月薪1500元的业务员晋升到部门负责人。

对于自己的人生规划，邓某有 5 年、10 年的人生蓝图，自己的人生发展轨迹规划到了 80 岁，并扎扎实实地不断前进。

【分析讨论】

（1）计划管理的重要性。
（2）计划管理的方法。

一、计划的重要性

古人云："凡事预则立，不预则废"。法国军事家拿破仑也曾说过："凡是都要有统一和决断，因为成功不站在自信的一方，而站在有计划的一方。"做任何事情，都应该要有计划，即所谓的"预"有了预，接下来就是付诸行动的问题。

（一）计划的含义和特点

计划是为完成一定的目标而事先对措施和步骤进行的部署。具体包括"做什么？""为何做？""何时做？""在哪做？""谁来做？""怎样做？"六个方面的内容，计划有如下特性。

（1）目的性：任何组织和个人执行计划都是为了有效地达到某种目标。在计划工作开始之前，这个目标或许还不十分具体，但通过拟定计划的过程可以使目标进一步明确和具体。

（2）首要性：计划在工作职能中处于首要地位。

（3）效率性：计划工作的任务，不仅要保证目标的实现，而且要保证从众多备选方案中选择最优的方案。

（4）创新性：计划总是针对可能出现的新问题、新变化和新机会而做出的，因而是一个创造性的过程。

（5）前瞻性：计划是面向未来的，而不是过去的总结，也不是对现状的描述，具有一定的前瞻性。

（6）执行性：计划与行动有关，是面向行动的，而不是空泛而谈。

（二）计划的作用

计划是对个人行动的谋划和估计，既是行动的向导、又是个人行为控制的标准。因此，计划管理对个人行为管理起到非常重要的作用。

（1）为行动指明了方向。计划管理可以使我们有明确的行动方向，并在充满不确定性和变化的环境中把注意力始终集中在既定的目标上。此外，计划还可以促使我们与其他相关主体之间相互协调，有序地开展工作。

（2）能预测变化，降低风险。计划是指向未来的，而未来具有一定的不确定性和风险。因此，计划管理可以促使我们采取科学的预测方法，早作安排，变不利为有利，减少变化带来的冲击，从而把风险降到最低。

（3）能提高效率，减少浪费。一个严密细致的计划，可以减少未来活动的随意性，能够消除不必要的重复所带来的浪费。同时，还可以在最短的时间内完成工作，减少非正常工作时间带来的损失。

（4）为行动提供了控制标准。计划还是行动控制的标准，如果没有既定的目标和指标作为衡量的尺度，我们就无法及时检查出目标的实现情况以便及时纠正偏差，也就无法对我们的行动进行有效的控制。

（三）大学生的自我计划管理

1. 人生规划

所谓人生规划也称人生设计，是指个人与社会相结合，在对一个人生涯的主客观条件进行测定、分析、总结的基础上，对自己的兴趣、爱好、能力和特点进行综合分析与权衡，结合时代特点，根据自己的倾向，确定其最佳的奋斗目标。

大学生做人生规划意义重大。首先，有利于提高自觉实践人生的能力。马克思曾说过："蜘蛛的活动与织工的活动相似，蜜蜂建筑蜂房的本领使人间的许多建筑师都感到惭愧。但是，最蹩脚的建筑师从一开始就比最灵巧的蜜蜂高明的地方，是他在用蜂蜡建筑蜂房以前，已经在自己的头脑中把它建成了。"其次，有利于大学生树立明确的目标意识。当代青年必备的成功素质之一就是目标意识，任何有理想、有追求的人都有一个明确的奋斗目标，懂得自己活着是为了什么，因而他的所有不懈努力都是朝着一个特定方向的，从而减少以致避免做无用功，浪费宝贵的生命。许多人没有成功的原因之一就是他们缺少目标，不知道自己何去何从。制定人生规划可以帮助大学生明确目标，强化方向意识，朝着一定的方向前进，否则只会成为人生路上漫无目的的游荡者，贻误终生。

2. 职业发展规划

职业发展规划是将个人发展与组织发展相结合，在对个人和内外环境因素进行分析的基础上，确定一个人的事业发展目标，并选择实现这一事业目标的职业或岗位，编制相应的工作、教育和培训行动计划，对每一步骤的时间、项目和措施做出合理的安排。一个好的职业生涯规划应具备可行性、适时性、适应性和持续性的特点。

3. 在校学习计划

制定学习计划对每一位学生来说重要性不言而喻，主要体现在以下几方面。

（1）学习计划是实现学习目标的蓝图。目标不是花瓶，我们需要执行计划，合理安排时间和任务，脚踏实地，有步骤地实现它。

（2）学习计划可促使自己行动起来。生活是千变万化的，它总是在引诱我们去偷懒。制定学习计划，可以促使我们按照计划行动起来，排除困难和干扰去完成学习任务。

（3）学习计划的实行是意志力的体现。坚持实行计划可以磨炼我们的意志力，而意志力经过磨炼，我们的学习又会取得更大的收获。每一阶段的进步都会使我们更加自信，激励我们取得更大的进步。

（4）学习计划有利于学习习惯的养成。按照计划，能使自己的学习、生活合理安排。该学习时能安心学习、该玩的时候能开心地玩。久而久之就养成了良好的学习习惯。

（5）学习计划有助于提高学习效率。合理的计划安排可使我们更有效地利用时间。我们会知道多玩一两个小时就会有哪项任务不能完成，会给我们带来多大的影响。有了计划，每一步行动都很明确，也就无须花心思考虑下一步怎么学。

二、计划管理的原则与方法

计划管理是一个动态的过程，在整个计划流程中，制定计划显得比计划本身还要重要。

（一）计划管理的原则

1. 实际性原则

实际性原则就是制定的计划一定要符合实际，实事求是。好高骛远的计划永远是无法达成目标的。多读、多看、多想、勤思考，善于听取别人的意见，这将有助于你从实际出发，制定出切实可行的计划方案。

2. 弹性原则

在进行计划管理时，还必须遵守一定的弹性原则，使计划执行留有一定的余地。这是因为，计划一旦形成，就自然地具有一定的刚性，不到万不得已不能轻易改变。但毕竟环境和条件是不断变化的，计划管理也必须适应这种变化，有必要时应当对计划做出一定的调整或改变，甚至是重新制定计划。

3. 全面性原则

计划管理工作不仅涉及很多人，还会涉及很多部门，简单地说，任何计划都无法脱离其他影响因素而存在，因此，在制定计划时统筹考虑各方面的因素，把握好全局。

4. 重点性原则

计划管理虽然要体现出全面性的原则，但是并不代表所有的因素都要抓，都要给予等同的重视。在把握全局的情况下，计划工作还是要分清主次轻重，抓住关键和重点，着力解决影响全局的问题。

5. 创新性原则

计划管理本身是一个充满创造性的活动，在拟定计划方案时，要善于打破常规思考，求新求异，以创造性的思维充分发挥想象力，努力提出更多更好的创新性的计划方案。创造性的思维方法包括头脑风暴法、类比、换位思考等。

6. 可靠性原则

计划管理必须始终坚持以目标为导向。目标的制定要具体、可测量、可实现、相关的、有时间限制的。目标作为在计划执行过程和评价过程的标准和尺度，必须要合理、科学，符合可靠性原则。

（二）计划管理的方法：PDCAR法

PDCAR法的P代表Plan，即计划的意思；D代表Do it，即行动意思；C代表Check it，即检验和调整的意思；A代表Action again，即重新开始；R代表Record，即记录和备案。整体来看，就是先计划，然后立即去做，付诸行动，在实施中不断地检查与检验，通过检查总结教训然后再次行动，最后是将经验记录备案，供以后参考。

小测试：评估你的执行能力。

下面60道执行能力自测题，请你仔细阅读后根据自己的实际情况和真实想法作诚实回答。

（1）你习惯于在掌握有关信息的基础上制定目标和计划。

  A. 是   B. 不确定   C. 否

（2）在日常生活中你能经常想出别人想不到的好点子。

  A. 是   B. 不确定   C. 否

（3）你不能冷静、果断地处理突发事件。

　　　　A. 是　　　　　　　B. 不确定　　　　　　C. 否
（4）你习惯于在行动之前制订计划。
　　　　A. 是　　　　　　　B. 不确定　　　　　　C. 否
（5）你善于组织各种集体活动。
　　　　A. 是　　　　　　　B. 不确定　　　　　　C. 否
（6）你喜欢读关于地理学一类的书，而不是心理学。
　　　　A. 是　　　　　　　B. 不确定　　　　　　C. 否
（7）你经常出于效率上的考虑而更改计划。
　　　　A. 是　　　　　　　B. 不确定　　　　　　C. 否
（8）如果某人耽误你的时间，你往往不耐烦或发火。
　　　　A. 是　　　　　　　B. 不确定　　　　　　C. 否
（9）你做事很少考虑后果。
　　　　A. 是　　　　　　　B. 不确定　　　　　　C. 否
（10）对大多数事你都不能迅速得出结论。
　　　　A. 是　　　　　　　B. 不确定　　　　　　C. 否
（11）你能经常收集他人的各种反应。
　　　　A. 是　　　　　　　B. 不确定　　　　　　C. 否
（12）你不善于使别人按你的想法做事。
　　　　A. 是　　　　　　　B. 不确定　　　　　　C. 否
（13）你不喜欢在人多时当众发表自己的观点和意见。
　　　　A. 是　　　　　　　B. 不确定　　　　　　C. 否
（14）你认为解决问题最终就是要实现目标。
　　　　A. 是　　　　　　　B. 不确定　　　　　　C. 否
（15）你喜欢看展览，不愿会见陌生人。
　　　　A. 是　　　　　　　B. 不确定　　　　　　C. 否
（16）你喜欢别人评价你善于合作，而不是足智多谋。
　　　　A. 是　　　　　　　B. 不确定　　　　　　C. 否
（17）你临睡前会思考筹划明天要做的事情。
　　　　A. 是　　　　　　　B. 不确定　　　　　　C. 否
（18）每样东西的存放都各有其位，这对你很重要。
　　　　A. 是　　　　　　　B. 不确定　　　　　　C. 否
（19）你很难放下正在阅读的很有吸引力、很有趣的书。
　　　　A. 是　　　　　　　B. 不确定　　　　　　C. 否
（20）你随便做什么都喜欢事先有个计划，不是做起来再说。
　　　　A. 是　　　　　　　B. 不确定　　　　　　C. 否
（21）你对待事务上的联系、指令常常是一丝不苟。
　　　　A. 是　　　　　　　B. 不确定　　　　　　C. 否
（22）你讲故事经常是枯燥无味，不像别人那么引人入胜。
　　　　A. 是　　　　　　　B. 不确定　　　　　　C. 否

（23）你很容易找到合作者。
　　　A. 是　　　　　　B. 不确定　　　　　　C. 否
（24）你善于理解别人的观点和思想方法。
　　　A. 是　　　　　　B. 不确定　　　　　　C. 否
（25）你有经常记录自己行动的习惯。
　　　A. 是　　　　　　B. 不确定　　　　　　C. 否
（26）你心里想说的话必须马上说出来，不能忍耐一段时间。
　　　A. 是　　　　　　B. 不确定　　　　　　C. 否
（27）你同一个陌生人相识，大多是对方主动。
　　　A. 是　　　　　　B. 不确定　　　　　　C. 否
（28）你同别人谈话，能经常左右话题。
　　　A. 是　　　　　　B. 不确定　　　　　　C. 否
（29）在陌生人多的场合，你经常很不自在。
　　　A. 是　　　　　　B. 不确定　　　　　　C. 否
（30）你能严格约束自己的言行。
　　　A. 是　　　　　　B. 不确定　　　　　　C. 否
（31）你同别人争论问题经常是一定要分出胜负。
　　　A. 是　　　　　　B. 不确定　　　　　　C. 否
（32）当设想的愿望不能如愿以偿时你并不沮丧，仍然乐观。
　　　A. 是　　　　　　B. 不确定　　　　　　C. 否
（33）你在工作中与曾经反对过你与别人难以和平相处。
　　　A. 是　　　　　　B. 不确定　　　　　　C. 否
（34）无论何时何地，你都能有目的地行动。
　　　A. 是　　　　　　B. 不确定　　　　　　C. 否
（35）你能经常思考对策，扫除实现目标中的障碍。
　　　A. 是　　　　　　B. 不确定　　　　　　C. 否
（36）你觉得获得别人信任是件很难的事。
　　　A. 是　　　　　　B. 不确定　　　　　　C. 否
（37）别人在大庭广众下给你难堪时，你习惯的反应是当场反击。
　　　A. 是　　　　　　B. 不确定　　　　　　C. 否
（38）你相信自己的判断，而不喜欢模仿别人。
　　　A. 是　　　　　　B. 不确定　　　　　　C. 否
（39）你几乎每天都检查自己当天的行动效率。
　　　A. 是　　　　　　B. 不确定　　　　　　C. 否
（40）你很难从一件复杂的事情中理出头绪来。
　　　A. 是　　　　　　B. 不确定　　　　　　C. 否
（41）平时你喜欢管"闲事"。
　　　A. 是　　　　　　B. 不确定　　　　　　C. 否
（42）你感到自己同性格不同的人相处，并不是件很难的事。

A. 是　　　　　　B. 不确定　　　　　　C. 否
（43）你对一个人有了看法以后就很难改变。
A. 是　　　　　　B. 不确定　　　　　　C. 否
（44）你经常严格查对预定目标和实际成绩。
A. 是　　　　　　B. 不确定　　　　　　C. 否
（45）你善于观察别人的心理和行为，并留意在心。
A. 是　　　　　　B. 不确定　　　　　　C. 否
（46）你对别人提意见，不喜欢留有余地。
A. 是　　　　　　B. 不确定　　　　　　C. 否
（47）你觉得消极散漫、牢骚满腹可以理解为一种天生的懒散。
A. 是　　　　　　B. 不确定　　　　　　C. 否
（48）你认为与其默默无闻，平平淡淡地生活，不如冒风险闯一闯。
A. 是　　　　　　B. 不确定　　　　　　C. 否
（49）你认为知己和知彼同样重要。
A. 是　　　　　　B. 不确定　　　　　　C. 否
（50）你在工作上重方法而不重成绩，重过程而不重结果。
A. 是　　　　　　B. 不确定　　　　　　C. 否
（51）即使知道上级的指示不对，也要无条件执行。
A. 是　　　　　　B. 不确定　　　　　　C. 否
（52）对工作来说，最重要的是获得高额报酬。
A. 是　　　　　　B. 不确定　　　　　　C. 否
（53）人多总比人少容易解决问题。
A. 是　　　　　　B. 不确定　　　　　　C. 否
（54）一个称职的管理者应该注重参谋而非监督。
A. 是　　　　　　B. 不确定　　　　　　C. 否
（55）你今天安排的工作决不拖到明天。
A. 是　　　　　　B. 不确定　　　　　　C. 否
（56）重要的是分清每个人的贡献，而不是集体的功劳。
A. 是　　　　　　B. 不确定　　　　　　C. 否
（57）管理者应了解每个人的个性，用不同的方式来和他们沟通。
A. 是　　　　　　B. 不确定　　　　　　C. 否
（58）如果有人问你不知道的专业性问题，你会直言不知道而不必求得答案。
A. 是　　　　　　B. 不确定　　　　　　C. 否
（59）你在交派任务时通常讲明目标，由下属自己决定工作方法。
A. 是　　　　　　B. 不确定　　　　　　C. 否
（60）管理人员应与下级保持距离，因为关系密切会使下级形成一种不尊敬你的心理。
A. 是　　　　　　B. 不确定　　　　　　C. 否

总分：_____

得分对照表：

按照表 1-2-2 找出相应的得分并相加得出总分。

表 1-2-2　得分对照表

题号答案	1	2	3	4	5	6	7	8	9	10	11	12	13	14	15
A	2	2	0	2	2	0	2	2	0	2	2	0	2	2	0
B	1	1	1	1	1	1	1	1	1	1	1	1	1	1	1
C	0	0	2	0	0	2	0	0	2	0	0	2	0	0	2
题号答案	16	17	18	19	20	21	22	23	24	25	26	27	28	29	30
A	2	2	2	0	2	2	0	2	2	0	2	2	0	2	0
B	1	1	1	1	1	1	1	1	1	1	1	1	1	1	1
C	0	0	0	2	0	0	2	0	0	2	0	2	2	0	2
题号答案	31	32	33	34	35	36	37	38	39	40	41	42	43	44	45
A	0	2	0	2	2	0	0	2	2	0	2	2	0	2	2
B	1	1	1	1	1	1	1	1	1	1	1	1	1	1	1
C	0	0	2	0	0	2	0	0	2	0	0	0	2	0	0
题号答案	46	47	48	49	50	51	52	53	54	55	56	57	58	59	60
A	0	0	2	2	0	2	0	0	2	0	2	0	2	0	0
B	1	1	1	1	1	1	1	1	1	1	1	1	1	1	1
C	2	2	0	0	2	0	2	2	0	0	2	0	2	0	2

总分：_____

评析：

1. 100 分以上

执行能力很强。你是个很有威信的人，处理事情果断、谨慎、周密，你懂得如何安排时间，怎样对待下属，管理方法得当，深受同事的尊敬。擅长有计划地工作和学习，不断地积累知识、能力，使你的工作更加游刃有余。

2. 80～99 分

执行能力较强。你具有较高的管理水平与管理才能，能稳重、扎实地做好工作，很少出现意外或者有损组织发展的失误。

3. 60～79 分

管理能力一般。你对复杂事物的处理能力有些欠缺，通常会受到情绪的干扰，而对专业方面的事务性管理也许会好些。如果你想在管理方面取得进一步的发展，就要多学习一些管理方面的知识，不断积累自己的经验，提升执行能力。

4. 40～59 分

执行能力较差。目前来看，你还不适合做一名管理人员，不论在知识上，还是在实践上,你都存在明显的缺陷。你崇尚自由,不喜欢在生活与工作中受约束。所以,你不会管理别人也不希望被别人管着,你适合从事独立性较强的工作,如自由职业者等。

5. 39 分以下

执行能力很差。首先你对自己的事情马马虎虎、粗心大意,在工作上更不懂得如何去管理他人、支配时间。但你也许具有较高的艺术创造力或其他技能。

【知识链接】

习惯的力量

奥维德说:"没有什么比习惯的力量更强大。"习惯是一个人思想与行为的真正领导者。习惯让我们减少思考的时间,简化了行动的步骤,让我们更有效率;也会让我们封闭,保守,自以为是,墨守成规。 在我们的身上,好习惯与坏习惯并存,而获得成功的可能性就取决于好习惯的多少。人生仿佛就是一场好习惯与坏习惯的拉锯战,把高效能的习惯坚持下来就意味着踏上了成功的快车。 如果你希望出类拔萃,也希望生活方式与众不同,就必须明白一点:你的习惯决定着你的未来。

【项目练习】

两个和尚

在相邻的两座山上分别有两座庙,在庙里分别住着两个和尚,而这两座山之间有一条溪流,因为山上没有水源,这两个和尚每天都会在同一时间到山下溪边挑水。久而久之,他们便成了朋友。

就这样不知不觉过去了五年时间。突然有一天,左边这座山上的和尚没有下山挑水。右边山上的和尚有点纳闷了,莫非他生病了?过去了半个月,左边山上的和尚始终没有下山挑水。又过了半个月,还是没有见到他。右边山上的和尚有些不放心了,他担心他的朋友会发生什么不测,于是决定去看望他的朋友。等他爬上左边的山看到他的老友后,大吃一惊,因为他的老友正在精神抖擞的打太极拳,一点也不像一个月没喝水的人。他好奇地问:"你已经一个月没下山挑水了,难道你不用喝水吗?"这座山的和尚说:"来,我带你去看看"。

他带着右边山上的和尚走到庙的后院,指着一口井说:"5 年前我就决定要在这里挖一口井。这五年来,我每天做完功课,都会抽空挖井。有时即使很忙也要挖,能挖多少挖多少。如今,终于让我挖出水来了,这样我就不必再下山挑水,可以有更多的时间练我喜欢的太极拳了。"

(1)这两个和尚有什么不同?你的生活中有过类似的事情吗?为什么?

(2)从这个小故事你得到什么启发?

第三节 自我时间管理

【名言点津】

不要老叹息过去,它是不再回来的;要明智地改善现在。要以不忧不惧的坚决意志投入扑朔迷离的未来。

——朗费罗

【案例导入】

查尔斯·史瓦在担任伯利恒钢铁公司总裁期间，曾经向管理顾问艾伊贝·李提出这样一个不寻常的挑战："请告诉我如何能在办公时间做妥更多的事情，我将支付给你任意的顾问费。"

艾伊贝·李于是递了一张纸给他，并向他说明："写下你明天必须做的最重要的各项工作，先从最重要的那一项工作开始，并持续地做下去，直到完成该项工作为止。重新检查你的办事次序，然后着手进行第二项重要的工作。倘若任何一项着手进行的工作花掉你整天的时间，也不用担心。只要手中的工作是最重要的，则坚持做下去。假如按这种方法你无法完成伯利恒全部的工作，那么即使运用任何其他办法，你也同样无法完成他们，而且倘若不借助某一件事的优先次序，你可能甚至连哪一种工作最为重要都不清楚。将上述的一切变成你每一个工作日的习惯。当这个建议对你生效时，把它提供给你的部属采用。"

数星期后，史瓦寄来了一张面额25000美元的支票给艾伊贝·李，并附言说他确实已经为他上了十分珍贵的一课。艾伊贝·李坦言："这个建议非常不简单，它可以让你明白工作中做计划的价值。"

【分析讨论】

分析上述案例中体现的道理。

一、时间管理的意义

时间管理不是要把所有的事情做完，而是更有效地运用时间。时间管理的目的除了要决定你该做哪些事情之外，还要决定什么事情不应该做。时间管理不是完全控制，而是降低变动性，其最重要的功能是透过事先的规划，作为一种提醒与指引。时间管理的对象并不是时间，而是我们的生活、我们的生命，其实质是自我管理与生命管理。

时间的自我管理是指管理者为了提高时间的利用率和有效性，对时间的消耗进行计划、实施、检查、评价、反馈等程序的一系列控制活动。富兰克林说："生命是由时间构成的。"时间对每个人都是公正的，能否进行有效的时间管理是事业成功的关键。人类对于时间管理的认识观念经历了四个时代的发展。第一代观念注重利用便条和备忘录，将每天做过的事情如实纪录，在忙碌中调配时间与精力。第二代观念强调行事历、日程表和效率手册，制定目标和计划并明确责任，反映出时间管理者已经注意到规划未来的重要性。第三代观念是目前正流行、讲求有限顺序的观念。实现规划、制定有限顺序、分出轻重缓急，有详尽的计划表和组织表。这是将有限的时间、精力加以分配，争取最高的效率。第四代时间管理集大成的论著是《与时间有约》，其作者为美国的史蒂芬·柯维。第四代时间管理观念注重单位时间的价值和非单位时间的效率。第四代时间管理的原则是以人为本，目标高于手段，效果高于效率。日常事务都可以用重要性和紧迫性两个维度来划分，重要性与目标有关，凡有价值、有利于实现工作目标的就是重要的；急迫性是指必须立即处理的事情。

时间自我管理是第四代时间管理观的重心。第四代时间管理的观念强调,时间管理的对象不是"时间",而是针对时间所进行的"自我管理"。用彼得·德鲁克的话说,时间管理就是"做正确的事",并且"正确地做事"。其中,"做正确的事"是把时间用在正方向上,尽量少浪费;"正确地做事"是指在实施过程中力求"多、快、好、省",尽量提高时间的效能。

如何充分有效地利用时间,如何在最短的时间里获得最大的效益,这不只是现代管理科学研究的一个重要内容,也是每一个想在事业上有所作为,想抒写人生辉煌的人应该充分注意的问题。为了提高有限时间的使用效率,人们只争朝夕地学习,争分夺秒地做事;为了延长对时间的使用,人们想方设法地保持健康,延长寿命。进行时间管理,可以提高时间使用效能,可以对工作进行优化排序,把握关键,平衡角色,提高工作效率。

二、时间管理的误区

提高时间利用效率,需要在实际工作中尽可能避免时间管理的误区。时间管理的误区是指导致时间浪费的各种因素。一般而言,这些浪费时间的因素有可能来自于他人,也有可能来自于自己,但归根结底来源于自身。

1. 工作缺乏计划

计划是对未来行动方案的一种说明,也是未来行动纲领的先期决策,如果缺乏计划,常常会导致工作徒劳无功,不仅浪费时间,而且会导致你一事无成。

计划的制定一般包括六个步骤:确定目标、寻找完成目标的各种途径、选择最佳途径、将最佳途径转化为每日或每周的工作事项、编排每日或每周的形式次序并加以执行、定期检查目标的现实性以及完成目标的最佳途径的可行性。这六个步骤所指出的是"你要往哪里去"以及"你要怎么去"。一个人倘若没有计划,势必会沦为一个随波逐流、迷失自我的人。

2. 组织工作不当

组织工作不当在现实中表现为职责权限不清,工作内容反复,没有授权、事必躬亲、亲力亲为;眉毛胡子一把抓,没有重点。这三种不当不仅导致时间的严重浪费,而且也无法保证顺利实现工作目标。

解决组织工作不当的关键措施在于设置科学合理的组织机构,明确每个部门、每个人的职责权限,学会合理授权,能分清工作的重要性大小,并合理安排工作的顺序。

3. 不能拒绝请托

拒绝请托是保障自己工作、学习时间的有效手段。倘若勉强接纳他人的请托无疑会干扰自己的工作。在现实生活中,很多人都会走入"不能拒绝请托"的时间管理误区。在诸多请托中,有一类是职务所系而责无旁贷的;另一类虽然也是职务所系,但请托本身确实是不合时宜或不合情理的;还有一类请托则属无义务履行的请托。后两种请托经常会引起我们的困扰。要做好时间观念,必须从改变自我观念入手,理解拒绝请托的益处所在,要有自己的行事原则,耐心地讲给请托者你拒绝的原因。

4. 拖延时间

很多人都有拖延的习惯,特别是当自己要付出劳动或要做出抉择的时候;当自己对某项工作产生畏难情绪的时候；当想到逃避某项我们不愿意去面对的事情的时候。拖延会无情地带走时间，使你失去很多宝贵的机会，甚至可以使你一生都无法成功。

小测试：评估你的拖延商数？

请据实际选择以下每一个陈述最切合你的答案：

（1）为了避免对棘手的难题采取行动，于是我寻找理由和借口。
   A. 非常同意   B. 略表同意   C. 略表不同意   D. 极不同意

（2）为使困难的工作能被执行，对执行者施加压力是必要的。
   A. 非常同意   B. 略表同意   C. 略表不同意   D. 极不同意

（3）经常采取折中办法以避免或延缓不愉快的事是困难的工作。
   A. 非常同意   B. 略表同意   C. 略表不同意   D. 极不同意

（4）我遭遇了太多足以妨碍完成重大任务的干扰与危机。
   A. 非常同意   B. 略表同意   C. 略表不同意   D. 极不同意

（5）当被迫从事一项不愉快的决策时，我避免直截了当的答复。
   A. 非常同意   B. 略表同意   C. 略表不同意   D. 极不同意

（6）我对重要的行动计划的追踪工作一般不予理会。
   A. 非常同意   B. 略表同意   C. 略表不同意   D. 极不同意

（7）试图令他人为管理者执行不愉快的工作。
   A. 非常同意   B. 略表同意   C. 略表不同意   D. 极不同意

（8）我经常将重要工作安排在下午处理，或者带回家里，以便在夜晚或周末处理它。
   A. 非常同意   B. 略表同意   C. 略表不同意   D. 极不同意

（9）我在过分疲劳（或过分紧张、过分泄气、太受抑制）时，无法处理所面对的困难任务。
   A. 非常同意   B. 略表同意   C. 略表不同意   D. 极不同意

（10）在着手处理一件艰难的任务之前，我喜欢清除桌上的每一个物件。
   A. 非常同意   B. 略表同意   C. 略表不同意   D. 极不同意

总分：_____

评分标准：每一个"非常同意"评4分，"略表同意"评3分，"略表不同意"评2分，"极不同意"评1分。总分小于20分，表示你不是拖延者，你也许偶尔有拖延的习惯。总分在21至30分之间，表示你有拖延的毛病，但不太严重。总分多于30分，表示你或许已患上严重的拖延毛病。

5. 整理整顿不足

办公室的杂乱无章与办公桌的大小无关，因为杂乱是人为的。当你的上司找你索取一份技术资料，你能否在第一时间从容地交给他？当你需要一份信息的时候，是否满文件夹地翻个底朝天？如果你的答案是肯定的，无疑，你会在寻找文件的过程浪费大量的时间。因此一定要对文件资料等进行定期的整理，养成良好的习惯。

6. 进取意识不强

我们经常说"人最大的敌人就是我们自己"。有些人之所以能够让时间白白流逝而毫无后悔之意，最根本的原因就是缺乏进取意识，缺乏对工作和生活的责任感和认真态度。培养自己的进取意识一定要有紧迫感,能认准自己前进的目标,并能克服惰性,坚持不懈地追求。

三、时间管理的法则

(一)端正态度、明确目标

怎样管理时间?首先是要端正态度,态度决定一切。要重视时间,要有意识地管理时间,只有真正意识到时间的重要,真正渴望对自己的时间进行管理,时间管理才能在你的生命质量的提高过程中发挥巨大的作用。

在端正态度指引的前提下,在制定计划和行动之前,一定要明确自己希望达到的目标有哪些,要对目标心中有数,必须明确哪些目标是短期目标、哪些是中期和长期目标,且目标一定要合理、可以衡量和达到。

(二)做好计划、确定等级

制定一个具体完善的计划对工作来说至关重要,它可以帮助你控制工作的进度,没有计划会使你陷入混乱,不仅浪费时间,而且很难实现目标。

在制定计划的过程中确定工作的优先级是关键的一步,将计划的事情记录下来并且按照类别和重要性进行排序,这样的话,你做起事情来就有条不紊,效率倍增。

在确定优先级过程中可采用时间管理的 ABC 次序方法。这种方法包括了三个指定字母 ABC,以此来区分不同的职责。A 代表最高优先权活动(必须立即执行),B 代表第二优先权活动(不属于 A 或者 C 的所有事情,但你必须要做),C 代表最低优先权的任务或者你愿意去做的事情(能够等待)。在这一排列优先次序的方法中,一旦列出了职责列表,每个项目上都有相应的字母,按照新的等级顺序重写改写清单,然后完成相同等级的工作。

(三)注意区分时间象限

在实际工作中,可以将我们从事的工作进行优先级的划分,归入相应的时间矩阵象限,指导我们的实际工作。

1. 时间管理矩阵图

自测你每天花在第几象限的时间最多?你认为成功的人会在第几象限花费更多的时间?

(1)如果你偏于第一象限,其结果是:压力大、筋疲力尽、忙于危机处理、忙于收拾残局。

(2)如果你偏于第二象限,其结果是:有远见,有理想,工作生活平衡、自制、人际关系良好、少有危机。

(3)如果你偏于第三象限,其结果是:短视、忙于危机处理、轻视目标与计划、缺乏自制力、怪罪他人、人际关系浮泛甚至破裂。

(4)如果你偏于第四象限,其结果是:完全无责任感、工作不保、依赖他人或社会机构为生。

那么该如何安排四个象限的时间呢?

	紧急	不紧急
重要	I 1. 危机 2. 紧急的问题 3. 有期限的任务、会议 4. 准备事项	II 1. 准备事项 2. 预防工作 3. 价值观的澄清 4. 计划 5. 关系的建立 6. 真正的休闲充电
不重要	III 1. 干扰，一些电话 2. 一些信件、报告 3. 许多紧急事件 4. 许多凑热闹的时间	V 1. 细琐、忙碌的工作 2. 一些电话 3. 浪费时间的事情 4. 逃避型活动 5. 无关紧要的信件 6. 看太多的电视

2. 四个象限的 4D 原则

普通人和成功人士如何分配在四个象限的时间？

	紧急	不紧急
重要	立即做	稍后做
不重要	授权	不做

3. 普通人的时间安排

	紧急	不紧急
重要	25%～30%	15%
不重要	50%～60%	2%～3%

4. 成功人士的时间安排

	紧急	不紧急
重要	20%～25%	65%～80%
不重要	15%	<1%

5. 做出一周计划表

按照任务紧迫性和重要性的不同程度，可以把任务分为四类。

优先级 A：重要而且紧迫。

优先级 B：重要但不紧迫。

优先级 C：不重要但紧迫。

优先级 D：不重要也不紧迫。

请根据你的实际，把本周（或下周）要做的任务进行四类划分，并填写在表 1-2-3 中。

表 1-2-3　一周计划表

时间	优先级 A	优先级 B	优先级 C	优先级 D
周一				
周二				
周三				
周四				
周五				
周六				
周日				

备注：先做 A，B 类事务，少做 C 类事务，不做 D 类事务。

（四）80/20 法则

时间管理中，要让 20% 的投入产生 80% 的收益，从个人角度看，要把一天中的 20% 的精华时间用于思考和准备。

（五）掌握一些有效的时间管理方法

1. 取消法

所有的事情，先分析其必要性，能取消的就取消，能回避的就回避，集中做对你的目标有价值的事情。例如，看电视、闲聊、发呆、漫无目的的上网、过于广泛的兴趣、过于广泛的人际关系等尽量取消，做一些有价值的事情。

2. 以人替代法

不要抱着"万事不求人"的态度，遇到问题和棘手的事情，请人帮忙可以大大缩短完成的时间。当然，工作中还要学会合理授权，把自己的时间和精力集中办理最能体现自己价值的事情。

3. 充分利用零碎时间

从时间表中剪裁出大量时间之后，剩下的边角不能浪费。这些零碎时间如果合理利用也能发挥极大的价值。如可以用它锻炼身体、复习知识；同时，在每个零碎的小时间内完成一些任务，积累起来也是很可观的。

4. 以钱购时法

乘坐最有效率的交通工具，避开高峰时期；采用最有效的工作方法；工作上采用先进的设备，这些都可以争取到更多的时间。

5. 见缝插针法

在等人、乘车的时间隙听音乐、思考。

【知识链接】

拉克时间管理法是由现代管理之父杜拉克提出，杜拉克认为：有效的管理者不是从他们的任务开始，而是从他们的时间开始。杜拉克认为时间管理可以遵循以下三个方法。

（1）记录时间：分析时间浪费在什么地方。

（2）管理时间：减少用于非生产性需求的时间。

（3）集中时间：在整段时间内工作效率大于在分散时间内的工作效率之和，尽量利用大段时间进行工作。

写下你明天要做的 6 件最重要的事；用数字标明每件事的重要性次序；明天早上第一件事是做第一项，直至完成或达到要求；然后再开始完成第二项、第三项……

每天都要这样做，养成习惯。

【项目练习】

"时间切割活动"——撕纸看人生

在纸上有从 10～100 的数（发给学生两张长度相等的纸条），代表我们的人生。每个人都有自己的梦想对吗？在纸上点出实现目标的时间点。现在让我们先撕去我们已经度过的岁月，过去的时光我们已经无能为力了，然后再撕去梦想后面的纸。看看每个人还有多少时间？这就是我们实现梦想的所有时间吗？好的，很多同学说不是，那我们还要继续撕掉那些我们并没有为梦想努力地时间，我们还要撕去 1/3 睡眠时间，撕去吃饭、清理个人卫生的时间，撕去交朋友，体育锻炼的时间，撕去看电视、玩的时间。我看到很多同学的纸条已经很少了，你已经不舍得继续撕下去了。现在剩下的纸条就是我们能够实现梦想的时间，拿着手中的小纸条，你都想到些什么？俗话说："光阴好比河中水，只能流去不能回。"

第四节　自我情绪管理

【名言点津】

能控制好自己情绪的人，比能拿下一座城池的将军更伟大。

——拿破仑

【案例导入】

拔钉子的小男孩

有个脾气很坏的小男孩，动不动就发脾气，令家里人很伤脑筋。一天，父亲给了他一大包钉子和一只铁锤，要求他每发一次脾气都必须用铁锤在家里后院的栅栏上钉一颗钉子。小男孩就在栅栏上钉了三十多颗钉子，但随着时间的推移，小男孩在栅栏上钉的钉子越来越少。他发现自己控制脾气要比往栅栏上钉钉子容易些。

一段时间以后，小男孩变得不爱发脾气了。于是父亲建议他："如果你能坚持一整天都不发脾气，就从栅栏上拔下一颗钉子。"没多久，小男孩终于把栅栏上所有的钉子都拔掉了。这时候，父亲拉着儿子的手来到栅栏边，对他说："儿子，你做得很好。可是，你看看那些钉子在栅栏上留下的小孔，栅栏再也不会是原来的样子了。当你向别人发过脾气之后，你的言语就像这些钉子孔一样，会在人们的心中留下疤痕。你这样做就好比用刀子刺向别人的身体，那伤口都会永远存在。"

小男孩的故事告诉我们，如果我们对情绪没有足够的认识，就会犯很多情绪错误，不仅会伤害到别人，更会伤害到自己。但如果我们对情绪有个正确的认识，并学会如何管理好情绪，那么我们的个人力量就会增加更多。

【分析讨论】

通过上述案例讨论情绪控制与人生发展。

一、认识自我情绪管理

（一）情绪的含义

我们每个人都有喜怒哀乐，还伴随着相应的表情和心理体验，这就是人的情绪，也称为情感活动。这些情感活动是人对外界事物的一种态度的反应。一般而言，人类具有四种基本的情绪：快乐、愤怒、恐惧和悲哀。在这四种基本的情绪之上，可以衍生出众多的发散情感，如厌恶、羞耻、悔恨、嫉妒、内疚、喜欢、同情等。这些情绪综合起来体现了两种不同的类型，消极的和积极的。我们的生活离不开情绪，它是我们对外在世界正常的心理反应，积极的情绪可以激发工作热情、增强生活乐趣，产生积极的效应。但我们也不能成为情绪的奴隶，让消极的心境左右我们的生活。

（二）掌握情绪的重要性

消极的情绪对我们的健康十分有害，科学家们发现，经常发怒和充满敌意的人很可能患有心脏病。哈佛大学曾调查1600名心脏病患者，发现他们焦虑、抑郁和脾气暴躁的概率比普通人高3倍。因此，可以毫不夸张地说，学会控制你的情绪是你生活中一件生死攸关的大事。

生活中，几乎每个人都会经历一些不幸的遭遇，从而产生消极的情绪，但怎么度过这个阶段，调节自己的情绪，尽早战胜挫折，恢复常态，则是十分重要的。否则这将严重影响我们的生活，甚至会因为自己无法解脱而身患重病，甚至走上绝路，给家庭造成不可挽回的损失。

人际交往过程中，很多人在一些很细微的小问题上未能控制好自己的情绪，严重影响和他人的关系，交往当中一度出现障碍，在与其交往的其他人中留下较差的印象甚至造成伤害，严重的甚至造成当事人抑郁或者孤僻。

在事业发展的道路上，每个人都渴求成功，但成功最大的障碍不是缺少机会，或是资历浅薄，而是缺乏对自己情绪的控制。愤怒时，若不能控制，将使周围的合作者望而却步；消沉时，若放纵自己的萎靡，许多稍纵即逝的机会将白白浪费。

一头撞飞了世界杯冠军

2006年世界杯足球赛最后一场，意大利队和法国队争夺冠军。在加时比赛进行到110分钟时，世界级球星齐达内一头撞在了马特拉齐的胸口上，将那个1米93的大个子顶翻在地。阿根廷主裁判埃利松多在与助理裁判交流后，向齐达内掏出了红牌。一代大师就这样结束了自己的职业生涯。那场比赛齐达内发挥的极为出色，开场后他打进了一个美妙的"勺子"点球，成为第四个在世界杯决赛中打进3个球的人。加时赛过半时，他的头球攻门几乎得手，与一个理想的结局擦肩而过；可是这张红牌在某种程度上断送了法国队最后的希望。齐达内的下场对队友心理上的影响不言而喻，在后来的点球大战中，意大利队获得了冠军。

后来证实，意大利后卫马拉特齐确实出言不逊，侮辱了齐达内的亲人。但是齐达内在这样一场重要的比赛中，没有控制自己的情绪，结果导致自己和整个法国队的命运就这样改变了。

（三）情绪商数

情绪商数简称情商（EQ），它代表一个人的情绪智力，简单地说，情商是一个人自我情绪管理以及管理他人情绪的能力指数。情商主要包括五个方面的内容：识别自我情绪的能力、控制自我情绪的能力、情绪自我激励的能力、认知他人情绪的能力以及人际关系的管理能力。

小测试：你的情商高吗？

这是一组欧洲流行的测试题。可口可乐公司、麦当劳公司等世界500强众多企业，曾以此为员工EQ测试的模板，帮助员工了解自己的EQ状况。本组测试题共33题，测试时间25分钟，最大EQ为174分。假如你已经预备就绪，请开始计时。

第（1）~（9）题：请从下面的问题中，选择一个和自己最切合的答案。

（1）我有能力克服各种困难。
  A. 是的   B. 不一定   C. 不是的

（2）如果我能到一个新的环境，我要把生活安排得。
  A. 和从前相仿   B. 不一定   C. 和从前不一样

（3）一生中，我觉得自己能达到我所预想的目标。
  A. 是的   B. 不一定   C. 不是的

（4）不知为什么，有些人总是回避或冷淡我。
  A. 不是的   B. 不一定   C. 是的

（5）在大街上，我常常避开我不愿打招呼的人。
  A. 从未如此   B. 偶然如此   C. 有时如此

（6）当我集中精力工作时，假使有人在旁边高谈阔论。
  A. 我仍能用心工作 B. 介于A，C之间   C、我不能专心且感到愤怒

（7）我不论到什么地方，都能清晰地辨别方向。
  A. 是的   B. 不一定   C. 不是的

（8）我热爱所学的专业和所从事的工作。
  A. 是的   B. 不一定   C. 不是的

（9）气候的变化不会影响我的情绪。
  A. 是的   B. 介于A，C之间   C. 不是的

第（10）~（16）题：请如实选答下列问题选择一个和自己最切合的答案。

（10）我从不因流言蜚语而气愤。
  A. 是的   B. 介于A，C之间   C. 不是的

（11）我善于控制自己的面部表情。
  A. 是的   B. 不太确定   C. 不是的

(12) 在就寝时，我常常。
  A. 极易入睡 B. 介于A，C之间 C. 不易入睡

(13) 有人侵扰我时，我。
  A. 不露声色 B. 介于A，C之间 C. 大声抗议，以泄己愤

(14) 在和人争辩或工作出现失误后，我常常感到震颤，精疲力竭，而不能继承安心工作。
  A. 不是的 B. 介于A，C之间 C. 是的

(15) 我常常被一些无谓的小事困扰。
  A. 不是的 B. 介于A，C之间 C. 是的

(16) 我宁愿住在僻静的郊区，也不愿住在嘈杂的市区。
  A. 不是的 B. 不太确定 C. 是的

第（17）～（25）题：在下面问题中，选择一个和自己最切合的答案。

(17) 我被朋友、同事起过绰号、讥讽过。
  A. 从来没有 B. 偶尔有过 C. 这是常有的事

(18) 有一种食物使我吃后呕吐。
  A. 没有 B. 记不清 C. 有

(19) 除去看见的世界外，我的心中没有另外的世界。
  A. 没有 B. 记不清 C. 有

(20) 我会想到若干年后有什么使自己极为不安的事。
  A. 从来没有想过 B. 偶尔想到过 C. 经常想到

(21) 我常常觉得自己的家庭对自己不好，但是我又确切地认识他们的确对我好。
  A. 否 B. 说不清楚 C. 是

(22) 每天我一回家就马上把门关上。
  A. 否 B. 不清楚 C. 是

(23) 我坐在小房间里把门关上，但我仍觉得心里不安。
  A. 否 B. 偶尔是 C. 是

(24) 当一件事需要我作决定时，我常觉得很难。
  A. 否 B. 偶尔是 C. 是

(25) 我常常用抛硬币、翻纸、抽签之类的游戏来猜测凶吉。
  A. 否 B. 偶尔是 C. 是

第（26）～（29）题：请按实际情况如实回答，仅须回答"是"或"否"即可，在你选择的答案下打"√"。

(26) 为了工作我早出晚归，早晨起床我常常感到疲劳不堪。
  是 _____ 否 _____

(27) 在某种心境下我会因为困惑陷入空想将工作搁置下来。
  是 _____ 否 _____

(28) 我的神经脆弱稍有刺激就会使我战栗。
  是 _____ 否 _____

（29）睡梦中我常常被噩梦惊醒。
是 _____　　　否 _____

第（30）～（33）题：本组测试共 4 题，每题有 5 种答案，请选择与自己最切合的答案，在你选择的答案下打"√"。
答案标准如下："1"代表从不；"2"代表几乎不；"3"代表一半时间；"4"代表大多数时间；"5"代表总是。
（30）工作中我愿意挑战艰巨的任务。
　1　2　3　4　5
（31）我常发现别人好的意愿。
　1　2　3　4　5
（32）能听取不同的意见，包括对自己的批评。
　1　2　3　4　5
（33）我时常勉励自己，对未来布满希望。
　1　2　3　4　5

计分时请按照记分标准，先算出各部分得分，最后将几部分得分相加，得到的那一分值即为你的最终得分。

第（1）～（9）题，每回答一个 A 得 6 分，回答一个 B 得 3 分，回答一个 C 得 0 分。计 ___ 分。

第（10）～（16）题，每回答一个 A 得 5 分，回答一个 B 得 2 分，回答一个 C 得 0 分。计 ___ 分。

第（17）～（25）题，每回答一个 A 得 5 分，回答一个 B 得 2 分，回答一个 C 得 0 分。计 ___ 分。

第（26）～（29）题，每回答一个"是"得 0 分，回答一个"否"得 5 分。计 _____ 分。

第（30）～（33）题，从左至右分数分别为 1 分、2 分、3 分、4 分、5 分。计 _____ 分。

总分：_____

结果分析：

测试后如果你的总分在 90 分以下，说明你的 EQ 较低，你常常不能控制自己，你极易被自己的情绪所影响。很多时候，你轻易被激怒、动火、发脾气，这是非常危险的信号——你的事业可能会毁于你的暴躁，对此最好的解决办法是能够给不好的东西一个好的解释，保持头脑冷静，使自己心情开朗。正如富兰克林所说："任何人生气都是有理的，但很少有令人信服的理由。"

如果你的总分在 90~129 分，说明你的 EQ 一般，对于一件事，你不同时候的表现可能不一，这与你的意识有关，你比前者更具有 EQ 意识，但这种意识不是常常都有，因此需要你多加注重、时时提醒。

如果你的总分在 130~149 分，说明你的 EQ 较高，你是一个快乐的人，不易惊恐担忧，对于工作你热情投入、敢于负责，你为人更是正义正直、同情关怀，这是你的长处，应该努力保持。

如果你的总在 150 分以上，那你就是个 EQ 高手，你的情商是你事业有成的一个重要前提条件。

二、自我情绪识别与管理

（一）情绪的自我识别的方法

了解自身情绪的变化，判断情绪的影响，主动调整自己的心理，做出合适的反应，可以帮助我们迅速化解不良情绪，这是进行情绪管理的第一步。

1. 情绪记录法

有意识地留意自己的情绪变化过程，并把它详细记录下来，然后自我反思，发现情绪变化的规律，这对提高情绪自我识别大有用处。

2. 情绪反思法

每一次情绪变化后，都要判断一下自己当时的情绪反应是否得当？思考为什么会有这样的情绪？这种情绪反应带来了什么样的消极影响？以后应该如何消除这种类似情绪的发生？如何控制不良情绪的蔓延？

3. 情绪恳谈法

如果对自己的情绪觉察能力不自信，你可以求助其他与你相熟的人，如你的家人、上司、下属、朋友、同学等，采取恳谈的方式征求他们对你情绪变化的看法和意见，从他人的眼光中客观真实了解自己情绪变化的过程。

4. 情绪测试法

借助专业的工具或咨询专业人士，获取相关自我情绪认知和管理的方法建议。

（二）情绪控制与激励

情绪有积极与消极之分，积极情绪对工作和生活带来巨大效应，消极情绪使人难受、抑制人的活动能力、减弱人的体力和精力，影响学习、工作和生活，必须控制和调节。具体的方法有哪些呢？

情绪控制能力的培养需要借助一定的方法和技巧，下面为大家介绍集中掌控自我情绪的方法。

1. 转移注意力

一般情况下，对情绪产生强烈刺激的事情，通常都是与自己的利益密切相关的，要很快将它遗忘是很困难的，特别是不好的事情。如果任由不良情绪侵蚀，还不如采取一些转移注意力的方法。如主动帮助别人、找知心朋友聊天、阅读书籍、旅游娱乐等。

2. 适当的释放情绪

不良情绪越积越多，一味地压制自己，很可能会造成更大的心理负担，甚至疾病的产生，因此，采取适当的形式宣泄自己的情绪也是很重要的，如在适当的场合哭一场，找人倾诉、进行剧烈运动、放声歌唱或大叫都可以。林肯曾经帮助他的陆军部长宣泄情绪，就是把自己对伤害自己身心的强烈不满和愤怒写成信，写信的过程中将对方淋漓尽致地痛骂一顿，然后将这封信烧掉，完成心理的宣泄。

3. 理智控制法

（1）心理换位。现实生活中，情绪失控有很多原因，其中最常见的是认为生活不如意、大事小事与自己过不去。其实这种情况下大可不必钻牛角尖，换个角度看问题或许有意想不到的收获。同时，换个角度看人，说不定能发现别人的优点，总之，把人生的是非荣辱看淡一点，你就能很好地控制自己的情绪了。

（2）学会升华。我们生活在大千世界上，各种冲突、摩擦时有发生，如果心胸狭窄，遇到问题想不开，则心中的阴霾会越来越大，最终只能消极落寞郁郁寡欢。倘若看待事物更宽宏大量一些，抛开眼前琐碎细节，跳到更为广阔的舞台，则迎接我们的是海阔天空。

（3）自我激励。弯曲不是软弱，而是坚韧富有弹性，能屈能伸是高情商者的过人之处。在面对强手或有敌意的人群时要主动避其锋芒；在面临失败时要学会容忍，放下面子，接受现实，化阻力为动力，化悲愤为力量，化消极为积极。在得志时要雄心壮志，干一番有意义的大事，但也切忌不要骄傲自满，妄自称大。战国时期孙膑被砍去双脚后，怒而发奋，写出《孙膑兵法》，歌德在失恋的基础上写出《少年维特的烦恼》，司马迁在遭受宫刑后完成《史记》，贝多芬在遭受双耳失聪的情况下，创作出《命运交响曲》。

（4）从另外一个角度看坏事。一些外界的刺激和干扰可能会使我们产生不良的情绪，但如果我们能从这些干扰因素中找寻到对我们有借鉴作用的信息，这个坏因素就转变为好的因素了。歌唱家帕瓦罗蒂年轻的时候住在旅馆里，隔壁的婴儿整夜啼哭影响他的休息，帕瓦罗蒂很担心第二天的演出，非常焦灼。就在这个时候，他发现婴儿哭了一两个小时声音还是很洪亮，于是就开始琢磨发声的技巧并大获成功。中国古语中的"塞翁失马，焉知非福"更是这种方法的极好体现。

当然，情绪控制还有很多方法，如自我暗示、自我解嘲等方法，而且实际运用中也不是孤立僵化的使用某种方法，而是结合实际情况灵活使用。

三、识别他人情绪

除了认知和管理自己的情绪外，还要善于观察他人的情绪并尽己所能的满足他人的情绪，这样才能在人际关系交往中正确处理好各种关系和矛盾。

（一）认知他人情绪

认识他人的情感需求并尽己所能地满足他人的需求，是高情商的重要标志。你所需要的尊重、理解、安慰等别人同样需要。因此认知别人的情绪，有利于创立和谐的人际关系。

1. 他人需要尊重

被人尊重是一种权利，尊重他人是一种美德。敬人者人恒敬之，人人都有自尊心，每个人都希望被肯定和尊重。从现实看，人的自尊心一旦得到满足，他的情绪就会变得愉悦，那么做起事情来也比较顺心。

2. 他人需要关怀

关怀他人会使自己的存在更有价值，会使自己的生命更有意义。关怀他人并不需要轰轰烈烈的举动，在生活中，一个微笑、一声赞许、一个问候、一个拥抱都会给人带来温暖。当别人孤寂无助、彷徨痛苦时给别人一点关心，会让别人感觉到你的诚意，将会使他的情绪得到释放和缓解，你也能获得情感满足。

3. 他人需要理解

理解他人，就是超越狭隘的个人经验，以开放的胸怀去体察他人的处境、感受和想法。

在感同身受的情况下，双方沟通能进一步加深，并能在信任、轻松愉悦的环境中达到双赢。

4. 他人需要帮助

任何人在人生旅途上都会遇到各种各样的困难，有些困难凭借一己之力很难完成，当他人束手无策时，及时地帮助会让他重新燃起克服困难的信心和勇气，并且体会互助友爱的力量，借助大家的力量能够克服困难完成目标。

5. 他人需要激励

激励，不仅给人一种永远向上的力量，激起实现理想和抱负的冲动和欲望，往往还能改变一个人的命运。可见，当别人需要激励的时候，给予别人适当的激励，会使人意气风发，充满激情，迎接挑战。

6. 他人需要赞美

学会赏识、赞美他人，努力去挖掘他人的闪光点，则会让人心情愉悦、舒适。懂得赏识和赞美别人，不仅能收获友谊，还能得到别人的尊重和赏识。

（二）人际关系管理

人生有"三成"：不成、小成、大成。依赖别人，受别人控制和影响的人一生将一事无成；只知有我，不知有他人，喜欢孤军作战、不善于寻求合作的人，只能取得有限的成功；而善于合作、懂得分享的人、利人利己才能实现人生的大成功。现代人际关系归纳起来有以下几种，见表1-2-4。

表1-2-4 人际关系的六种模式

模式	表现	价值取向	结果
人输我赢	巧取豪夺，坑蒙拐骗	损人利己	单赢
人赢我输	迫于压力，委曲求全	损己利人	单赢
人赢我赢	送人玫瑰，手有余香	利人利己	双赢
人输我输	杀敌一千，自伤八百	两败俱伤	无赢
不输不赢	生意不成情意在	好聚好散	无交易
孤芳自赏	自扫门前雪	独善其身	单赢

【知识链接】

色彩与情绪

在古代许多人相信颜色具有某种魔力，在今天科学家也认为颜色与人的大脑有着某种联系，不同颜色对人的身体"情绪"思想和行为有着深刻的影响。由于人们的生活经验、传统习惯及年龄性格等不同，对色彩可产生的心理反应也自然不同。

在红色环境中，人的脉搏会加快，血压有所升高，情绪容易兴奋冲动；而处在蓝色环境中，脉搏会减缓，情绪也较沉静。有的科学家发现，颜色能影响人的脑电波，脑电波对红色的反应是警觉；对蓝色的反应是放松，这些经验都向我们明确地肯定了色彩对人心理的影响。有过这样的一份病史记载：一位平衡功能严重失调的患者，穿上红色衣服头晕，容易跌倒，穿上绿色衣服或蓝色衣服时，失衡状态就有所改善。 黄色是明度极高的颜色，能刺激大脑中与焦虑有关的区域，具有警告的效果，所以雨具、雨衣多半是黄色。淡黄色显得天真、浪漫、娇嫩；艳黄色象征信心、聪明、希望。但是，艳黄色同样有不稳定、招摇，甚至挑衅的味道。粉红色象征健康，是美国人常用的颜色，也是女性最喜欢的色彩之一，具有放松和安抚情绪的效果。有报告称，在美国西雅图的海军禁闭所、加利福尼亚州圣贝纳迪诺市青年之家、洛杉矶退伍军人医院的精神病房、南布朗克斯收容多动症儿童学校等处，都观察到了粉红色安定情绪的明显效果。例如把一个狂躁的病人或罪犯单独关在一间墙壁为粉红色的房间内，被关者很快就安静下来；一群小学生在内壁为粉红色的教室里，心率和血压有下降的趋势。还有研究报告指出：在粉红色的环境中小睡一会儿，能使人感到肌肉软弱无力，而在蓝色中停留几秒钟，即可恢复。与红色相反，绿色可以提高人的听觉感受性，有利于思考的集中，提高工作效率，消除疲劳，还会使人减慢呼吸，降低血压，但是在精神病院里，单调的颜色，特别是深绿色，容易引起精神病人的幻觉和妄想。此外，其他颜色如橙色，在工厂中的机器上涂抹橙色要比原来的灰色或黑色更好，可以提高生产效率，降低事故率。可以把没有窗户的厂房墙壁涂成黄色，这样可以消除或减轻单调的手工劳动给工人带来的苦闷情绪。

人们对颜色的感受差异大相径庭，颜色对人的影响也受诸多因素影响，比如与人的性格有关系，客观而理智的人，对色彩只注意到它是否鲜明等，不杂有情感成分，那么这类人的情绪受色彩影响就小。而情感丰富的人，比如一些富于联想性格的女性，他们看见颜色，常常会想到与之有关联的事情，这类人的情绪就易受到色彩的影响。还有一些人看颜色就像看人一样各有其特殊的性格，有的颜色是和善的，有的是勇敢或狡猾的。

不同年龄的人对于色彩常有不同喜好，有测验表明：4～9岁的儿童最爱红色，9岁以上的儿童最爱绿色。婴儿时期对于颜色的偏好是由于生理作用，年龄渐长，联想作用便逐渐加大。不同地域、不同民族的人对颜色的喜好及感受也大不相同，比如南欧和热带的人喜好鲜明的颜色，而北欧和寒带的人则喜好暗淡的颜色，这在他们的绘画和服装上都可反映出来。受不同的文化影响，人们对于颜色的感觉也不同——在中国，红色很受欢迎，而在非洲，如尼日利亚，红色则被认为是一种不吉利的颜色。

在诸多影响因素中，最重要的是社会影响。在西方发达国家，一部分上层人士为了表示自己与众不同的身份地位，常常变换自己的服装款式与色彩，下层中的一部分人常常追随模仿上层人物的服装，这二者的共同心理是虚荣心。还有相当一部分的人是随大流，是从众心理。另外随着社会的发展，影响流行色的因素也越来越多，比如人们受到工业污染困扰，因而开始向往大自然的颜色的人越来越多，表现大自然的色彩如"天空色""海蓝色""沙漠色""森林色"等。

颜色与我们的情绪之间确实存在着一些非常奇妙的联系，颜色不仅可以影响我们的情绪，我们的情绪也决定着我们选择哪些颜色，愿大家每天都能拥有缤纷绚烂的颜色。

【项目练习】

请收集有关情绪管理相关的名言名句并反复诵读。

模块二 职业认知与职业规划

项目一　职业认知

【本章导读】

了解职业的内涵和职业分类的基本内容，掌握职业与专业、行业、企业的关系以及职业意识的主要内容，学会应用所掌握的知识，对自己今后的职业发展进行充分的认知。

第一节　职业认知概述

【名言点津】

三百六十行，行行出状元。

【案例导入】

小刚是一所专科院校会计专业三年级的学生，在报考志愿时，小刚对报考专业没有太多了解，只是听说这几年很多人都自己开公司，社会上对会计专业人才的需求量比较大，所以就报考了会计专业。但是进入大学，小刚觉得这个专业的课程比较枯燥，后悔自己选错了专业。想换专业又不知道自己喜欢什么，一直闷闷不乐，入学开始，小刚临近毕业还有半年，大部分的同学已经签订了工作，自己还没有想清楚要找什么样的工作。大三的寒假前他开始着急，到处投简历，参加各种招聘会，面试过几家单位，但是没有一家满意。小刚对自己的未来感到茫然，不知道下一步该怎么做。

【分析讨论】

上述案例中的小刚是我们在目前的高职高专院校中见到的比较典型的学生。小刚没有对自己所学专业进行充分的了解，从来没有计划过自己读完大学以后的职业发展，报考志愿时有从众心理，没有分析自己的个性、兴趣、特长和工作期望，而是追随大流报考了比较热门的会计专业。虽然他入学以后发现不喜欢这个专业，但是并没有及时调整方向也没有任何弥补措施，因此在毕业前对就业方向和前途感到迷茫。

一、专业

（一）专业与职业

由于社会分工的存在，人们从事着不同的社会劳动，在不同的国民经济产业、行业领域中，有成千上万种不同的职业。专业和职业是两种不同属性的概念。但是专业与职业有密切的联系。所谓专业，是学校根据社会分工的需要分成的学业门类，它是从学科与技术、学习与培养的角度来划分的。为帮助学生掌握更多的专业知识和技能，便于学生多方面就业，不少学校除完成本专业教学计划之外，还增开第二专业的课程，供学生选修。而职业则是从生产劳动的角度对工作形式所作的区分。

不管学习哪个专业，我们都可大体上知道将来要从事的职业领域。例如，从大的分类讲，学工科的可以当工程师、技术员、技师、技工；学农科的可以当农业劳动者、农业技术员和农业经营者；学服务的可以当服务员、营业员、售票员，也可以当经理等。一个具体的专业，它与职业的对应关系，可以是社会上的一个具体职业，甚至只是职业中的一个方面或部分。但更多的情况是，一个专业往往可以对应多种职业，甚至是一个宽广的职业群。我们以通常设置的机电专业为例，由于这个专业可涉及的行业、所联系的面比较宽，可以在制造业、建筑业里当钳工、电工和机修工，也可以个体开业当维修工。计算机专业所对应的计算机专业群，范围更是宽广，它包括计算机硬件和软件的开发人员，如计算机制造工程师、专业软件编制员和制造工作，包括计算机调试和维修人员、电子保安人员、计算机辅助设计人员、计算机培训人员、计算机信息情报员，还包括计算机操作和应用人员等。

高等学校的专业设置是与当地社会经济发展的需要密切结合的。它强调专业对职业的适应性和应用性。在科学技术飞速发展、社会主义市场经济制度逐步建立的今天，专业设置已从过去按行业、产品、岗位细分专业的做法，逐步深化为综合交叉型。专业的课程内容也不再只为一种工作做准备，而是为某领域通用技术奠定基础，使学生能在相通的职业群中多专多能。因此，就读某一专业一般就有可能在这一专业所对应的职业类群中求职。

（二）专业与就业

人生好比马拉松比赛，选择专业，就像比赛刚刚开始。而无数的事实证明：一个人无论是处于主动或盲从而选择了某一学科，他都无法保证该专业一定是自己将来要从事的职业。尤其在就业形势较为严峻，劳动力市场竞争较为激烈的情况下，虽然通过某一个专业的学习，具备了某一方面（工种）的知识和技能，也拿到了毕业证书和技能等级证书，但并不等于马上就可以找到理想的对口工作，甚至出现"毕业即失业"的现象。

所谓学以致用，狭义上是指"专业对口"，广义上则是指毕业生无论从事何种类型的职业，其工作性质与所学专业有密切的联系。可以是本专业范围内的工作，也可以是相近专业的工作。学以致用，可以充分发挥高职高专学生的专业特长，使毕业生在工作中如鱼得水，脱颖而出，取得事业上的成功，同时也能避免人才浪费。因此，关键是在专业学习背后，每个人要有意识地提高各方面的综合素质。随着社会的快速发展，会新增许多职业。许多企业在选择人才的时候，注重的也是综合素质。那些走出校门很快能融入社会，被企业认可和接受的高职高专学生都是在知识准备、能力准备和观念心理准备都相对充足的前提之下，才能获得发展的机会。即便他们会遭遇挫折，也能依靠自身的实力重新调整，甚至任何一次经历都会成为他们人生的财富。而有着相反结局的人，往往是在这三个方面的发展不均衡所致，而非专业选择错误所致。

事实上，跨专业招聘已成为一些企业招聘人才的一个重要参考标准和用人机制，并且一直呈发展状态。全球第一大管理咨询公司麦肯锡每年招收的毕业生有学文科的，有学工科的，还有学经济学的，什么专业背景的人都有。

因此，我们不要被所学的专业限制，而要审时度势多研究实际需求，抓住就业机遇，学会"骑驴找马"，立足于"先就业，后择业；先生存，后发展"。实际上，专业与职业，人的专业基础知识和职业能力，都是一个动态过程。职业和社会环境在社会经济发展中不断变化，我们的职业意向和职业能力也必须在学习中不断适应环境的变化。

二、行业

（一）产业

产业是国民经济活动的基本类型。产业结构不仅是国民经济结构的基本形式，而且也是职业体系的基石。按照目前国际上通用的有关产业结构的分类法，可以将国民经济划分为三大产业。

第一产业是指从自然界直接获得基本的生活消费品的物资生产部门。主要包括农业、林业、畜牧业和渔业五大行业。

第二产业是对原材料进行加工的物质生产部门，主要包括制造业、矿业、制盐业等工业部门以及建筑业。

第三产业是指为社会公共提供社会性服务的非物质生产部门，主要包括交通运输业、商业、金融业、文教卫生业、科研事业、其他各种公共事业，以及国家机关、党政机关和社会团体等。

（二）行业的定义与分类

行业是根据企业事业单位所使用、加工的原料，所产生的产品，或所提供服务的不同而进行的社会分工的划分。不同的产业可划分出各种不同的行业，不同行业之间既有着明确的界限，也存在着密切的联系。

根据我国现行的分类法，国民经济行业分类与代码（GB/4754—2011），将国民经济的行业划分为20个门类，96个大类，432个中类。其门类包括：A. 农、林、牧、渔业；B. 采矿业；C. 制造业；D. 电力、热力、燃气及水生产和供应业；E. 建筑业；F. 批发和零售业；G. 交通运输、仓储和邮政业；H. 住宿和餐饮业；I. 信息传输、软件和信息技术服务业；J. 金融业；K. 房地产业；L. 租赁和商务服务业；M. 科学研究和技术服务业；N. 水利、环境和公共设施管理业；O. 居民服务、修理和其他服务业；P. 教育；Q. 卫生和社会工作；R. 文化、体育和娱乐业；S. 公共管理、社会保障和社会组织；T. 国际组织。

在各种行业中都包含着特定的职业，一定的职业从属于一定的行业，但同一职业又可以存在不同的行业之中。各种职业的分类是以劳动者本人所从事的工作性质来进行划分的。

（三）行业、产业与职业

职业所反映的是不同劳动者所从事的不同种类的社会劳动。任何一种职业都可以归属于国民经济中某一产业的某一行业，职业类别也是以产业、行业类型为基础来划分的。在职业体系中，产业、行业和职业三者之间存在归属关系，其中不同产业包含着相应的各种行业，不同的行业包含着相应的各种职业。

三、企业

（一）企业的定义

企业一般是指以盈利为目的，运用各种生产要素（土地、劳动力、资本、技术和企业家才能等），向市场提供商品或服务，实行自主经营、自负盈亏、独立核算的法人或其他社会经济组织。

（二）企业的分类

根据宪法和有关法律规定，我国目前有国有经济、集体所有制经济、私营经济、联营经济、股份制经济、涉外经济（包括外商投资、中外合资及港、澳、台投资经济）等经济类型，相应地，我国企业立法的模式也是按经济类型来安排，从而形成了按经济类型来确定企业法定种类的特殊情况。

1. 国有企业

这是指企业的全部财产属于国家，由国家出资兴办的企业。国有企业的范围包括中央和地方各级国家机关、事业单位和社会团体使用国有资产投资所举办的企业，也包括实行企业化经营、国家不再核拨经费或核发部分经费的事业单位及从事生产经营性活动的社会团体，还包括上述企业、事业单位、社会团体使用国有资产投资所举办的企业。

2. 集体所有制企业

这是指一定范围内的劳动群众出资举办的企业。它包括城乡劳动者使用集体资本投资兴办的企业、以及部分个人通过集资自愿放弃所有权并依法经工商行政管理机关认定为集体所有制的企业。

3. 私营企业

私营企业是指由自然人投资设立或由自然人控股，以雇佣劳动为基础的营利性经济组织。即企业的资产属于私人所有，有法定数额以上的雇工的营利性经济组织，在我国这类企业由公民个人出资兴办并由其所有和支配，而且其生产经营方式是以雇佣劳动为基础，雇工数额应在 8 人以上。这类企业原以经营第三产业为主，现已涉足第一、第二产业，向科技型、生产型、外向型方向发展。

4. 股份制企业

企业的财产由两个或两个以上的出资者共同出资，并以股份形式而构成的企业。我国的股份制企业主要是指股份有限公司和有限责任公司（包括国有独资公司）两种组织形式。某些国有、集体、私营等经济组织虽以股份制形式经营，但未按公司法有关既定改制规范的，未以股份有限责任公司或有限责任公司登记注册的，仍按原所有制经济性质划归其经济类型。

（1）有限责任公司。由 50 个以下的股东出资设立，每个股东以其所认缴的出资额对公司承担有限责任，公司法人以其全部资产对公司债务承担全部责任的经济组织。该种类型是较为适用于创业的企业类型，大部分的投融资方案、VIE 架构等都是基于有限责任公司进行设计的。

（2）股份有限公司。由 2 人以上 200 人以下的发起人组成，公司全部资本为等额股份，股东以其所持股份为限对公司承担责任。

5. 有限合伙企业

由普通合伙人和有限合伙人组成，普通合伙人对合伙企业债务承担无限连带责任，有限合伙人以其认缴的出资额为限对合伙企业债务承担有限责任。适用于风险投资基金、公司股权激励平台（员工持股平台）等。

6. 联营企业

这是指企业之间或者企业、事业单位之间联营，组成新的经济实体；具备法人条件的联营企业，独立承担民事责任；不具备法人条件的，由联营各方按照出资比例或者协议的约定，以各自所有的或者经营管理的财产承担民事责任的企业。如果按照法律规定或者协议的约定负连带责任的，则要承担连带责任。

7. 外商投资企业

这类企业包括中外合营者在中国境内经过中国政府批准成立的，中外合营者共同投资、共同经营、共享利润、共担风险的中外合资经营企业；也包括由外国企业、其他经济组织按照平等互利的原则，按我国法律以合作协议约定双方权利和义务，经中国有关机关批准而设立的中外合作经营企业；还包括依照中国法律在中国境内设立的，全部资本由外国企业、其他经济组织或个人单独投资、独立经营、自负盈亏的外资企业。

8. 个人独资企业

个人出资经营、归个人所有和控制、由个人承担经营风险和享有全部经营收益的企业。投资人以其个人财产对企业债务承担无限责任。适用于个人小规模的小作坊、小饭店等，常见于对名称有特殊要求的企业。

9. 港、澳、台

这是指港、澳、台投资者依照中华人民共和国有关涉外经济法律、法规的规定，以合资、合作或独资形式在大陆举办的企业。在法律适用上，均以中华人民共和国涉外经济法律、法规为依据，在经济类型上它是不同于涉外投资的经济类型。

10. 股份合作企业

这是指一种以资本联合和劳动联合相结合合作为其成立、运作基础的经济组织，它把资本与劳动力这两个生产力的基本要素有效地结合起来，具有股份制企业与合作制企业优点的新兴的企业组织形式。

【知识链接】

麦可思研究院的2017年中国大学生就业报告（就业蓝皮书）中2017年大学绿牌和红牌专业如图2-1-1所示。

【项目练习】

小组活动：想一想你认识的人当中，谁的职业是你认为最好的？为什么？每组讨论，推选出一种职业进行分享。

分享与思考：

（1）什么是好工作？

（2）你们认为好工作的标准是什么？

（3）你们所看到的工作来源于哪里？

图 2-1-1　2017 年大学绿牌和红牌专业

第二节　认知职业世界

【名言点津】

世上没有卑贱的职业，只有卑贱的人。

——林肯

【案例导入】

职业与跳槽

跳槽是一个人在职业发展过程中必经的阶段，但是，目前不少的职场人士在就业发展的过程中并没有真正明确职业阶段性发展和跳槽之间的关系，而是将现有待遇、安全感等因素作为跳槽的重要指标。

以下三种人的态度都是不可取的：第一种，为了目前还算满意的福利待遇而拒绝跳槽的人；第二种，明知事业发展空间将失去，可还在患得患失的人；第三种，死守在一家并不重视其市场价值的公司的人。

其实职业发展具有螺旋上升性，最讲究连续性。如果你的职业发展出现断层，或者一个发展良好的职业道路突然掉转行进方向，对于你的职业发展都是一种"倒退"。所以要了解职业发展的趋势，认清个人资源所在，确定职业方向后，才可以制定"职业发展阶段"

并付诸实施。在职业的发展过程中，能否达到职业目标，积累职业含金量和核心竞争力，关键要看公司的决策和自己的想法是否契合。

【分析讨论】

在不违反职业道德的前提下，可以勇敢地选择自己的职业道路。在选择自己职业道路之前需要充分认识自己的职业世界。在如今的职场中，更高的体现个人价值其实并不只指你的薪值有多少，更多的是市场公认价值感的问题。

一、职业内涵

（一）职业概念

什么是职业，每个人都有自己的理解，但很少有人能够准确系统地表述它。事实上，职业是一种很普遍的社会现象，是人类社会生产力发展到一定阶段的必然产物，是伴随着社会分工的产生而出现的。

职业（Career）一词，它更多的是指一种事业，不同于工作（Job）。因此，职业问题不是简单的工作问题。在德语中，职业一词为"Beruf"，乃是"天职"之意。它意味着个人毕生应当为之而不懈奋斗的目标。对于职业的含义，各国专家都有着不同的理解。

美国社会学家塞尔兹认为，职业是一个人为了不断取得收入而连续从事的具有市场价值的特殊活动，这种活动决定着从事它的那个人的社会地位。

美国教育家、哲学家杜威认为，职业是人们可以从中得到利益的一种生活活动。

美国管理学家泰勒认为，职业可以解释为一套成为模式的与特殊工作经验有关的人群关系。

法国权威词典认为：职业是为了生活而从事的经常性活动。

日本就业问题专家保谷六郎认为，职业是有劳动能力的人为了生活所得而发挥个人能力，向社会贡献而连续从事的活动。

我国职业专家认为，职业是指在业人员所从事的有偿工作的种类。职业存在于社会分工之中，在不同工作性质的岗位上，人们从事的工作在目标、内容、方式与场所上有很大的差别。一定的社会分工或社会角色的持续实现，就形成了职业。

综上所述，我们把职业的概念定义为：职业是参与社会分工，利用专门的知识和技能，为社会创造物质财富和精神财富，获取合理报酬，作为物质生活来源，并满足精神需求的工作。

（二）职业特征

根据职业产生的发展历史及其对人类社会发展的影响，职业具有以下基本特征。

1. 产业性

一个社会的产业，就大的方面可以分为三类。第一产业和第二产业都是物质生产部门，第三产业虽然并不生产物质财富，但却是社会物质生产和人民生活必不可少的部门。在传统农业社会，农业人口比重最大；在工业化社会，工作领域中的职业数量和就业人口显著增加；在科学技术高度发达和经济发展迅速的社会，第三产业职业数量和就业人口显著增加。

2. 行业性

行业是根据生产工作单位所生产的物品或提供的服务的不同而划分的，它按企业、事业单位、机关团体和个体从业人员所从事的生产或其他社会经济活动性质的同一性来分类。某行业的职业内部，其劳动条件、工作对象、生产工具、操作内容相同或相近。由于环境的同一，人们就会形成同一的行为模式，有共同的语言习惯和道德规范。不同职业间存在着很大的差异，劳动条件、工作对象、工作性质等都不相同。随着社会的进步和发展，新的职业（如经纪人等）将会不断涌现，各种职业间的差异也会不断变化。

3. 职位性

所谓职位是一定的职权和相应责任的集合体。职权和责任是组成职位的两个基本要素。职权相同，责任一致，就是同一职位。在职业分类中每一种职业都含有职位的特性。从社会需要角度来看，职业并没有高低贵贱之分，但是，现实生活中由于对从事职业的素质要求不同以及人们对职业的看法或舆论的评价不同，职业便有了层次之分，这种职业的不同层次往往是由于不同职业体力、脑力劳动的付出、收入水平、工作任务的轻重、社会声望、权力地位等因素决定的。

4. 时空性

随着社会的发展和进步，职业变化迅速，除了弃旧更新外，同一种职业的活动内容和方式也会发生变化，所以职业的划分带有明显的时代性，不同时代有不同的热门职业。我国曾出现过的"当兵热""从政热"，后又发展到"下海热""外企热"等，都反映出特定时期人们对某种职业的热衷程度。

5. 组群性

无论以何种依据来划分职业都带有组群特点。如科学研究人员中包含哲学、社会学、经济学、理学、工学、医学等，再如咨询服务事业包括科技咨询工作者、心理咨询工作者、职业咨询工作者等。

二、职业分类

1. 职业分类的概念

所谓职业分类，是指按一定的规则和标准把一般特征和本质特征相同或相似的社会职业，分成并归纳到一定类别系统中去的过程。世界上经济发达国家都非常重视职业分类问题的研究，这不仅是形成产业结构概念和进行产业结构、产业组织及产业政策研究的前提，同时也是对劳动者及其劳动进行分类管理、分级管理及系统管理的需要。

2. 职业分类的意义

（1）同一性质的工作，往往具有共同的特点和规律。把性质相同的职业归为一类，有助于国家对职工队伍进行分类管理，根据不同的职业特点和工作要求，采取相应的录用、调配、考核、培训、奖惩等管理方法，使管理更具针对性。

（2）职业分类给各个职业分别确定了工作责任以及履行职责及完成工作所需要的职业素质，这就为岗位责任制提供了依据。

（3）职业分类有助于建立合理的职业结构和职工配制体系。

（4）职业分类是对职工进行考核和智力开发的重要依据。考核就是要考查职工能否胜任他所承担的职业工作，考查他是否完成了他应完成的工作任务。这就需要制定出考查标准,对各个职业岗位工作任务的质量、数量提出要求,而这些都是在职业分类的基础上才能加以规定的。职业分类中规定的各个职业岗位的责任和工作人员的从业条件,不仅是考核的基础,同时也是进行培训的重要依据。

3. 我国的职业分类

职业分类是一项复杂的工作,参照国际标准和方法,1986年,国家统计局和国家标准局首次颁布了中华人民共和国国家标准《职业分类与代码》(GB6565—86),并启动了编制国家统一职业分类标准的宏大工程。这次颁布的《职业分类与代码》将全国职业分为8个大类、63个中类、303个小类。1992年,原国家劳动部会同国务院各行业部委组织编制了《中华人民共和国工种分类目录》,这个目录根据管理工作的需要,按照生产劳动的性质和工艺技术的特点,将当时我国近万个工种归并为分属46个大类的4700多个工种,初步建立起行业齐全、层次分明、内容比较完整、结构比较合理的工种分类体系,为进一步做好职业分类工作奠定了坚实基础。

20世纪90年代中期,随着社会主义市场经济体制的逐步建立和科学技术的迅猛发展,我国的社会经济领域发生了重大变革,这对人力资源管理提出了新的要求。为此,国家提出要制定各种职业的资格标准和录用标准,实行学历文凭和职业资格两种证书制度。《中华人民共和国劳动法》中明确规定:"国家确定职业分类,对规定的职业制定职业技能标准,实行职业资格证书制度。"根据社会经济发展的需要,1995年2月,劳动和社会保障部、国家统计局和国家质量技术监督局联合中央各部委共同成立了国家职业分类大典和职业资格工作委员会,组织社会各界上千名专家,经过四年的艰苦努力,于1998年12月编制完成了《中华人民共和国职业分类大典》以下简称《大典》,并于1999年5月正式颁布实施。

《大典》是我国第一部对职业进行科学分类的权威性文献。由于它的编制与国家标准《职业分类与代码》(GB6565—86)的修订同步进行,相互完全兼容,因此,它本身也就代表了国家标准。《大典》的重要贡献在于,它在广泛借鉴国际先进经验(特别是《国际标准职业分类》ISCO—88)和深入分析我国社会职业构成的基础上,突破了过去以行业管理机构为主体,以归口部门、单位甚至用工形式来划分职业的传统模式,采用了以从业人员工作性质的同一性作为职业划分标准的新原则,并对各个职业的定义、工作活动的内容和形式以及工作活动的范围等作了具体描述,体现了职业活动本身固有的社会性、目的性、规范性、稳定性和群体性的特征。《大典》科学地、客观地、全面地反映了当前我国社会的职业构成,填补了我国长期以来在国家统一职业分类领域存在的空白,具有深远的意义和广泛的应用领域。

《大典》把我国职业划分为由大到小、由粗到细的四个层次:大类(8个)、中类(66个)、小类(413个)、细类(1838个)。细类为最小类别,亦即职业。8个大类分别是:第一大类——国家机关、党群组织、企业、事业单位负责人,其中包括5个中类,16个小类,25个细类;第二大类——专业技术人员,其中包括14个中类,115个小类,379个细类;第三大类——办事人员和有关人员,其中包括4个中类,12个小类,45个细类;第四大类——商业、服务业人员,其中包括8个中类,43个小类,147个细类;第五大类——农、林、牧、渔、水利业生产人员,其中包括6个中类,30个小类,121个细类;第六大类——生产、运输设备操作人员及有关人员,其中包括27个中类,195个小类,1119个细类;第七大类——军人,其中包括1个中类,1个小类,1个细类;第八大类——不便分类的其他从业人员，其中包括1个中类，1个小类，1个细类。

1999年我国政府有关部门组织制定并实施了我国第一部国家标准——1999年版《中华人民共和国职业分类大典》，它将职业归为8个大类、66个中类、413个小类、1838个细类（职业）。

由于经济社会的不断发展，我国社会职业构成发生了很大变化。为适应发展需要，2010年底，人力资源和社会保障部会同国家质检总局、国家统计局牵头成立了国家职业分类大典修订工作委员会及专家委员会，启动修订工作，历时五年，七易其稿。2015年7月29日，国家职业分类大典修订工作委员会全体会议在京召开，会议审议通过并颁布了2015版《中华人民共和国职业分类大典》。

2015年版《大典》职业分类结构为8个大类、75个中类、434个小类、1481个职业。与1999年版相比，维持8个大类、增加了9个中类和21个小类，减少了547个职业。

从总体修订的内容情况来看，《大典》主要从以下四方面进行了修改、调整和补充。

（1）对职业分类体系的修订。2015年版《大典》延续职业分类的大类、中类、小类和细类结构，细类是最基本的类别，即职业。调整后的职业分类结构为8个大类、75个中类、434个小类、1481个职业。与1999年版相比，维持8个大类不变，增加9个中类、21个小类，减少547个职业（新增347个职业，取消894个职业）。新增职业包括"网络与信息安全管理员""快递员""文化经纪人""动车组制修师""风电机组制造工"等。取消职业包括"收购员""平炉炼钢工""凸版和凹版制版工"等。

（2）对职业信息描述内容的修订。维持142个类别信息描述内容基本不变，修订220个、取消125个、新增155个类别信息描述内容；同时，维持612个职业信息描述内容基本不变，修订522个、取消552个（不含342个"其他"余类职业）、新增347个职业信息描述内容。

（3）对职业信息描述项目的调整。为更好反映我国企业人力资源管理实际，将1999版"下列工种归入本职业"的表述调整为"本职业包含但不限于下列工种"，其含义有二：一是同时包括与对应职业名称重名的工种；二是对检验、试验、修理、包装、营销等因其工作性质相似、数量众多、无法穷尽的工种未予列举。

（4）增加绿色职业标识。本次修订借鉴发达国家经验，结合我国实际，对具有"环保、低碳、循环"特征的职业活动进行研究分析，将部分社会认知度较高、具有显著绿色特征的职业标示为绿色职业，这是我国职业分类的首次尝试。旨在注重人类生产生活与生态环境的可持续发展，推动绿色职业发展，促进绿色就业。绿色职业活动主要包括：监测、保护、治理与美化生态环境，生产太阳能、风能、生物质能等新能源，提供大运量、高效率交通运力，回收与利用废弃物等领域的生产活动，以及与其相关的以科学研究、技术研发、设计规划等方式提供服务的社会活动。2015版《大典》共标示127个绿色职业，并统一以"绿色职业"的汉语拼音首字母"L"标识，如环境监测员、太阳能利用工、轮胎翻修工等职业。

三、了解职业

（一）职业的产生

作为一种社会现象，职业不是从来就有的，也不是永恒不变的。它是人类社会生产力发展到一定阶段的产物，是随着社会分工的产生而出现的。随着生产力的提高和生产需要的不断发展，职业形态和职业模式都在发生着巨大的改变。职业的变化是生产、建设、管理和服务等社会生活领域中所发生变化的具体体现。不同的职业往往意味着不同的发展机会和发展形式，决定着从业者不同的生活方式、经济利益和社会地位。因此，人们对于职业的关注程度越来越高。

（二）职业发展趋势

人类进入现代工业社会以后，科学技术的广泛运用促使生产力迅速发展，社会分工越来越细，职业也越来越多，人类文明的进步使得很多传统职业慢慢地淡出了历史舞台。信息通信技术的发展以及手机的大量普及，曾经也是作为高科技象征的寻呼职业逐渐被淘汰；随着自动投币装置的应用以及IC卡系统的完善、城市公交车自动售票系统正逐步取代传统的人工售票；ATM自动取款系统的应用，使得传统的依靠存折取款显得不再那么重要；会计电算化的逐步普及，使得手工记账不再是企业会计工作的主流；电子信息技术的发展，证券交易系统的不断完善，靠传统手工报价的经纪人职业逐渐没有了市场；人们消费习惯的改变，像传统的修钢笔、修鞋子、补锅这种职业存在的空间已经越来越小。

随着科学技术的发展和社会的进步，当代职业发展将出现以下新趋势。

1. **职业的种类大量增加**

职业在其产生初期，由于传统生产技术相对稳定，一项重要的技术发明在生产上的应用往往会持续相当长的一个时期，所以社会职业也具有相对稳定性。但随着社会的发展以及科技发展的加快，职业种类增加的速度也逐渐加快，新兴产业不断涌现，新的职业也大量出现。

2. **第三产业职业数量增加**

发达国家的第三产业的产值，占国民生产总值的比例高达60%以上，中等发达国家也达到了40%～50%，而我国目前与发达国家的差距仍然很大，与我国社会主义现代化建设发展速度也不相适应。随着科学技术水平的提高和产业结构的调整，第三产业如金融、商务、传播、物流、卫生、教育、旅游等在国民经济发展中所起的作用越来越大，第三产业的就业人数不断增加，是现代社会发展的必然趋势。

3. **与高新技术有关的职业将得到发展**

高新技术的主要特征是高效益、高智力、高投入、高风险。目前，得到世界各国公认并列入21世纪重点开发的高新技术领域有：生物技术、信息技术、航天技术、新材料技术、新能源技术和海洋技术等。

4. **跨专业、复合型的职业需求将逐步增多**

从目前招工、就业的情况分析，职业岗位的要求和劳动方式逐步由简单向复杂方面转化，过去单一技能就可以胜任的工作，现在由于职业内涵发展扩大了，往往需要相关专业的许多知识和技能，更多地需要跨专业的复合型人才。

5. **职业的流动性加大**

随着社会职业种类的不断增加，职业选择的机会增多，从而打破了职业的相对稳定性。现代社会职业兴衰演化迅速，职业的更新速度不断加快，导致一个人一生所面临的职业变化也会越来越频繁。

（三）职业发展对大学生择业的影响

大学生就业工作也已成为举国关注的大事，面对不断发展变化的职业，当代大学生应该如何选择适合自己的职业？

1. 职业是社会分工的需要

各种职业之间的差别只有社会分工的不同，没有高低贵贱之分。职业是社会分工的产物，社会中的千百种职业是我们赖以生存的需要，缺少任何一种职业，社会都难以正常运转。比如，一般人往往不愿意当环卫工人，但是如果没有环卫工人，我们的社会将会污水横流、垃圾遍地。中国画《同志》是反映当年国家主席刘少奇接见全国先进生产者、清洁工人时传祥时的情景。刘少奇说："我们都要好好为人民服务，你当清洁工人是人民的勤务员，我当国家主席也是人民的勤务员，这是革命的分工不同，都是革命事业中不可缺少的一部分"。不同职业的劳动者，在为别人提供服务的同时也接受着别人的服务，在为社会的存在与发展作贡献的同时，自身也得以生存和发展。

2. 职业是安身立命的基础

人的一生不外乎是在家庭生活、职业生活、社会生活中度过的。为从事能发挥自身潜力、实现人生价值的职业而满足。人生需要一个适合自己的职业，有了这个职业，才能维持生计，才能建立家庭，才能服务社会，才能实现人生价值，所以职业是人们安身立命的基础。

3. 职业是自我实现的途径

人作为社会人，只有将个人价值转化为社会价值。其人生价值才能得到社会的承认。要实现这一转化就必须选择一个能发挥自己能力的职业。因此，职业是个人价值转化成社会价值的载体。一个理想的职业是既能满足社会需求也能满足个人需要，同时又能为社会发展作贡献，从而使得个人兴趣得以满足，个人才能得以发挥，个人价值得到别人和社会的认可。马克思中学毕业时写了一篇名为《青年在选择职业时的考虑》的文章，认为"我们选择职业时应遵循的重要指针，是人类的幸福和我们的自我完善……人们只有为了同时代的人的完善，为了他们的幸福而工作，他自己才能达到完善"。我们只有热爱自己所学的专业，把个人理想与社会需要结合起来，在未来的职业岗位上努力上进，才能实现自己的人生价值。所以，从事一种职业是人们立足社会、实现自我价值的唯一途径。

4. 识己是选择职业的前提

一个人能够实事求是地认识自己，既是必须的又是不易的。所以，在择业这件大事上，要看到自己的长处，更要看到自己的短处，尤其是当自己的主观愿望同现实需要发生矛盾时，更要做好"先生存，后发展""先就业，后择业"的思想准备，实现从被动就业到主动创业的思想跨越。相信通过自己的不懈努力，一定会有光明的前途。当然，只有树立正确的择业观，并通过不断的学习和实践，把它同树立正确的人生观、价值观结合起来，才能逐步形成对职业的正确认识。

5. 实力是求职竞争的关键

随着社会主义市场经济的日益发展和成熟，我国大学生就业主要实行市场配置，大学生要获得比较理想的职业就要靠竞争上岗。

（1）竞争性很强、靠实力竞争。求职竞争是真正的自我生存和发展的竞争。好的就业单位工作条件好、待遇高、个人发展空间大，想进的人自然很多，于是竞争就会十分激烈。求职竞争既是机遇更是挑战，是竞争者综合素质和知识技能的较量。在竞争中要想制胜，关键不是靠关系，而是靠自己的实力。谁有雄厚的实力，谁就能谋取最佳的职业，这就是求职竞争中铁的规律。

（2）差异性明显、选适己职业。心理学家和社会学家研究表明，一个人气质、性格和兴趣不同，其适合的职业也就有所不同。每个同学都应该清楚自己的长处和自己的兴趣所在。只有这样才能知道自己未来的目标，才能明确自己的努力方向。

（3）自主性很大、要自我塑造。现在的大学生就业不再是国家计划分配，虽然自主性很大，但对学生个人的要求更高了。所以，大学生要有自主意识，要有计划地塑造自己。

1）要有自主意识。择业的主动权掌握在学生自己手里，未来的命运也掌握在自己的手里。眼下，有少数学生仍像长不大的孩子，在家依赖父母，在校依靠老师，自主意识严重缺乏，照顾自己的日常生活都很困难，更谈不上对自己未来的考虑和谋划了。有的同学一味地信奉"车到山前必有路"，这样的同学必须警醒："凡事预则立，不预则废"。

2）要有明确目标。在校学生对自己的未来都要有个近期、中期、远期的轮廓式的目标设想，对自己某一时期应该做什么事要做到心中有数。因为目标是人生前进的动力，动力大进步就快。

3）要进行自我塑造。要认识自己，清楚自己的长处和不足，然后有针对性地从思想观念、专业技能、生活习惯、身心素质、社交能力、吃苦精神等各方面提高自己，为将来择业就业做好准备。

【知识链接】

一、1999年版《中华人民共和国职业分类大典》职业分类情况

1999年版《中华人民共和国职业分类大典》将我国职业归为8个大类，66个中类，413个小类，1838个细类（职业）。8个大类分别如下。

1. **国家机关、党群组织、企业、事业单位负责人，其中包括5个中类，16个小类，25个细类**

在中国共产党中央委员会和地方各级党组织，各级人民代表大会常务委员会，人民政协，人民法院，人民检察院，国家行政机关，各民主党派，工会、共青团、妇联等人民团体，群众自治组织和其他社团组织及其工作机关，企业、事业单位中担任领导职务并具有决策、管理权的人员。包括中国共产党中央委员会和地方各级党组织负责人；国家机关及其工作机构负责人；民主党派和社会团体及其工作机构负责人；事业单位负责人；企业负责人。

2. **专业技术人员，其中包括14个中类，115个小类，379个细类**

从事科学研究和专业技术工作的人员。包括科学研究人员；工程技术人员；农业技术人员；飞机和船舶技术人员；卫生专业技术人员；经济业务人员；金融业务人员；法律专业人员；教学人员；文学艺术工作人员；体育工作人员；新闻出版、文化工作人员；宗教职业者；其他专业技术人员。

3. **办事人员和有关人员，其中包括4个中类，12个小类，45个细类**

在国家机关、党群组织、企业、事业单位中，从事行政业务、行政事务工作的人员和

从事安全保卫、消防、邮电等业务的人员，包括行政办公人员；安全保卫和消防工作人员；邮政和电信业务人员；其他办事人员和有关人员。

4. 商业、服务业人员，其中包括8个中类，43个小类，147个细类．

商业、服务业人员指从事商业、餐饮、旅游服务、运输、医疗辅助及社会和居民生活等服务工作的人员。包括购销人员；仓储人员；餐饮服务人员；饭店、旅游及健身娱乐场所服务人员；运输服务人员；医疗卫生辅助服务人员；社会服务和居民生活服务人员；其他商业、服务人员。

5. 农、林、牧、渔、水利业生产人员，其中包括6个中类，30个小类，121个细类

从事农业、林业、畜牧业、渔业及水利业生产、管理、产品初加工的人员。包括种植业生产人员；林业生产及野生动物植物保护人员；畜牧业生产人员；渔业生产人员；水利设施管理养护人员；其他农、林、牧、渔、水利业生产人员。

6. 生产、运输设备操作人员及有关人员，其中包括27个中类，195个小类，1119个细类

从事矿产勘察、开采，产品生产制造，工程施工和运输设备操作的人员及有关人员，包括勘测及矿物开采人员；金属冶炼、轧制人员；化工产品生产人员；机械制造加工人员；机电产品装配人员；机械设备修理人员；电力设备安装、运行、检修及供电人员；电子元器件与设备制造、装配调试及维修人员；橡胶和塑料制品生产人员；纺织、针织、印染人员；裁剪缝纫和皮革、毛皮制品加工制作人员；粮油、食品、饮料生产加工及饲料生产加工人员；烟草及其制品加工人员；药品生产人员；木材加工、人造板生产及木材制品制作人员；制浆、造纸和纸制品生产加工人员；建筑材料生产加工人员；玻璃、陶瓷、搪瓷及其制品生产加工人员；广播影视制品制作、播放及文物保护作业人员；印刷人员；工艺、美术品制作人员；文化教育、体育用品制作人员；工程施工人员；运输设备操作人员及有关人员；环境监测与废物处理人员；检验、计量人员；其他生产、运输设备操作人员及有关人员。

7. 军人，其中包括1个中类，1个小类，1个细类

略。

8. 不便分类的其他从业人员，其中包括1个中类，1个小类，1个细类

略。

二、2015年版《中华人民共和国职业分类大典》职业分类修订情况

2015年版《大典》职业分类结构为8个大类、75个中类、434个小类、1481个细类（职业）。与1999年版相比，维持8个大类、增加9个中类和21个小类，减少了547个细类（职业）。

（1）第一大类名称修订为"党的机关、国家机关、群众团体和社会组织、企事业单位负责人"，其职业分类修订参照我国政治制度与管理体制现状，对具有决策和管理权的社会职业依组织类型、职责范围的层次和业务相似性、工作的复杂程度和所承担的职责大小等进行划分与归类。修订后的第一大类包括6个中类、15个小类、23个职业。与1999年版相比，增加1个中类，减少1个小类、2个职业，并对部分类别名称和职业描述进行了调整。

(2) 第二大类名称为"专业技术人员",维持原大类名称不变,其职业分类修订除遵循职业分类一般原则和技术规范外,还着重考量职业的专业化、社会化和国际化水平。修订后的第二大类包括 11 个中类、120 个小类、451 个职业。与 1999 年版相比,减少了 3 个中类,增加了 5 个小类、11 个职业。

(3) 第三大类名称为"办事人员和有关人员",维持原大类名称不变,其职业分类修订主要依据我国公共管理与社会组织中从业者的实际业态进行。修订后的第三大类强化其公共管理、企事业管理等领域行政业务、行政事务属性,包括 3 个中类、9 个小类、25 个职业。与 1999 年版相比,减少了 1 个中类、3 个小类、28 个职业。

(4) 第四大类名称修订为"社会生产服务和生活服务人员",其职业分类修订主要参照国民经济行业分类以及我国服务业发展现状,特别关注新兴服务业的社会职业发展,主要按照服务属性归并职业。修订后的第四大类包括 15 个中类、93 个小类、278 个职业。与 1999 年版相比,增加了 7 个中类、50 个小类、81 个职业。

(5) 第五大类名称修订为"农、林、牧、渔业生产及辅助人员",其职业分类修订以农、林、牧、渔业生产环境、生产技术和产业结构的变化,现代农业生产领域中生产技术应用、生产分工与合作的现状为依据,参照国民经济行业分类进行。修订后的第五大类包括 6 个中类、24 个小类、52 个职业。与 1999 年版相比,中类维持不变,减少了 6 个小类、83 个职业。

(6) 第六大类名称修订为"生产制造及有关人员",其职业分类修订按照国民经济行业分类以及生产制造业发展业态,以工艺技术、工具设备、主要原材料、产品用途和服务与技能等级水平相似性进行。修订后的第六大类包括 32 个中类、171 个小类、650 个职业。与 1999 年版相比,增加了 5 个中类,减少了 24 小类、526 个职业。

(7) 第七大类和第八大类沿用 1999 年版《大典》做法,维持原大类名称及内容表述不变。

【项目练习】

小组活动:请运用头脑风暴法,以手机为例,小组成员开始思考,列出与手机相关的职业,类型要尽可能多,将所想到的职业全部写出来并进行分享。看看哪一组写得最多?

第三节 职业意识

【名言点津】

人无忠信,不可立于世。

——程颐

【案例导入】

磨牙的野猪

一只野猪没事的时候就在大树旁勤奋地磨獠牙。狐狸看到了。好奇地问它,既没有猎人来追赶,也没有任何危险,为什么要这般用心地磨牙。野猪答道:"一旦危险来临,就没时间磨牙了。现在磨利,等到要用的时候就不会慌张了。"

【分析讨论】

书到用时方恨少，平常若不充实学问，临时抱佛脚是来不及的。也有人抱怨没有机会，然而当升迁机会来临时，再叹自己平时没有积蓄足够的学识与能力，以致不能胜任，只好后悔莫及。

职业意识是人们对职业的认识、情感和意向的总和，是在职业选择过程中对自己现状的认识和对未来职业的期待和愿望。对于毕业生来说，职业意识是对于未来将要从事的职业的向往和认同。不同的职业意识决定了毕业生不同的择业态度和择业方式。

一、责任意识

责任意识是一种自觉意识，表现得平常而又朴素。责任意识也是一种传统美德。我国自古以来就重视责任意识的培养。责任是使命的召唤、是能力的体现、是制度的执行。只有能够承担责任、善于承担责任、勇于承担责任的人才是可以信赖的人。决定一个人成功的重要因素不是智商、领导力、沟通技巧等，而是责任——一种努力行动，使事情的结果变得更积极的意识。

所谓的责任意识，就是清楚明了地知道什么是责任，并自觉、认真地履行社会职责和参加社会活动过程中的责任，把责任转化到行动中去的心理特征。有责任意识，再危险的工作也能减少风险；没有责任意识，再安全的岗位也会出现险情。责任意识强，再大的困难也可以克服；责任意识差，很小的问题也可能酿成大祸。有责任意识的人，受人尊敬，招人喜爱，让人放心。

二、诚信意识

在中国古代，"诚"和"信"本来是两个意义相近的词，常用于互相训释。"诚"本义是真实真切，引申为人的道德情感和社会行为时则有诚实真挚的含义；而"信"的本义是求真守诚，引申为人的道德情感和社会行为时则有追求真理、信守承诺的含义。在当代中国的社会背景下，诚信被赋予了新的内涵。首先，因为诚信的根本精神是真实无妄，恪守诺言，所以它要求人们尊重客观规律，树立求实精神。在诚信这把精神标尺前，一切的虚情假意和期满诈骗都将无所遁形遭到无情的揭露与批判。其次，作为一种价值观念，诚信具有公正不偏的特性。他要求社会建立公正合理的制度，要求每个社会成员树立起公平的处世态度以及大公无私的道德观念。最后，诚信所内含的人文精神，要求人们自觉守法，真诚守信，树立起适应市场经济体制和法治社会的价值观和道德观。

诚实守信是中华民族的传统美德。在我国的道德传统中，诚实守信被看作"立身之本""举政之本""进德修业之本"。孔子贵信，把言而有信看作人们立身行世的基点和最基本的道德要求。作为祖国未来的希望，当代大学生的诚信意识、诚信行为、诚信品质，关系到良好社会风尚的形成，关系到社会主义和谐社会的构建，在一定意义上关系到中华民族的未来。大学生要肩负起全面建设小康社会和社会主义现代化建设的历史使命，就必须自觉加强诚信道德建设，把诚信作为高尚的人生追求、优良的行为品质、立身处世的根本准则。因为诚信的品质对大学生有着深远的意义。

三、目标意识

目标意识是人脑对目标的反应，是人们对目标的认识、评价、情感和态度等心理成分的综合反映。所谓目标，就是要达到的目的或标准。也就是说当我们做任何一件事时，都应该要达到的一种目的，或者形成一种标准。实际工作中、实际生活中，我们都在有意无意地去实现、去完成一种目标。

职业发展是人生中最重要的历程，是追求自我实现的重要阶段。一个人要实现自己的人生价值，就要为社会作出贡献，这是成功的必要条件。因此，我们可以说人生的成功依仗着职业生涯规划的成功。职业生涯规划是由早期的辅导运动发展而来的，是指个人根据对自身的主客观环境的分析、总结和测定，确定自己的职业生涯发展目标，选择实现这一目标的职业，制订相应的工作、培训和教育计划，并按照一定的时间安排采取必要的行动实现职业生涯目标的过程。职业生涯规划的目的是尽快实现自己的社会价值与个人价值，最快速度和最大限度地实现职业发展与成功。

目标意识是职业发展中的重心，只有目标明确才能在职业发展中走得更加快速、更稳、更顺。人不能没有目标，对于职业发展而言也是如此。如果在职业发展中没有了目标，那么我们就会不知道该往哪个地方发展，不知道自己下面该做什么，这样的职业发展就非常迷茫，很难达到成功。

既然目标意识在职业发展中如此重要，那么作为当代大学生我们应该有怎样的目标意识呢？首先，我们应该明白自己以后想干什么，我们应该怎样努力才能达到我们的目标。其次，我们在前进的路上会遇到怎样的问题，我们应该怎样解决。还有很多我们意识不到的问题，我们都应该提前做好准备。

目标意识为职业发展确定了目标，职业发展需要目标意识来指导，二者相辅相成。目标意识在职业发展中的作用是非常重要的。

四、成功意识

成功的意识并不是单纯的一种意识，而是多个意识的综合。

1. 自主意识

毕业生择业是人生中一次重要的选择，对一个人的一生影响巨大，毕业生应该掌握自己的命运、自己的前途。现实生活中，部分毕业生在选择职业中，思前顾后、左右摇摆、拿不定主意，这是缺乏自主意识的表现。自主是能力的体现、成熟的象征，是对毕业生的基本要求。选准目标是决策的开端，对整个择业过程起着定向作用，毕业生应注重培养自己发现机遇、利用机遇、把握机遇的能力。

2. 竞争意识

在市场经济条件下，竞争无处不在、无时不在。科学是知识与智力的竞争，求职是素质与智力的竞争。面向21世纪的择业选择，有志者应树立竞争意识。

长期以来，在传统就业制度下毕业生由国家包分配，不存在就业竞争问题。改革开放的新形势下，毕业生就业进入市场，竞争成为毕业生不可回避的现实问题。有无竞争意识，在某种意义上决定着毕业生能否选择到合适或理想的职业。强化毕业生的竞争意识是毕业生求职前的最基本的心理准备。要树立竞争意识，就是要敢于面对竞争的现实，在社会的各个领域和社会生活的进程中,都应不安于现状、不无所作为,积极练好内功。竞争意识的培养、竞争能力的提高必须投身于竞争之中,如游泳必须下水一样。竞争是实力的较量,有了实力就必然受到社会的欢迎,不然就会被淘汰。但这种竞争不可能一帆风顺。所以,即使你有较高的学识和本领,也要准备克服在竞争过程中遇到的困难与阻力,付出更大的艰辛。如果真正把竞争看成是一种高层次的满足,并奋斗不止,就一定能在竞争中克服困难和阻力,立于不败之地。

3. 风险意识

毕业生在市场竞争中有可能成功,也有可能失败。社会发展在加快,过去那种铁工资、铁饭碗、铁交椅的时代已一去不复返了。所有的毕业生不可能同时找到工作,有些可能成为待业人员,有的找到工作后由于种种原因也可能被辞退。在市场经济条件下,商品的供求不可能总是处于平衡状态,有些可能供过于求,有的可能供不应求。社会对各层次、各专业毕业生的需求也同样遵循这一规律。当某一层次或专业的毕业生出现过剩时,就会引起毕业生就业难或失业。市场经济离不开竞争,竞争的结果是优胜劣汰。少数素质差,能力低的毕业生找不到工作是必然的。在目前人才市场还不完善的情况下,可能出现信息不灵敏、就业渠道不畅通、就业指导不力等问题。在现实生活中,有些毕业生对就业的期望值过高,不能正确地评价自我,也可能导致择业的失败。因此,毕业生必须树立风险意识,正确地对待择业过程中遇到的各种困难。

4. 自信意识

毕业生在求职时,自信意识是十分必要的。每个人都有自己的理想、志趣与抱负,在选择就业时应尽量找到与自己志趣相符的工作单位。有些同学既踌躇满志,又忐忑不安,对能否找到符合自己意愿的工作信心不足。这些同学应该增强自信心,在充分了解自己的基础上,正确地评价自己,对自己的智力、能力和创造力进行充分肯定,这样才有利于接受社会的选择和未来的挑战。要相信任何困难都不可怕,命运最终掌握在自己手中。

那么,该如何增强自信心呢?

要相信自己的能力。在现实生活中,每个人都有相当大的潜在能力,当你面临职业选择忧心忡忡、担心失败的时候,有多半是胆怯或懒惰使你缺乏自信心。作为一名合格的毕业生,应当勇敢地面对现实,没有理由低估自己的能力。

要积蓄自信的资本。自信要有坚实的基础,应以良好的素质和较强的适应能力作资本,以雄厚的实力作后盾。商品靠优质赢得用户的青睐,人才在竞争中也要靠优质来取胜。

要发挥自己的优势。职业对人既有共性要求,也有特殊要求。人有共性,也有个性。代表个性的特殊能力同职业对人的特殊要求相匹配,就能使人发挥个性特长,人的劳动积极性就会得到激发,职业功能的发挥就有了保障。

【知识链接】

《沙滩上的钢琴——成功人生的13个原则》(节选)

[美] 吉米·道南 著 黄邦福 赖伟雄 译

你获得的,就是你所能"看到"的

有这样一个故事,讲的是一座巨大的花岗岩骏马雕像。它前脚腾空,后脚立地,准备迎接战斗。人们为这件伟大的艺术品所体现出来的高超的雕刻技艺而惊叹不已，也为雕刻家的激情和信仰而深受鼓舞。很难想象，这匹骏马的美与力量，竟然出自于原本奇形怪状的石头。

一天，有人问雕刻家："就靠一把小锤和凿子，你是如何雕刻出这样一件精美的艺术品的？"

雕刻家回答道："同往常一样，我也是从一块大石头开始雕刻的。我的脑海中已经有了我的雕刻作品，我只是把不属于我脑海中的雕像的所有东西，用小锤和凿子凿掉。最后，我雕刻出来的骏马，就和我想象的完全一样。"

每次开始做一个项目，或承担领导者的任务时，我们希望获得什么样的结果，我们的脑海中都必须首先拥有一幅清晰的画面。我们必须"看见"出色的、成功的、有效的结果是什么样的。只有这样，我们才能够"凿掉"那些与我们的愿景和目标不相符的东西，克服可能遇到的种种困惑与障碍，顺利地抵达成功的彼岸。

这个基本原则适用于生意目标，也适用于个人目标。它适用于短期项目，也同样适用于重大的人生和事业抉择。我们必须问问自己：要拥有成功的感觉，我究竟想要什么？我的最终目标是什么？我的最终成果会有哪些具体的表现？最终描述包括哪些内容？

几年前，有人给我讲了一个故事，说的是一个年轻人向一位值得信赖、充满智慧的老师请教。他告诉老师，他渴望拥有充满使命感和成就感的生活——一种"真正重要"的生活。老师问他："年轻人，你有什么计划？"

年轻人回答道："我要完成基础教育，然后去念大学。"

老师问道："然后呢？"

年轻人接着回答道："然后我要开始工作、结婚。"

老师又问道："然后呢？"

年轻人兴奋地回答道："然后我要努力工作，改善我的经济状况，再养孩子。"

老师问道："然后呢？"

老师不断地重复这个问题，这位年轻人开始有点儿烦闷了。他回答道："我想，我会创造财富，养育我的孩子，还要为退休做打算。"

老师又继续问："然后呢？"

年轻人更加烦闷了，回答道："嗯，我想，然后我会变老死去。"

老师叹了一口气，又问道："然后呢？"

年轻人对老师的发问感到莫名其妙，他沉思了一会儿，然后平静地回答道："然后我就不知道了。"

老师回答道："年轻人，只有回答了最后一个问题，你前面的那些问题才重要。"

人的这一生，难道就是生存年数的总和吗？仅此而已吗？如果是这样，那么，享乐和物质上的成功也许就是人们追逐的唯一目标。如果美、金钱和权力就是人生的终极目标，那么，实现这些目标的手段就是非常明确的，而且是取之不尽的。但是，此生过后如果还有某些东西，某种更远大的目标，某种价值，它们超越了暂时的金钱回报或职位晋升所带来的价值，那么，我们面临的最大挑战，就是回答这样一个问题："此生过后呢？"

人们对成功的诸多定义，都集中于四 P：享乐（Pleasure）、权力（Power）、财富（Prosperity）、名望（Popularity）。广告和传媒追捧"美丽人士"，并将那些大权在握、家财万贯的人描绘为"尽善尽美"。然而，我们一次次看见的事实却是：这些人似乎遭受着痛苦不安、麻烦不断的折磨。他们被现代社会奉为成功人士，但在他们的生活中，官司缠身、自杀、吸毒和离婚，却被认为是"正常"的事情。

这是否意味着成功是坏事儿呢？这是否意味着金钱和权力是万恶之源呢？这是否表明一个人成功的代价太高了呢？

不是的。我坚信，拥有真正的目标并将金钱当作实现这一目标的工具，这是可能的。人拥有了健康的价值观、高尚的目标，其手中的财富和权力，就会变成为善的强力武器。我们必须根据高尚的目标，重新定义成功。我们必须心怀终极目标，确定优先选择。我们必须让我们的日常选择和近期目标向我们脑海中的最终结果看齐。

从根本上来讲，成功本身的重要性远远比不上成功的意义。想想成功的意义，什么才是真正有价值的？什么才是真正重要的？你有什么人生标记可以成为你的"遗产"和你的最高荣誉？

如果不能清晰地看见自己想去什么地方，想成为什么样的人，那么，从最好的方面讲，你这一生会变得消极保守，从最坏的方面讲，你会被庸俗的追求所驱使，最终会感到空虚、不满足，你会毫无成就。

最重要的，往往是藏而不露的

我曾在阿拉斯加州首府朱诺市的近海，乘坐豪华的私人游艇，游玩了一个星期，那是我第一次近距离地看见冰山。我们的游艇非常漂亮，有110英尺长，我们感觉自己仿佛是"海上之王"。后来，我们驾艇靠近门登霍尔冰川。几座巨大的冰山从我们身旁滑过。我们能够感觉到这些冰山存在的力量。

门登霍尔冰川非常庞大，而漂在我们周围的那些冰块虽然更小、更薄，但其体积仍然是我们游艇的数倍。但是，我们知道，真正强大并且危险的，是我们看不见的冰山——它们位于水面之下。

每个人都曾听说过泰坦尼克号的悲剧故事。关于这艘号称永不沉没的豪华游轮如何招致了悲惨的厄运，虽然多年以来一直存在着大量的争议和讨论，但是我们确知的事实是：1912年4月14日的那个灾难之夜，1503人被夺去了生命。大量的报告显示，在那个明亮的夜晚，这艘重达4.6万吨的钢铁巨轮撞上冰山前，前后至少出现了5次警示。这艘当时最先进的巨轮，在短短的30分钟之内便沉入了北大西洋冰冷的海水中。

近距离看过冰山后，请相信我：冰山在阳光的照耀下闪闪发亮，景色异常迷人。但我没有看见的部分——冰山的90%位于水面之下，可能就是让人致命的部分。

人就像冰山，在很多方面都与冰山相似。一个人的外表，包括在工作或行为中表现出来的技能和才华，只能体现出其真实性的10%。而品格，作为一个人更为重要的部分，潜藏于人的外表之下。正是这个部分，可能使生活之舟沉没。我们必须时刻正视位于生活表面之下的东西。

我们必须将更多的时间用于不被他人轻易看见的90%的部分。而将更少的时间用于表象部分。从长远来说，这些表象对人的生活的重要性要小得多。表面的"荣光"，其重要性根本不能与内在的"实质"相提并论。

美国许多大公司曾曝出过一系列的丑闻，如安然公司和泰科公司。这些公司的高级管理人员，本来应该受托看管好股东和员工的资产，但他们却出现了不光彩的行为。这些管理人员能够奋斗到公司的高层，肯定是多才多能、干劲十足的，但贪婪、虚荣和扭曲的价值观驱使他们做出了令他们身败名裂的事情。他们的行为给公司造成了数百亿美元的损失，让数以万计的员工失去了工作。几个品格有缺陷的领导人，使庞大的公司沉没了，也使他们的"下属"跌入了冰冷黑暗的破产之海，断送了事业和前程，失去了退休金。

在"安然"事件中，安达信会计师事务所对安然公司的违规操作隐瞒不报，甚至用所谓的"创造性会计方法"使这些违规操作合法化。纵容他人的品格瑕疵，本身就是品格瑕疵。

短期的成功令人羡慕，但隐藏在成功表面之下的品格和价值观的瑕疵，最终却让这些庞大的企业"战舰"沉没了。

我们来简单看看泰科公司的前首席执行官丹尼斯·科兹洛斯基。他因铺张奢靡、不负责任、不顾后果的私生活而闻名业界。美国证交会（SEC）指控科兹洛斯基挪用贷款的总额高达3.15亿美元。根据美国证交会的指控，科兹洛斯基挥霍了这笔贷款，聚敛了价值数千万美元的名画、游艇、房产、珠宝，还在纽约购买了不动产，在楠塔基特岛购置了一幢豪宅。

让我尤感悲哀的是，科兹洛斯基之流的高管，都是才华横溢、雄心勃勃、训练有素的人才。他们已经到达了职业生涯的顶峰——这并不是一蹴而就的，而是满腔热忱辛勤工作，追求明确的目标的结果。他们将自己的经商才能发挥到了极致，但他们未能培养优秀品格和一颗正直的心。最终，他们将虚荣、贪求舒适和奢华置于领导者的责任之上。

正视自己，发现内在的金子

一座8英尺高的混凝土佛像坐落在泰国曼谷的市中心已有很多年了。它非常醒目，然而，它并不是一件供人们欣赏的艺术品。人们也没有把它当作一件宗教器物加以顶礼膜拜。世界各地的游客喝光苏打水后，常常将空的易拉罐丢在佛像上面，有些游客还会在更换胶卷的时候，将照相机放在它上面。还有些人对它根本不屑一顾。

后来，几十年前的一天，一位僧侣准备将这座古老的佛像搬进自己的寺庙中。在搬动的过程中，佛像开裂了。碎片脱落后，这位僧侣发现混凝土下面有什么东西在闪闪发光。在其他人的帮助下，他扒掉了佛像的整个外壳，发现了世界上最大的黄金雕像。

这座金佛价值连城，它的价值一直存在着。

这是多么经典的一个忽略价值、掩盖美丽、忽视潜能的例子啊！这是一个多么绝妙的没有充分利用资产的例子啊！

我们每一个人都知道这样的人：他们的身上有金子，却藏在了混凝土外壳之下。你甚至还会发现，你自己就是如此。

每个人都拥有上天赐予的独特的才能和潜能。然而，要获得并保持成功的生活，最困难的一件事情是：健康而积极地尊重我们所拥有的一切，尊重我们自己。千百万人生活在自惭形秽之中，就是因为他们没有重视自己内在的东西。他们只看见了自己外在的失败，没有看见自己内在的价值。他们心甘情愿地让自己的天赋和才能，裹藏在怀疑和担忧的硬壳之中。为了让自己显得有自信、有价值，他们争先恐后地追赶时髦。

真正健康的自我形象，不是取悦他人，也不是追随时尚潮流，而是认识自己、了解自己的内在，知道自己的目标。清楚自己的价值，发现自己的力量和才能，懂得如何接受、控制自己的缺点。

真正健康的自我形象，不是追求完美，而是做到最好。

真正健康的自我形象，不是赢得竞争，也不是与他人攀比，而是尽自己所能。

一个人拥有了真正健康的自我形象，他就拥有了笑对成功与失败的幽默感和比时尚更深刻、更强大的力量。

【项目练习】

小组活动：找找学校或者社会中有哪些不诚信的现象？有什么危害？

第四节　职业环境分析

【名言点津】

知彼知己，百战不殆。

【案例导入】

曾经，"世界上最好的工作"全球公开招聘："在碧海间潜水喂鱼，住海景豪华别墅，拿高额月薪……"澳大利亚昆士兰旅游局面向全球招聘大堡礁看护员。英国公民本·索撒尔很幸运地从众多报名者当中脱颖而出。

但日前在接受英国《太阳报》采访时，本·索撒尔承认，自己登上大堡礁后会怀念在英国的日子，他说，尽管大堡礁地处热带，但是白天比英国短，晚上8点天就黑了，他还说，大堡礁炎热的天气，不适宜烧烤。一些英国媒体评论说，索撒尔变成一个不停抱怨的家伙。

【分析讨论】

选择职业，要进行充分的职业环境分析，不可人云亦云，在充分的分析后，选择适合自己的职业。

【教材正文】

有一句非常经典的广告词："心有多大，舞台就有多大。"作为新时代的大学生，从学校的"小舞台"到社会的"大舞台"，你是否已经做好了充分的准备？如何在聚光灯下尽情地展示自己的才华和舞姿呢？对于这个"大舞台"自己又了解多少？越来越多的大学生都开始进行职业生涯规划，而一份有效的职业生涯规划不仅要求我们要全面认识和了解自己，更要学会分析将要从事职业的环境特征。

社会发展趋势对于目前所从事的职业有何影响和需求？你选择的这个职业是不是社会越来越需求的职业？在此行业里，企业是否具有竞争力和发展机会？你如何让自己在选择的职业中保持核心竞争力？可能的风险是哪些？这些问题我们可以通过有效的职业环境分析得到启示或答案。

职业环境分析包括两大方面的内容：社会环境分析和组织（行业和企业）环境分析。

一、社会环境分析

所谓社会环境分析，就是对我们所处的政治环境、经济环境、法制环境、科技环境、文化环境、教育环境、历史环境等宏观因素所进行的分析。社会环境对我们职业生涯乃至人生发展都有重大影响。通过对社会大环境包括国际、国内与所在地区3个层次的分析，来了解和认清国际、国内乃至自己所在地区的政治、经济、科技、文化、教育、历史、法制建设、政策要求及发展方向，以更好地寻求各种发展机会。

总体来说，我们现在面临一个非常好的宏观环境，社会安定，政治稳定，经济发展迅速，并与全球一体化接轨，法制建设不断完善，文化繁荣自由，尖端技术、高新技术突飞猛进。因此，在这个大前提之下，我们需要特别注意的是职业环境的变化。

二、行业环境分析

行业环境分析包括对目前从事或拟从事的目标行业的环境分析。其内容应包括行业的发展状况、国内外重大事件对该行业的影响、目前行业的优势与问题、行业发展趋势等。

在分析行业环境时，一定要结合社会大环境的发展趋势。由于科学技术的飞速发展，会使某些行业如同夕阳坠落，逐渐萎缩、消亡；更有许多极具发展前途的朝阳行业不断出现、发展起来。同时还要注意国家政策的影响，要了解国家对某一行业是支持、鼓励和引导，还是限制、控制和制约。要尽量选择那些有前景、发展空间较大的行业。例如，我国近年来狠抓环境保护，推行可持续发展战略，保护生物多样性，在农业生产中控制化学制品的使用，开发"绿色食品"等，使环境保护产业如初生朝阳，充满生机，导致环保设备生产、环保技术咨询等行业迅速发展，提供了大量就业岗位。

行业的整体发展状况会直接影响到个体的职业发展，同学们进行职业生涯规划时有必要对自己的目标行业进行全方位的解读，更好地了解世界。行业环境分析的主要内容包括以下几方面。

1. 行业的内涵与外延

对行业的定义，不同的角度会有不同的解释，同学们应该尽可能去搜集、整理各个不同的定义，对行业有一个精准的认识。同学们可以参考《中华人民共和国职业分类大典》的权威解释，了解整个行业的概况，并且熟悉行业内的细分领域，进而探索行业的全貌。

2. 行业现状及发展趋势

国家各级行业主管部门或者社会研究机构，每年都会推出各种行业分析报告，这是了解行业现状和发展趋势的最好资料。通过网络、图书或者听讲座等方式，了解该行业在国民经济发展中的地位，了解该行业当前的发展现状，探索其未来的发展趋势。

3. 行业人才需求状况

各行各业都有其准入门槛以及对人才素质能力的要求，了解行业人才需求状况，是进入行业的前提。所谓行业的人才需求状况，是指这个行业人才胜任能力标准，人才发展前景，人才培养目标及人才晋升路径。了解越详细，个人的职业定位更加清晰，职业规划更具有针对性。

4. 行业的社会评价与社会声望

行业不是孤立地存在于职业世界之中的，多倾听社会各界人士对该行业的评价，了解该行业的整体社会声望情况，也是进行职业选择与规划的参考依据。对行业的评价向来都是仁者见仁智者见智的，行业的社会声望也会褒贬不一，在不同的舆论和倾向的影响下，同学们应该端正自己的认识，不宜随波逐流，人云亦云。

5. 行业代表人物

了解行业的代表人物是了解行业的一个较好的手段。三百六十行，行行出状元。各行各业都有自己的代表人物，通过调研行业代表人物的先进事迹、成长历程，可以加深对该行业的认识和了解。相反，了解行业反面典型的失败经历，也能够从侧面知道该行业存在的风险和弊端，树立对行业全面、客观的认识。

6. 行业规范及标准

每个行业都有自己的行业标准及规范。这些规范可能是明示的，也可能是潜在的；这些标准有可能是国家制定的标准，也有可能是行业内部的标准。行业的规范及标准代表了行业的人才准入门槛以及从业人员基本守则，掌握了该行业的规范及标准，也为进入该行业铺平了道路。

7. 行业知名企业名录

行业是由一系列细分领域内的企业共同组成的，这些企业既互相竞争，也互相依存，共同推动行业的发展与进步。行业知名企业一般是该行业发展的缩影，代表了该行业的最高发展水平，因此了解行业的标杆企业是了解该行业的最好方法。

三、企业环境分析

企业环境分析尤为重要。个人在选择企业时有必要通过个人可能获得的一切渠道，比如，可以通过公司所在地的新闻出版机构的新闻线索，来了解该企业产品及服务的详细情况和富有深度的财政经济状况；通过有关书籍和企业发展史、当地各种商业活动、企业人物获奖的细节也能了解到可供参考的资料信息；另外公司的网站上介绍公司价值观念的那些主页也会透露一些企业文化的有关线索；至少还可以通过参观或参加面试时的谈话资料和知识背景来充分了解和考虑各种因素。

企业环境分析包括：用人单位的声誉和形象是否良好？企业实力怎样？在本行业中的地位、现状和发展前景怎样？所面对的市场状况如何？产品和服务在市场上的发展前景怎样？能够提供哪些工作岗位，是否与自己适合对路？有无良好的培训机会？企业领导人怎样？企业管理制度怎样？企业文化是否与自己吻合？福利待遇是否完善等若干方面。具体包括以下3个方面。

1. 企业实力

企业在社会中的地位和声望如何？企业目前的产品、服务和活动范畴是什么？企业的发展领域在哪些方面？发展前景如何？战略目标是什么？技术力量和设施是否先进？在本行业中是否具备很强的竞争力？是发展扩张，还是倒退紧缩？谁是竞争对手？企业目前的财政状况如何？要仔细观察是真正在"做大做强"，还是空有其壳？有没有长久的生命力？企业的组织结构是怎样的？是扁平的还是等级制的？

2. 企业领导人

企业主要领导人的抱负和能力是企业发展的决定性因素，很多成功的大企业都有一位出色的企业家作为掌舵领航人。因此，要了解企业主要领导人是真心要干一番事业，还是想捞取名利？管理是否先进开明？他有足够的能力带领员工开创新天地吗？他有没有战略眼光和措施？他尊重员工吗？

3. 企业文化和企业制度

除了很好的福利、吸引人的薪酬、舒适的工作环境和出色的管理之外，优秀的企业还会创造积极的企业文化，让员工感到快乐和受尊重，使员工工作更有创造性。员工与企业相互配合是否良好的关键在于企业文化。因此，在求职时选择什么样的企业文化氛围让你觉得最舒服，才是至关重要的。

企业制度涉及的范围比较广，包括管理制度、用人制度、培训制度等，尽可能了解这些信息，了解企业在组织结构上的特征与发展变化趋势，分析这种安排对自己的未来可能带来什么样的影响。特别要注意企业用人制度如何，能否提供教育培训机会，提供的条件是什么？自己将来有没有可能在该企业担任更高级的职务或担负更大的责任？个人待遇提升的空间有多大？是基于能力还是工作年限？企业的标准工作时间怎样？是固定的还是可以变通的？当然也还要考虑企业提供的薪酬和福利待遇与行业内其他公司比较如何？

总之，通过以上分析，应理出一条清晰的线索，确定自己的职业生涯在这个企业中有没有足够的发展空间，衡量自己的目标能够在该企业得以实现的可能性。

【知识链接】

测试：了解自己适合什么阶段的企业。

1. 选项

（1）我希望进入一家薪水普通但稳定性高的企业。

（2）我希望进入一家能重用年轻人的企业。

（3）我希望进入一家以实力决定待遇的企业。

（4）为了自己将来创业方便，我希望进入一家能充分学习的企业。

（5）希望进入一家环境安定、能从事新事业开发工作的企业。

（6）我希望做自己喜欢而且待遇又高的工作。

2. 答案

选择（1）的人，适合进入"成熟期"的企业；

选择（2）的人，这个愿望恐怕很难在企业中实现，但可以尝试"开发期"或"成长前期"的企业；

选择（3）的人，"成长前期"的企业最适合你；

选择（4）的人，适合进入"开发期"或"成长前期"的企业，如此才有机会学到所有工作的实务；

选择（5）的人，可以考虑"成熟期"企业的企划或开发部门；

选择（6）的人，可能更适合自行创业。

【项目练习】

作业：分析招聘广告。

（1）活动开始。让学生每人到报刊、网络上寻找20条招聘广告，熟悉招聘广告的内容。

（2）分类统计。针对招聘广告进行分类统计，重点分析和找出适合自己的岗位数量。

（3）结果公布。学生将自己的统计结果在课堂上与小组同学分享，小组成员之间互相进行点评，看每个小组中谁的机会最多，谁的机会最少，分析其原因。

（4）讨论交流。每小组派一名代表在全班做交流，并回答其他小组同学的提问。

（5）活动总结。教师针对各小组的结果进行总结点评。

项目二 职业生涯规划

【本章导读】

引导学生树立正确的职业观念和职业理想，学会根据社会需要和自身特点形成职业生涯规划的能力，增强职业生涯规划意识，提高职业生涯规划能力，并以此规范和调整自己的行为，为顺利就业、创业创造条件。

第一节 职业生涯规划概述

【名言点津】

凡事预则立，不预则废。

——《礼记·中庸》

【案例导入】

陈某的大学生活

陈某同学，安徽省某高职院校学前教育专业的学生，入学之初，他参加了学校组织的职业规划大赛。比赛前他对自己的专业还不够认同，比赛后，陈某同学对自己的未来有了明确的目标，同时也对自己在校期间的生活学习做了认真而详细的规划。规划的制定提醒他要着眼于现实，认真对待大学期间的课程和活动，积极竞选班级干部、校学生会干部，在各方面提升自己的素质，为将来就业打下了坚实的基础。因此他的大学生活丰富多彩，不但学习成绩优秀，取得奖学金，提升了学习能力；而且还在班级担任班长，协助辅导员管理班级事务，锻炼了管理能力；后期还加入了校学生会，工作认真踏实，更好的锻炼了沟通能力和解决问题的能力。大三的时候，他积极报名参加专升本考试，经过努力他顺利考上了合肥某高校本科专业，这个平台让他开阔了眼界，本科毕业后，他又考取了浙江某师范大学的研究生。

陈某同学从踏进校门后就对自己的未来生活有明确的规划，并且按照自己规划的目标努力去实现，最终赢得了成功。如果缺少对未来的规划，每一天每一个阶段就会过得盲目而没有收获。在人的一生中，每个人都有自己的梦想，都希望实现自己的人生价值，但是，成功的背后往往需要付出别人没有看到的努力，想要拥有一个美好的明天，我们就需要科学的规划。

一、职业生涯的概念

根据中国职业规划师协会定义：职业生涯就是一个人的职业经历，它是指一个人一生中所有与职业相联系的行为与活动，以及相关的态度、价值观、愿望等连续性经历的过程，也是一个人一生中职业、职位的变迁及工作、理想的实现过程。

生涯，"生"，即"活着"；"涯"，即"边界"。广义上理解，"生"，自然是与一个人的生命相联系；"涯"，则有边际的含义，即指人生经历、生活道路和职业、专业、事业。人的一生，包含少年、成年、老年三个阶段，成年阶段是最重要的时期。这一时期之所以重要，是因为这是人们从事职业生活的时期。

人的职业生活是人生全部生活的主体，在其生涯中占据核心与关键的位置。人们一生的职业历程，有着种种不同的可能：有的人从事这种职业，有的人从事那种职业；有的人一生变换多种职业，有的人终身位于一个岗位上；有的人不断追求、事业成功；有的人穷困潦倒、无所作为。造成人们职业生涯的差异，有个人能力、心理、机遇方面的问题，也有社会环境的影响。

职业生涯（career）这个概念的含义曾随着时间的推移发生过很多变化。在20世纪70年代，职业生涯专指个人生活中和工作相关的各个方面。随后，又有很多新的意义被纳入到"职业生涯"的概念中，其中甚至包含了生活中关于个人、集体以及经济生活的方方面面。

从经济的观点来看，职业生涯就是个人在人生中所经历的一系列职位和角色，它们和个人的职业发展过程相联系，是个人接受培训教育以及职业发展所形成的结果。

总之，职业生涯，是一个人一生的工作经历，特别是职业、职位的变动及工作理想的整个过程。它是一个动态的过程，是一个人一生在职业岗位上所度过的、与工作活动相关的连续经历，不论职位高低，不论成功与否，每个工作着的人都有自己的职业生涯。

1. 职业生涯的时限

广义的职业生涯，包括从职业兴趣的培养、职业能力的获得、职业机会的选择、职业道路的进入，直到最后完全退出职业劳动这样一个完整的职业发展过程。

狭义的职业生涯限定于直接从事职业工作的这段时光，是指踏入社会从事工作到离开工作岗位这段人生职业工作历程。

对于大学生来说，最关注的莫过于即将走上职业道路的过程，及狭义的职业生涯中最开始的部分，因此，本节中仅讨论狭义的职业生涯。

2. 职业生涯发展

职业生涯发展是长期的、动态的、多面的过程，我们先来了解职业生涯三阶段模型。

职业生涯三阶段模型是描述个人职业生涯发展不同阶段重点的理论模型，是新精英生涯结合美国积极心理学鼻祖塞里格曼提出的职业三阶段理论、舒伯生涯发展理论及员工个人生涯发展规律开发的职业生涯管理模型。

职业生涯三阶段的模型指出，职业三要素，兴趣能力与价值观并不可能同时达到匹配，而是阶段性地慢慢形成匹配的。不同阶段有不同的职业发展目标与匹配重点。

职业生涯三阶段模型揭示了职业生涯发展的三个阶段。

（1）工作期（job）：以生存为核心目标，以能力为核心职业匹配要素。

（2）职业期（career）：以发展为核心目标，以价值为核心职业匹配要素。同时兼具发展事业的责任。

（3）事业期（calling）：以兴趣与自我实现为核心目标，以兴趣、能力、价值观三者为核心职业匹配要素。

在每一个时期个人职业生涯发展都有不同的侧重点。在一般情况下，个人在职业发展的过程中会从工作期逐渐向事业期推进。

经过新精英研发团队长期跟踪调查的数据显示，不论当从工作期转入职业期，还是从职业期进入事业期，职业人士往往面对一些类似的挑战。而成功人士往往采取类似的策略应对，掌握这些规律可以更好地进入更高维度的职业发展阶段，更快达到自我实现。

我们可以看到，职业生涯发展如此重要，因此我们更应该理性地规划自己的职业生涯。

二、职业生涯规划的概念及作用

从学校走向社会，大学生将会面对一个全新的世界，在这个社会里，使大学生能够立足的是所选职业，它不仅是生活的基础，更重要的是它所体现出每个人存在的价值。大学生们要根据职业生涯规划的理论与原则以及职业成功的标准，掌握正确的职业生涯设计方法，准确进行自我定位，合理规划职业人生，列出具体措施和日程，通过具有前瞻性的职业生涯设计，减少在人生路上的徘徊犹豫，避免浪费时光，为主动迎接未来职业发展的挑战做好充分准备。

1. 职业生涯规划的概念

职业生涯规划就是对职业生涯乃至人生进行持续的系统的计划的过程。一个完整的职业规划由职业定位、目标设定和通道设计三个要素构成。

职业生涯规划（career planning）也叫"职业规划"。在学术界人们也喜欢叫"生涯规划"，在有些地区，也有一些人喜欢用"人生规划"来称呼，其实表达的都是同样的内容。都是指在对一个人职业生涯的主客观条件进行测定、分析、总结的基础上，对自己的兴趣、爱好、能力、特点进行综合分析与权衡，结合时代特点，根据自己的职业倾向，确定其最佳的职业奋斗目标，并为实现这一目标做出行之有效的安排。

职业生涯规划最早起源于1908年的美国。有"职业指导之父"之称的弗兰克·帕森斯（Frank Parsons）针对大量年轻人失业的情况，成立了世界上第一个职业咨询机构——波士顿地方就业局，首次提出了"职业咨询"的概念。从此，职业指导开始系统化。到五六十年代，舒伯等人提出"生涯"的概念，于是生涯规划不再局限于职业指导的层面。

2. 职业生涯规划的主要目的

第一个目的是找到适合自己的工作，找工作最重要的就是要人岗匹配，适合自己。每个工作都有长处和短处，每个人都有优势和劣势。分析、定位是职业生涯规划的首要环节，它决定着个人职业生涯的方向，也决定着职业生涯规划的成败。求职之前先要进行职业生涯规划，进行职业生涯规划之前先要进行准确的自我定位。先要弄清自己想要干什么、能干什么，自己的兴趣、才能、学识适合干什么。可以通过可靠的量表工具的测量，评估职业倾向、能力倾向和职业价值观，这是职业生涯规划的基础。职业规划就是根据测评结果的各项指标，以及自身的学历、经历、能力，了解一个人的内在、外在优势，并且把这些优势整合在一起，作为职场上打拼的核心竞争力。然后，由咨询师根据南北市场、行业业的千千万万个职位，进行分析，找到这个人岗匹配的匹配点，也叫职位切入点。

第二个目的是通过规划求得职业发展，制定出今后各个阶段的发展平台，并且拿出攻占各个平台的计划和措施，然后由咨询师对切入点所在的市场状况、行业前景、职位要求、入行条件、培训考证、工作业务、薪酬提升、行业英语等运作进行详细的指导，如：要上每个平台，需要多长时间、补充哪些知识，增加哪些人脉等，而自己则沿着主干道去充电，几年后成为业内的精英，从而使自己的薪水和职位得到升华。

3. 职业生涯规划的特点

（1）个性化：不同的价值观念，不同的专业背景，不同的性格特征，不同的职业偏好，一定会产生不同的职业生涯规划。

（2）可行性：规划要有事实依据，并非是美好幻想或不着边的梦想，否则将会延误生涯发展机遇。

（3）适时性：规划是预测未来的行动，确定将来的目标，因此各项主要活动，何时实施、何时完成，都应有时间和时序上的详细安排，以作为检查行动的依据。

（4）适应性：规划未来的职业生涯目标，牵涉到多种可变因素，因此规划应有弹性，应留有余地，以增加其适应性。

（5）循环性：人生每个发展阶段应能持续连贯衔接。"目标—职业—行动"是一个螺旋式上升且不断循环的过程。

【知识链接】

克朗伯兹的社会学习理论

社会学习理论（Social Learning Theory）由班杜拉（Albert Bandura）于20世纪70年代提出，它以经典行为主义、强化理论和认知信息加工理论为基础。克朗伯兹（John D. Krumboltz）将之引入生涯辅导领域。他认为，个人的社会成熟度在很大程度上依赖于对他人行为的学习和模仿，并由此决定他们的职业导向。

（一）克朗伯兹提出影响职业决策的四种因素

（1）遗传因素，包括种族、性别、外表特征、智力、动作协调能力等。个人由于遗传的一些特质，在某种程度上决定了个人的职业表现或影响到个人所获得的经验。

（2）环境因素。通常在个人控制之外，来自于人类活动（如社会、文化、政治、经济、家庭、教育等）或自然力量（如自然资源的分布或自然灾害等）对职业决策的影响。

（3）学习经验。克朗伯兹认为，每个人有独特的学习经验，这对于个人的生涯抉择具有重要的影响。他提出了两种类型的学习经验：

1）工具式学习经验。个人为了得到好的结果，在特定的环境中采取一定的行为，其后果对个人会有重要的影响作用。克朗伯兹认为，生涯规划和职业所需的技能，可以通过工具式学习经验而获得。

2）联结式学习经验。个人通过观察真实和虚构的模型，通过对人、事之间的比较来学习对外部刺激做出反应。某些环境刺激会引起个人情绪上积极或消极的反应。如果原来属于中性的刺激与使个人产生积极或消极情绪反应的刺激同时出现，这种伴随在一起的联结关系就会使中性的刺激也具有积极或消极的情绪作用。

（4）处理任务的技能，包括解决问题的能力、工作习惯、心理状态、情绪反应和认知的历程等。

克朗伯兹认为，在个人发展的历程中，上述四种因素相互作用，从而形成了个人对自我和世界的推论。一般所谓的个人兴趣、价值观等实际上都是学习的结果。个人学习经验的不足或不当，可能会导致形成错误的推论、单一的比较标准、夸大式的灾难情绪等种种问题，从而有碍于生涯的正常发展。因此，克朗伯兹特别强调丰富而适当的学习经验的重要。

（二）克朗伯兹的社会学习理论评价

社会学习理论强调，生涯辅导不仅仅是将个人特质与工作相匹配，其重点在于个人应通过参与各种不同性质的活动，获得多种多样的学习经验，这些所学到的技能都有可能在未来的工作中派上用场，并能拓展个人的兴趣，培养个人适当的自我信念和世界观。因此，生涯教育应当融合于普通教育之中。该理论从社会学习的观点来解释人类生涯选择的行为，弥补了其他职业辅导理论在这方面的不足，具有重要的指导意义。

【项目练习】

我的旅游计划

在教室展示一幅世界地图，请同学们参考世界地图，为自己制定一个详细可行的旅游计划。

分小组讨论：
（1）你的旅游计划是什么？
（2）你制定的旅游计划经过了哪些步骤？
（3）你将如何落实这个旅游计划？

小组总结，并在全班分享交流，完善计划。

第二节　职业生涯规划的能力开发

【名言点津】

在职业生涯发展的道路上，重要的不是你现在所处的位置，而是迈出下一步的方向。只要开始，永远不晚；只要进步，总有空间。成功的人和不成功的人就差一点点：成功的人可以无数次修改方法，但决不轻易放弃目标；不成功的人总改目标，就是不改方法。

——职业生涯规划专家程社明

【案例导入】

这是我想要的生活吗？

小慧在银行工作了 10 年，30 出头的她，猛然发现自己常常在算还有几年就可以退休。

当初，她专科毕业考进银行，同学们都很羡慕，父母高兴地到处炫耀。考进银行，是对自己能力的一种肯定，但是到银行上班却是自己始料未及的。小慧知道自己一直喜欢和人接触的工作，喜欢扮演大姐的角色，帮大家解决问题，虽然银行的文书事务工作她做得不错，可是她并不感兴趣，她常常问自己"这是我想要的生活吗"。

她喜欢慈善家的精神，希望从助人的过程中得到快乐。银行的工作和自己的价值观不相符，她早就心知肚明，这半年来升迁上的不如意，让她更加怀疑这份工作的意义。仔细思量，她很清楚离职是现实上最不明智、经济上最不划算的决定（理想与现实的冲突），但是情感上她真的很想换一换工作环境。有一天，她从广播上得知有机构在招募义工，有一连串助人的辅导训练，包括一阶段、二阶段的训练课程……小慧想通了，为了现实，她继续待在银行，为了理想，她在业余时间当义工，两全其美，对自己、对家人都有交代。对于过程的辛苦，她相信自己撑得过来。

【分析讨论】

职业生涯规划是指个人根据对自身的主观因素和客观环境的认知、分析、总结，协调平衡、科学抉择，从而确立自己的职业生涯发展目标，选择实现这一目标的职业，制订相应的学习、工作、培训等相关计划，并按照一定的时间进程安排，采取必要的行动措施实施职业生涯目标的过程。

职业价值观理论强调，一个人不得不做出选择的时候，他或她无论如何都不会放弃的职业中的那种至关重要的东西或价值观，其在职业抉择中起着核心作用。

积极不确定理论是一种职业生涯观点，指明当我们对职业生涯不能明确做出目标时，并不表明我们对自己的未来不负责任，而是一种开放的思维方式。生涯决定是一种非序列性、非系统性、非科学性的人类历程。

一、了解自己的兴趣

兴趣是指一个人力求认识、掌握某种事物并经常参与该种活动的心理倾向，或者说兴趣是指人积极探索某种事物的认识倾向。当兴趣的对象指向某一职业时，就称之为职业兴趣。如果我们对从事不同的活动时所产生的兴趣和满足感，工作就感到内心愉悦。兴趣对职业生涯会产生积极的影响。

古代教育家孔子曰："知之者不如好之者，好之者不如乐之者。"

物理学家爱因斯坦说："兴趣是最好的老师。"诺贝尔物理学奖得主丁肇中说："兴趣比天才重要。我完全靠工作来激发充沛的精力，工作就是我的兴趣，兴趣使我不会疲倦。"比尔·盖茨也说过："在你最感兴趣的领域里，隐藏着人生最大的秘密。"从专业的角度讲，对个人的职业兴趣分析是帮助其进行成功的职业生涯规划的重要依据之一。

从古今中外名人成功的经验来看，很多人也是从自己小时候起就对某个领域产生了浓厚的兴趣，长大后专心投入，通过艰苦的努力获得职业、专业上的巨大成就。

二、发现自己的能力

仅仅凭借满腔热情还是不够的，还要考虑自己的能力状况如何，想做天文学有关的工作，可是上大学读的广告学；想当作家，却缺乏写作才能，都是不行的，所以自己要盘点一下自己的能力。从我们每天的点点滴滴事情和生活经验中，发现和挖掘自己的能力。同时在以后的各项社会活动和大学期间的学习中，不断发现和锻炼自己的各种能力。

能力是一种个性心理特征，它具有经常性稳定的特点，它是影响活动效果的基本因素，能力的高低会影响一个人掌握活动的快慢、难易和巩固程度。一个具有较强动手能力的人，学习工程科目会觉得容易些，掌握得也更快些，这是因为他所具备的能力与从事的活动要求是相匹配的。

能力有一般能力和特殊能力之分，前者指符合许多基本活动要求的能力，如学习能力、记忆能力、观察力等，后者指符合某种专业活动要求的能力。在能力和知识的基础上，通过反复的练习而形成的相对稳定的行动方式称之为技能。职业能力是一个人有效地完成特定职业活动所必需的各种能力特征的总和，既包括人在获得教育训练以前的能力倾向，也包括个人在社会生活中积累的职业经验和通过教育训练获得的学力与职业技能等。潜能即能力倾向，具有潜在性、适应性、容纳性和可能性等特点，具有遗传方面的特征，但同时也会含有经过训练后发展的潜在可能性。潜能及技能是用人单位特别感兴趣的部分，简单说：你能做什么？既包括你现在能做什么，也含有你将来有可能的职业发展，是否有可能承担某类工作。

技能分为专业知识技能、自我管理技能和可迁移技能。专业知识技能是指那些需要通过学习才能获得的特别的知识或能力。自我管理技能经常被看作是个性品质，而不是技能，因为它们被用来描述或说明人具有的某些特征。可迁移技能，也被称为通用技能，是职业生涯中除岗位专业能力之外的基本能力，是适用于各种职业、能够适应岗位不断变换、伴随人终身的可持续发展能力。

三、探索自我人格类型

我们大家相识时常常用下面一些词语来进行自我介绍：外向、内向、执着、粗心、犹豫不决、友善、乐观等等，这些都是在描述每个人的性格特点，它是一个人在生活中对人、对事、对自己、对外在环境所表现出来的一种相对稳定的反应方式。性格的形成受到遗传、生理、父母养育方式、文化、学习经验等因素的影响，具有独特性、相对稳定性、一致性。

四、了解职业信息

在职业生涯探索过程中，在了解自我的基础上，还有对外部世界的探索。对于尚未踏入社会的大学生，了解职场状况、获取职业信息是很重要的。很多同学可能感到疑惑，我还没有进入职场，了解职业有何用？而且将来从事什么职业还很不确定。但是大学生在毕业后要进入职场，现在很多用人单位希望毕业生参加工作就能独立开展工作，独立承担工作责任，而且尽可能缩短适应期。更何况在了解职业的过程中，更加明确自己的学业、职业方向，并试图为自己建立最基础性的人际关系网络，也可能会有很多的偶然事件，有可以转化为职业生涯中的机会。

在此，介绍一种能有效地了解自己将来希望从事的职业信息的方法：生涯人物访谈。生涯人物访谈是指寻找那些正在从事你想要从事的工作的人，向他们咨询有关工作方面的问题。下面是一个你在访谈时可以提问的清单：

（1）你最喜欢你的工作什么方面？为什么？

（2）你最不喜欢你的工作什么方面？为什么？

（3）你是怎样决定进入这个行业的？采取了什么方法进入这个行业的？还有什么其他途径可以进入这个行业？

（4）想要进入这一行业的人需要什么样的培训？现在需要什么样的技能或教育背景才可以进入这个行业？

（5）这一行业从新上岗到最高层的工资范围是什么样的？

(6) 哪些个人品质对从事这份工作是最重要的？为什么？
(7) 每天你都做一些什么样的工作？你能形容一下吗？
(8) 在工作岗位上你感受到哪些类型的压力？
(9) 哪种人可以在这个岗位上生存和发展？
(10) 简历对于被录用是很重要的吗？
(11) 有哪些升迁或加薪的机会？
(12) 这个行业是在发展中吗？有哪些新的发展趋势？
(13) 还有哪些相关的职业我应该去了解？
(14) 你是否可以提供3个像你一样对这一工作抱有热情的人？他们的联系方式是什么？
(15) 还有哪些有关这一行业的有用信息我应该去了解？

五、了解职业具体的任职要求

社会上很多职业，我们对于它的职业内容了解还是不够的，这就要求我们在作出决定之前，必须对职业信息做一些详细的了解，才能真正明白职业名称背后意味着什么，否则我们看到的只是一个建构在我们头脑中主观意义上的一个概念。每种职业都对任职者都有相应的要求，这是由各类职业所处行业、行业所处的发展阶段、组织结构、工作内容及操作流程等因素所决定的。管理完善的企业，对每个职位都通过工作分析，编写出各个岗位的"职位说明书"，以明确组织中各个职位的定位、目标、工作内容、职责权限、工作关系、业绩标准人员要求等基本因素。

六、职业素质和能力的提升

在我们了解了具体的职业要求之后，就需要结合自己的实际情况，在大学阶段不断寻找各种时机、提升个人的职业素养和能力。一个人的成长过程中，优点很容易被自己接纳，甚至当作炫耀的资本；但对于自己的缺点，却并不是那么容易被接纳并作为自我的一部分。在现实生活中，当表达自己消极面时，很容易怀疑自己，如果这些让别人知道了，会降低自己的价值，觉得自己不够好，也担心自己的形象遭到破坏，很容易将其隐藏起来，继而否认自己。久而久之，也就会全面影响一个人的人际沟通、团队合作等职业素养和能力。能力是一种外显行为，自我价值、自我形象是真正的内隐。当一个人的自我价值感很高，即使遇到外界的阻力，也会努力克服，相信自己能够做好，当自己做的不够好时，也能够客观分析问题的原因，而不是否认自己。

七、作一个开放的自我

松下电器的创始人松下幸之助说："我并没有那么长远的规划。珍惜每一个日日夜夜，做好每一项工作，这是今日辉煌的秘诀。遥想当年，我仿佛并没有什么要建一座大工厂的远大规划。创业初期，一天的营业额仅一日元，后来又期盼有二日元，达到二日元又渴望三日元，如此而已，我只不过是热心地努力做好每一天的工作。"

对于在校的大学生，在大学阶段就确定下来未来10年、20年、甚至50年的生涯目标，是很困难的。传统的生涯规划理论给我们的指导是尽早地选定职业目标，防止因为没有目标而走弯路或犯错误。如果学生没有确定生涯目标，学生和老师都会焦虑，似乎没有目标便无法开始行动。如果以前设定的生涯目标没有实现，便会否认自己没有意志力，缺乏恒心，其实这是因为我们自身缺乏应对外界灵活性的结果。

八、开始新的生涯尝试

很多同学愿意给自己做职业生涯规划的原因是，规划是在专业的指导下完成的，是合理的、正确的，并希望自己按照规划的路线前进，这样也就把自己的人生交付给了专业的指导教师。如果发现选择的生涯之路没能按照原先的设想推进，可能会产生过度的焦虑。但现在告诉大家的是：我们不必给自己制定一个所谓"正确的路线"，而是在不断尝试甚至可能犯错误的经历中不断总结经验。

害怕犯错让一部分同学不敢做真正想做的事情。这种恐惧可以理解，学校、教师都教导我们要寻找"正确"的答案。可是我们又如何知道什么是正确的呢？对于错误的答案，我们可能会低估自己，担心未来不能成功。可是在这里，我们仍然鼓励同学们犯错误。人的一生，犯错误是再平常不过的事，而且我们能从错误中学习到帮助你成功的方法。生活中的很多学习都是在不断犯错误，不断尝试的基础上得到的。

那第一步要做的就是：不要害怕错误，坦然接受错误。第二步就是让错误成为你以后的警示。

【知识链接】

人们的性格塑成期通常在青春期，在这之后人们具有较为稳定的个性类型，并在随后的岁月中动态发展与完善。通常我们觉得随着一个人年龄的增长，他的性格也发生了变化。按照荣格的理论，人的性格一旦成型，就很难发生变化，之所以展现不同的表现方式，正是由于环境、经历等因素的变化，性格在动态地发展，之前不太使用的功能也得到了相应的发挥。如果用左手和右手来做一个比喻的话，一个人的MBTI倾向就是他最熟练使用的那只手，随着阅历的增加，他也开始练习使用另外一只手。MBTI有四个子量表，分别是：内倾-外倾（I-E），感觉-直觉（S-N），思维-情感（T-F），判断-知觉（J-P）。

（1）第一个维度：根据个人的能量更集中地指向哪里来区分，分为内倾与外倾两种类型（I-E）。

内倾型的人：独自一个人感到振奋；避免成为注意的焦点；先思考、再行动；在脑中思考；注重隐私，只与少数人共享个人信息；听的比说的多；不把热情表现出来；思考之后再反应，喜欢慢节奏；较之广博喜欢精深。

外倾型的人：与他人在一起时感到振奋；希望成为注意的焦点；先行动，再思考；喜欢边想边说出声；易于被了解；愿与人共享个人信息；说的比听得多；热情地交流；反应迅速、喜欢快节奏；较之精深更喜欢广博。

（2）第二个维度：根据个人收集信息的方式不同分为感觉与直觉两种类型（S-N）。

感觉型的人：相信确定而有形的事物；喜欢具有实际意义的新主意；崇尚现实主义与常识；喜欢运用和琢磨已有的技能；留心特殊的和具体的、喜欢给出细节；循序渐进地给出信息；着眼于现在。

直觉型的人：相信灵感和推理；喜欢新主意和新概念只出于自己的意愿；崇尚想象力

和新事物;喜欢学习新技能,但掌握之后容易厌倦;留心普遍和有象征性的,使用隐喻和类比;跳跃式的以一种绕圈的方式给出信息;着眼于将来。

(3)第三个维度:根据个人做决定的方式的不同,可分为思维与情感两种类型(T-F)。

思维型的人:后退一步,客观地分析问题;崇尚逻辑、公正和公平;有统一标准;自然地发现缺点、有吹毛求疵的倾向;可能被视为无情、麻木、漠不关心;认为诚实比机敏更重要;认为只有合乎逻辑的情感才是正确的;受获得成就欲望的驱使。

情感型的人:向前看,关心行动给他人带来的影响;注重感情与和睦;看到规则的例外性;自然地想让别人快乐;易于理解别人;可能被视为过于感情化、无逻辑、脆弱;认为诚实与机敏同样重要;认为所有的感情都是正确的,无论有意义与否;受驱使与被理解的驱使。

(4)第四个维度:根据个人最感到舒适的生活方式,可分为判断与知觉两种类型(J-P)。

判断型的人:做完决定后感到快乐;具有"工作原则":先工作再玩;确立目标并按时完成任务;想知道自己的处境;注重结果;通过完成任务获得满足;把时间看成有限的资源,认真对待时间限制。

知觉型的人:因保留选择的余地而快乐;具有"玩的原则":先玩再工作;当有新的情况时便改变目标;喜欢适应新环境;注重过程;通过着手新事物而获得满足;把时间看成无限的资源,认为时间期限是活的。

【项目练习】

人物访谈

设计理念:通过生涯人物访谈,了解职场人士真实的工作状况,以纠正自己的职业认识偏差。

活动目的:通过与职场人士的直接接触、了解真实的职业信息。

道具准备:纸笔、录音笔。

活动时间:40分钟。

活动方法:每个同学事先拜访一位自己可能未来想从事某一职业的在职人员,根据专栏为大家设计的问题,了解基本的职业信息,然后跟小组成员分享。

注意事项:每个人对自己职业的认识都或多或少存在偏差,这个练习仅仅是帮助你了解职业,不要把被访谈人说的话当成一成不变的认识,要对被访谈人说的话进行分析。

创新建议:可以和更多的职场人士进行充分交流,以了解更多的信息。

第三节 职业生涯规划与行动

【名言点津】

人生充满了选择,然而职业选择是人生最重要的选择之一。这不仅因为职业生活占据了人生最宝贵的时间,而且因为再职业岗位上所取得的成就体现了一个人一生的主要创造,是人生价值的主要体现。从这种意义上,选择职业就是选择自己的未来。

【案例导入】

职业规划成就人生

黄先生出生在一个贫困山区，小时候个子比较矮，在同龄人中很不起眼。父亲是乡村小学教师，母亲在家务农，家里还有一个患有精神疾病的弟弟，日子过得十分艰难。他高中时由于数理化成绩不太好，便选择了文科学习，希望因此能够扬长避短，考上大学。经过努力，他终于以全县文科第一名的成绩考上了一所大学的外语系，成为 20 世纪 80 年代第一批大学生。

进入大学，他制定的第一个职业生涯目标就是毕业留校。因为按照当时的政策，如果不留校，就意味着毕业后回到家乡工作。为了这个目标，他刻苦学习，苦练英语口语。刚开始他找班上英语最好的同学互相对话练习口语，一个月以后，那位同学已经跟不上他了，他就自己对着墙练习。经过四年的刻苦学习，黄先生终于以全年级第一名的成绩留校任教，从事大学公共英语课程教学工作，实现了他的第一个职业目标。工作了一段时间以后，他又给自己制定了第二个目标，自学一门新专业，考取硕士研究生。他认真分析了国家宏观环境和发展趋势，并进行了自我分析，决定自学法律专业。两年以后，他考取了中国政法大学民商法专业硕士研究生。毕业后又回到原单位工作。同年，他参加了全省组织的专业组英语竞赛，获得了第一名，并被当地一劳务输出公司看中，聘请他为随队翻译并派往非洲。第一次签订合同时，只签了一年，到非洲后，公司发现他不仅懂英语，还懂法律，特别是由于他懂得劳务合同的有关条款，为公司挽回了重大损失，公司又和他续约三年。在非洲工作期间，他结识了很多酋长的子女，这些人大多都在英美国家接受过法律方面的良好教育，熟悉英美国家的法律理论和制度，黄先生逐渐与他们成了朋友，得到了很多他们赠送的英文原版的法律书籍，并经常与他们讨论有关的法律问题，渐渐地，黄先生发现自己很有处理涉外经济方面法律问题的分析能力和解决问题能力，负责办理的几个案子都胜诉了。于是，他又制定了第三个职业目标，从事涉外法律工作，成为一名职业律师。三年后，他作出了大胆决定，从高校辞职，到沿海城市成了一名专职律师。又过了五年，他被一家猎头公司看中，去了一家外资企业做法律顾问，收入颇丰。随后不久，他又开办了一家自己的企业，在接近 40 岁时，达到了个人职业的巅峰。他摆脱了贫困，并把父母接来一起同住，实现了个人和家庭的和谐发展。

【分析讨论】

在职业生涯发展的道路上没有空白点。每一种换进、每一项工作都是一种锻炼，每一个困难、每一次失败都是一次机会。只要不放弃目标，每一次挫折、每一次失败都是有价值的。每一次质的飞跃都是以学习新知识、建立新观念为前提条件的。求知是自我实现的前提，求实是自我实现的过程。

在职业生涯规划的道路上，大部分人都曾经使用过一些方法去规划自己的未来，但是因为缺乏科学性和系统化，不少人从一开始就有违心愿或者在生涯发展的道路上多走许多弯路，以至越走越迷茫。所以，对于即将走上职业道路的大学生来说，要进行正确的职业生涯规划，应当采用一套科学的、系统化的方法。具体包括：觉知与承诺、自我探索、职业评估、决策定位、计划实施、再评估与修正。

个人的职业生涯发展过程是一个动态的、持续一生的过程。进行职业生涯规划,不能抱着一次规划就高枕无忧的心态。外部环境不断变化,自身的条件也会随着时间的推移发生变化,所以职业生涯规划必须能够根据变化了的内外部因素不断的调适,只有这样的规划才有意义。

一、自我探索

著名的心理学家萨柏(Donald E.Super)曾说过:"一种职业使你的自我实现或自我认知成为可能。所谓自我认知即你如何看待你自己。"自我认知主要包括以下几方面内容。

(1)每个人因能力、兴趣和个性而不同。

(2)每一种职业需要一系列不同的能力、兴趣和个性的特征。

(3)每一个人可以胜任若干种职业。

(4)职业偏好、职业技能、我们生活和工作的环境以及我们的自我认知随着时间和经验而变化,也决定着我们对职业做出不断地选择和调整。

(5)职业轨迹受家庭的社会经济地位、个人的心智能力、个性特点以及个人机遇等因素的影响。

二、职业评估

要做好个人职业生涯规划,在深入认识自我的同时,还必须对职业环境进行全面的分析评估。要了解社会的政治和经济大环境、社会的职业发展现状和未来趋势,认清备选职业在社会大环境中的发展状况、社会声望、未来发展前景等方面的信息。通过职业环境分析弄清职业环境对个人职业发展的要求、影响和作用,并对各种影响因素加以衡量、评估,以作为职业决策的参考依据。

(一)探索工作世界的内容

(1)社会环境分析。社会环境对每个人的职业生涯乃至发展都有重大影响。通过对社会大环境进行分析,了解所在国家或地区的经济、法制建设发展方向,寻求各种发展机会。影响职业生涯的社会环境因素包括:①经济发展水平;②社会文化环境;③政治制度和氛围。

(2)组织(企业)环境分析。进行全面的组织环境分析是职业评估的核心,因为要选择的这个行业,这个企业将与你息息相关。组织环境分析包括行业环境分析和组织(企业)内部环境分析。

1)行业环境分析。行业环境分析包括行业的发展状况、国际国内重大事件对该行业的影响、目前行业优势与问题何在、行业发展趋势如何等。分析行业环境的时候,一定要结合社会大环境发展趋势。如科学技术的飞速发展会使某些行业如同夕阳坠落,逐渐萎缩、消亡;更有许多极具发展前途的朝阳行业不断出现、发展起来。还要注意国家政策的影响,看一看国家对某一行业的态度是扶持鼓励还是限制制约,尽量选择有前景,发展空间较大的行业。

2)组织(企业)内部环境分析。你所选择的企业将是你的职业生涯直接依存和发展的土壤。每个企业都有自己的发展目标和运作模式,了解企业的基本情况是就业选择的基础。另一方面,为了生存和发展,企业本身也要随时关注、适应社会大环境的变化,并采取相应的变革措施,这必将影响到其员工的职业生涯。

(3) 具体职业分析。具体职业分析是指通过系统性的方法,对工作(岗位)本身以及任职者所需的知识、技能、条件进行分析,通过分析获得对职业全面深入的了解是进行"人职匹配"的前提。基本上可以包括两大部分:

1) 工作描述的内容,如岗位名称、工作目的、工作职责与工作任务、工作联系、工具和设备、绩效标准、权限、岗位的晋升与替代和工作条件。

2) 工作规范的内容,如教育背景、工作经验、知识技能、个性特征、身体要求和其他特殊要求。

(二) 获取职业信息的渠道

了解工作世界,需要获取许多职业信息。这里,给出获取这些信息的一些渠道。

1. 静态的资料接触

(1) 出版品(相关书籍、专著、论文等)。

(2) 视听资料(相关电影、幻灯片等)。

(3) 行业展览会和人才交流会。

(4) 网络(职业资源网,人才网站,政府、学校的就业机构网站,职业咨询机构网站等)。

2. 动态的资料接触

(1) 专业俱乐部。

(2) 专业协会和学会。

(3) 生涯人物访谈。

3. 参与真实情境

(1) 直接观察(访问工作现场,现场观察)。

(2) 直接工作经验(实习、兼职工作)。

三、职业决策

职业决策是个人依照自己的职业期望和兴趣,凭借自身能力挑选职业,使自身能力、素质与职业要求特征相符合的过程。职业决策受个人自身条件和职业要求的限制,一方面,个人不可能具有从事一切职业的能力和兴趣;另一方面,各项职业由于具有不同的劳动对象、手段和劳动条件等,对劳动者的能力也有相应的特殊要求。

职业选择是个人和职业岗位的相互选择和相互适应。如何综合考虑各方面的因素,做出合理的职业选择,是职业生涯管理的重要内容。

(一) 职业决策的过程

职业生涯的决策过程,就是将个人的属性(能力、性格、学历和价值观等)与职业环境进行整合或匹配,最终确定自己理想的职业的过程,整个决定的过程可分成以下几个步骤。

(1) 界定明确、具体的问题需要确定目标和问题,明确做决定的最后期限与适当时机。

（2）澄清自己的价值。分析自己的价值观、生活方式、感兴趣的事物或个人的需求及期待。

（3）收集有关的资料或向他人询问、寻求资源人物（如师长、朋友）的指点，找寻相关资料并仔细阅读。

（4）权衡各个可能选择方案的利弊须考虑所有可能的阻力和助力，以及各个方案中目标达成的可能性。另外，对各个方案进行分析时，我们采用以下几种选择策略。

1）期望策略。选取可能满足自己最期望结果的方案。

2）安全策略。选取自己最可能达成的方案。

3）避免策略。选取能避免最坏结果的方案。

4）综合策略。选取比较可能成功和比较能满足自己期待的方案。

（5）依照前面的分析结果。选择适宜的方案。

（二）职业决策的注意事项

在职业决策之前，全面地考虑影响确定职业决策的因素是实行科学决策的前提。决策时有以下注意事项。

（1）处理好个人职业心理特征的冲突。如能力与兴趣和价值观之间发生冲突，即对于感兴趣的职业，可能因能力较低或不具备这种能力而发生矛盾，这时理智的选择应以能力为基础，再考虑符合兴趣和价值观的职业。

（2）确定外部的影响因素及力量认识了职业及职业自我后，便可以确立一个相对适合的初步选择范围。做出最终决策，要考虑多方面的因素，并经过分析，找出可能的促进因素或冲突因素。找到了解决冲突的方法，就可以做最后的决定了。

（3）不同选择的利弊得失分析最后选择是否合理、科学，可能通过选择后的分析来判断。可以主要从个人、家庭、亲友以及社会几个方面的得失来进行分析。

四、目标设定与实施

（一）目标设定的原则

正确的职业生涯规划要充分考虑到个人的特性和企业的发展需要，使个人发展与组织发展结合起来，确定一个人生发展目标，选择实现这一目标的职业，编制相应的工作、教育和培训等行动计划，对每一步骤的时间、顺序和方向做出合理的安排。个人制定成功的职业生涯规划应遵循目标的 SMART 准则。

SMART 准则及其内容解释如下。

S——具体的（Specific）：目标定得具体些。问题或事情的实质到底是什么。

M——可衡量的（Measurable）：考虑一下你正在使用的方法。

A——可行的（Achievable）：要求在可以实现的范围内且有挑战。

R——切实的（Realistic）：目标要有一定的意义，相关且有价值。

T——有时间限制的（Time-limited）：决定一个合理的时间段，然后执行。

（二）生涯目标与计划的拆分

职业生涯的实现可以用一系列的阶段来表示。目标分解是将目标清晰化、具体化的过程，是将目标量化成可操作的实施方案的有效手段。目标分解就是根据观念、知识、能力差距,将职业生涯的远大目标分解为有时间规定的长、中、短期分目标,直至将目标分解为某确定日期可以采取的具体步骤。最常用的是按时间与性质内容分解。

1. 按时间分解
(1)人生目标;
(2)长期目标;
(3)中期目标;
(4)短期目标。

2. 按性质分解
(1)内职业生涯目标:
1)观念目标;
2)工作能力目标;
3)工作成果目标;
4)提高心理素质目标;
5)掌握新知识目标职务目标。
(2)外职业生涯目标:
1)工作内容目标;
2)工作环境目标;
3)经济目标;
4)工作地点目标。

(三)具体制定目标的步骤

(1)自我分析,主要是分析自己的专业、性格、气质和价值观等,找出自己的特点。
(2)对自己所处的内外环境(如社会发展趋势、经济文化环境等)进行分析,确定自己的位置。
(3)根据上面的分析结果,选定职业和职业生涯路线,确定朝哪个方向发展。
(4)确定职业目标,并把该目标详细地写出来。通常是先制定自己的人生目标和长期目标,然后再把人生目标和长期目标进行分解,根据个人的经历和所处的环境制订相应的中期目标和短期目标。
(5)制订相应的行动计划和落实措施。

(四)在确定目标过程中的注意事项

(1)目标要符合社会与组织的需要。
(2)目标要符合自身的特点,并使其建立在自身的优势之上。
(3)目标要高远但绝不能好高骛远。
(4)目标幅度不宜过宽。
(5)注意长期目标和短期目标间的结合。

当然,在制定人生目标和长期目标时,要多考虑一些自身因素和社会因素,而制定中期目标和短期目标时,则要更多地考虑组织因素。通过制定个人的短期目标、中期目标和长期目标,就形成了完整的个人目标体系的制定。

五、反馈评估

　　世界每天、每时都在发生变化，大到社会经济结构的发展、科学技术的飞跃、政治形势的突变、国家政策的调整、法律制度的调整；小到所在企业组织的制度调整、领导人更换、产品方向调整，乃至个人家庭、健康、能力水平的变化，无不影响到个人职业生涯的发展。另外，如果对先前计划的不完整、对自我和环境认识的不全面、未能坚持计划、策略方案的失误、没能调动起全部力量，所有这些失误都可能导致预期目标的流产。这就要求我们自觉地总结经验和教训，不断修正策略，甚至必要时修正目标。而在职业生涯进程中，经常进行再评估很容易使我们发现改善的途径，包括：

　　（1）确定精确的位置，判断实际行为效果与期望值的偏差；

　　（2）探究导致失败结果的根本原因；

　　（3）采取及时、适当的纠正措施；

　　（4）调整策略，改变行动。

　　经常自省是必要的。根据自己的短期规划，宜在每一个规划阶段进行一次系统全面的评估，如每年或每半年进行一次。即在工作一段时间之后，有意识地回顾得失，检查验证前期的策略措施执行效果，纠正分阶段目标中出现的偏差。

（一）反馈评估的要点

　　评估可以参照各类短期、中期预定目标和实际结果比照而行。一般来说，任何形式的评估都可以归结为自我素质和行为对现实环境的适应性判断，分析自己的价值，特别是针对变化的环境，找出偏差所在，并做出修正。

　　（1）抓住最重要的内容。在我们的评估过程中不必面面俱到，而是抓住一两个关键的目标和最主要的策略方案进行追踪。可以通过优先排序，重点评估那些可能达到这个核心目标的主要策略执行的效果。

　　（2）分离出最新的需求。针对变化了的内外环境，要善于发掘最新的趋势和影响。俗话说"跟上形势"，对于新的变化和需求，采取怎样的策略才是最有效的方法。

　　（3）找到突破方向。有时候，在某一点上取得突破性的进展将使整个局面发生意想不到的改变。想一想，先前规划中的策略方案，哪一条对于目标的达成应该有突破性的影响？达到了吗？为什么没达到？如何寻求新的突破？

　　（4）关注最弱点。管理学中有个著名的木桶理论，即一只沿口不齐的木桶，其容量的大小，不取决于最长的那块木板，而取决于最短的那块木板。在反馈评估过程中，要肯定自己取得的成绩与长处，切合变化的环境，发现自己的素质与策略的"短木板"，然后想办法修正，或者把这块短木板换掉，或者接补增长。唯有如此，你的职业生涯这只"木桶"才能有更大的容量。

（二）适时进行修正

　　要根据反馈评估的结果进行目标和策略方案的修订。修订的内容包括：职业的重新选择；职业生涯路线的重新选择；阶段目标的修正；实施措施与行动计划的变更；等等。通过反馈评估和修正，应该达到以下目的。

　　（1）对自己的强项充满自信（我知道我的强项是什么）。

　　（2）对自己的发展机会有一个清楚的了解（我知道自己什么地方还有待改进）。

（3）找出关键的有待改进之处。
（4）为这些有待改进之处制定详细的行为改变计划。
（5）以合适的方式答复那些给予反馈的人，并表示感谢。
（6）实施你的行动计划，确保你能取得显著的进步和商业成就。

总之，职业生涯规划是一个持续动态的过程，有效的职业生涯规划需要不断地反省修正职业生涯目标，反省策略方案是否恰当，以能适应环境的改变，同时可以作为下一轮规划的参考依据。

【知识链接】

萨柏（Donald E. Super）是美国一位有代表性的职业管理学家。萨柏的职业生涯发展阶段理论是一种纵向职业指导理论，重在对个人的职业倾向和职业选择过程本身进行研究。

萨柏把人的职业生涯划分为五个主要阶段：成长阶段、探索阶段、确立阶段、维持阶段和衰退阶段。

一、成长阶段（0~14岁）

主要任务：认同并建立起自我概念，对职业好奇占主导地位，并逐步有意识地培养职业能力。萨柏将这一阶段，具体分为3个成长期：

（1）幻想期（10岁之前）：儿童从外界感知到许多职业，对于自己觉得好玩和喜爱的职业充满幻想并进行模仿。

（2）兴趣期（11~12岁）：以兴趣为中心，理解、评价职业，开始作职业选择。

（3）能力期（13~14岁）：开始考虑自身条件与喜爱的职业是否相符合，有意识地进行能力培养。

二、探索阶段（15~24岁）

主要任务：主要通过学校学习进行自我考察、角色鉴定和职业探索，完成择业及初步就业。也可分为3个时期。

（1）试验期（15~17岁）：综合认识和考虑自己的兴趣、能力与职业社会价值、就业机会，开始进行择业尝试。

（2）过渡期（18~21岁）：正式进入职业，或者进行专门的职业培训，明确某种职业倾向。

（3）尝试期（22~24岁）：选定工作领域，开始从事某种职业，对职业发展目标的可行性进行实验。

三、建立阶段（25~44岁）

主要任务：获取一个合适的工作领域，并谋求发展。这一阶段是大多数人职业生涯周期中的核心部分。

（1）尝试期（25~30岁）：个人在所选的职业中安顿下来。重点是寻求职业及生活上的稳定。

(2) 稳定期（31～44岁）：致力于实现职业目标，是个富有创造性的时期。职业中期危机阶段可能会发现自己偏离职业目标或发现了新的目标，此时需重新评价自己的需求，处于转折期。

四、维持阶段（45～64岁）

主要任务：这一长时间内开发新的技能，维护已获得的成就和社会地位，维持家庭和工作两者间的和谐关系，寻找接替人选。

五、衰退阶段（65岁以上）

主要任务：逐步退出职业和结束职业，开发社会角色，减少权利和责任，适应退休后的生活。

【项目练习】

描述你理想的职业生活

在你探索过自己的生涯价值观和理想的生活形态之后，现在要请你将这些有用的资讯整理起来，看看你的生涯梦里有着什么样的内涵。

（1）你想做什么性质的工作？
（2）在什么地方工作？
（3）和什么人一起工作？
（4）每天工作的时间如何安排？
（5）每天的工作内容如何规划？
（6）收入如何？
（7）社会地位如何？

请用150～200个字描述你理想中的职业生活，然后与你身边的同伴分享。

第四节　职业生涯规划书

【名言点津】

人生是计划的过程，计划的主人是自己，计划做得具体，执行做得确实，胜算必然属于自己。

【案例导入】

刘某作为当代大学生，走进大学校园，学习的专业是学前教育专业。她目标明确，希望将来做一位优秀的幼儿教师，进入大学，没有了高中繁重的学习压力，学习生活很快就过去了一个学期。她只是跟着老师学习了该学的课程，熟悉了校园，却不知道离自己树立的目标还有多远。职业规划课结束了，她认为需要收起曾经的稚气与天真，开始思考未来的路。她试着为自己拟定了一份职业生涯规划书，希望能对自己有领航的作用，为处于迷茫中的自己指明一条路。

【分析讨论】

想成为人才应该是每个年轻人的理想，但是浑浑噩噩地度日是做不到的，只有做一份适合自己的人生规划、学涯规划，正确地评价个人的特点和强项才能定准职业方向，重新认识自己的价值并且通过不断的学习使之递增，为自己提供前进的动力并在职业中发挥个人优势。

一、职业生涯规划书的概念及作用

（一）职业生涯规划书的定义

职业生涯规划书就是对自己的职业生涯发展目标的选择、实施计划及行动方案的书面表述。规划书不仅能呈现大学生的宏观职业生涯规划，也能对具体的学习和工作起到指导和鞭策作用。

（二）职业生涯规划书的作用

职业生涯规划对所有工作年龄的人来说都很重要。对于刚刚步入社会的年轻人，职业生涯规划将对其一生的成就产生重大影响。

（1）整合作用。整合作用是规划书最根本，最重要的作用，在开展个人职业规划前，各种信息是凌乱的，实现目标的方法、途径是互不衔接的，通过规划书的完成，个人的思路得以梳理，目标得以肯定，各种信息资源得以分析，方法途径得以明确，信心得以增加。

（2）督促作用。目标如同山顶上的凤凰松，美丽而又骄傲，让人敬仰，却又不易接近，有一颗真诚、勇敢、奋进的心才可拥抱它，规划书如同追逐凤凰松道路上的石阶，它记录着自己前进的步伐，是自己不断努力的见证，有了规划书，目标、方法、途径才能得以展现，一步一个脚印，让自己脚踏实地，不断向梦想中的目录靠近。

（3）改进作用。规划书如同自己的友人，常伴你的左右，告诉你下一步的行动，帮助你明确自己的方向，又帮助你在前行的路上不断发现存在的问题，及时总结、修正和改进。

二、大学生职业生涯规划书的主要内容

职业生涯规划书是对职业生涯规划的书面化呈现，不仅能展现大学生的宏观职业生涯规划，还能对具体的学习和工作起到指导及鞭策作用。大学生职业生涯规划书的基本内容主要包括以下几方面。

（一）扉页

包括题目、姓名、基本情况介绍、规划年限、年龄跨度、起止时间。其中规划年限不分长短，可以是半年、三年、五年，甚至是二十年，视个人的具体情况而定。建议大学生职业规划年限为三至五年。

（二）自我分析

一个有效的职业生涯设计必须是在充分且正确认识自身条件的基础上进行的。要审视自己、认识自己、了解自己，做好自我分析，包括自己的兴趣、特长、性格、学识、技能、智商、情商、思维方式等。即要弄清楚我想干什么、我能干什么、我应该干什么，以及在

众多的职业面前我会选择什么等问题。职业生涯规划书中可包括以下内容：

（1）我的职业倾向分析……

（2）我的职业价值观判断……

（3）我的性格评估……

（4）我的能力盘点……

（5）个人经历回放……

（6）自我分析与评估总结……

（三）环境评估

职业生涯规划还要充分认识与了解相关的环境，评估环境因素对自己职业生涯发展的影响，分析环境条件的特点和发展变化情况，把握环境因素的优势与限制。了解本专业、本行业的地位、形势以及发展趋势。职业生涯规划书中可包括以下内容：

（1）社会环境分析……

（2）学校环境分析……

（3）家庭环境分析……

（4）行业环境分析……

（5）组织环境分析……

（6）职业分析……

（7）岗位分析……

（8）环境分析结论……

（四）职业定位

职业定位就是要为职业目标与自己的潜能及主客观条件谋求最佳匹配。良好的职业定位是以自己的最佳才能、最优性格、最大兴趣、最有利的环境等信息为依据的。这个规划环节包括确定职业方向、各阶段职业目标和总体目标、职业发展路径等内容。职业生涯规划书中可包括以下内容：

（1）明确可选的职业目标……

（2）职业评估与决策……

（3）职业生涯路径设计……

（4）职业定位结论……

（五）职业生涯实施计划

要制定实现职业生涯目标的行动方案，要有具体的行动措施来保证。没有行动，职业目标只能是一种梦想。要制定周详的行动方案，以逐步缩小差距，实现各阶段目标，更要注意去落实这一行动方案。职业生涯规划书中可包括以下内容：

（1）长期、中期、短期职业生涯设计……

（2）各阶段计划的分目标、计划内容（专业学习、职业技能、职业素养）……

（3）计划实施策略……

（六）评估与反馈

职业生涯规划是一个动态的过程，必须根据实施结果的情况及变化进行及时的评估与修正。整个职业生涯规划要在实施中去体验，看效果如何，及时诊断生涯规划各个环节出现的问题，找出相应对策，对规划进行调整与完善。

（1）可能存在的风险……

（2）预评估的内容……

（3）风险应对方案……

三、职业生涯规划书撰写的注意事项

（一）逻辑严密，重点突出

语言朴实简洁、用词精练准确、行文流畅、条理清楚，这是最基本的写作要求。撰写生涯规划书忌大、忌空、忌记流水账、忌条理不清、忌文法不通、忌错别字连篇；忌过于煽情、没有理性分析；忌死气沉沉、没有朝气。在分析阐述规划时，必须紧紧围绕职业目标这条主线来展开，体现论述的逻辑性和连贯性。要将重点放在自我评估、环境评估、目标实施上。

（二）信息搜集科学、翔实

在进行自我评估时，很多大学生会过于依赖职业测评工具。尽管一些经典的职业测评有着很高的信度和效度，但往往缺乏对结果的充分解释，大学生在解读测评结果时也会有一定的倾向性，从而得到偏颇的结论。在进行自我认知时，需要采用多渠道策略，结合测评工具、个人的思考回顾、他人评价等方法，得到全面、正确的结论。另外，在进行职业环境分析时，需要通过多种途径来收集资料，比如网络、图书资料、从业者访谈等，以保证论证过程的科学合理和结论的真实可靠。

（三）职业目标切实可行

职业生涯目标的设定一定要结合自身特点和情况，不能完全脱离现实，这是很多大学生在做职业规划时常犯的一个错误。职业生涯目标切忌理想化，应遵循择己所爱、择己所长、择世所需、择己所利的原则。认清兴趣与能力，能力与社会需求是存在一定差异的，我们所要做的就是在影响职业发展的诸多因素中找一个结合点，这样的职业目标才会有生命力。职业生涯规划书撰写是否成功，在很大程度上取决于有无正确、适当、切实可行的目标。

（四）计划实施重在大学阶段

针对职业目标制定的措施一定要在现阶段具有可操作性，这也是评价一份生涯规划书好坏的主要参数。要做到这一点，大学生需要在进行目标分解和目标实现路径的选择上做到有理有据，不仅要突出时间上的并进和连续，更要重视功能上的因果和递进。另外，大学生应将职业规划重点放在大学阶段的 3～5 年，突出在首次择业和就业时所做的准备工作。

四、职业生涯规划书实例

职业生涯规划书范文

莎士比亚曾说过："人生就是一部作品。谁有生活理想和实现的计划，谁就有好的情节和结尾，谁便能写得十分精彩和引人注目。"花开花落，春去春又回。踏着时光的车轮，我

们已经走进大学生活，体验大学的乐趣。在今天这个人才竞争的时代，职业生涯规划已经成为在职业争夺战中胜利的重要利器。对企业而言，如何体现公司"以人为本"的人才理念，关注员工的持续成长，职业生涯规划是一种有效的手段；而对每个人而言，职业生命是有限的，如果不进行有效的规划，势必会造成生命和时间的浪费。作为当代大学生，若是带着一脸茫然，踏入这个拥挤的社会，怎能满足社会的需要，使自己占有一席之地呢？所以我们要对自己的职业生涯进行规划，给自己的梦想插上翅膀。远大的理想总是建立在坚实的土地上的，青春短暂，从现在起，就力争主动，好好规划一下未来的路，去描绘这张生命的白纸吧！

（一）个人资料

姓名：杨××

性别：女

出生年月：19××年××月××日

籍贯：广东·中山

学历：本科

毕业学校：电子科技大学中山学院

所学专业：化学生物

政治面貌：团员

座右铭：认真对待每一件事，做好每一件事！

联系电话：××××××××××

家庭住址：广东省中山市×××路

（二）自我分析

1. 性格类型

根据人格测试结果显示，最符合的性格类型是：主人型——热情主动地帮别人把事情做好。

非常重视与别人的关系，易觉察出他人的需要，并善于给他人实际关怀，待人友好、善解人意并有很强的责任心。看到周围的人舒适和快乐，也会感到快乐和满足，很健谈，因此非常受欢迎。

热情，有活力，乐于合作，有同情心，机敏圆滑，希望得到别人的赞同和鼓励，对冷淡和不友善会受到伤害。需要和睦的人际关系，对于批评和漠视非常敏感，对于竞争和冲突会感觉到不愉快，因此尽力避免发生这样的事情。

很实际、有条理，做事彻底，有一致性，对细节和事实有出色的记忆力，并且希望别人也如此。着眼于目前，在经验和事实之上做出决策，将事情安排妥当，喜欢自己成为活跃而有用的人物。能很好地适应日常的常规工作和活动，不喜欢做需要掌握抽象观点或客观分析的工作。

喜欢组织众人和控制形势，与他人合力圆满又按时地完成任务。喜欢安全和稳定的环境，支持现存制度，注重并很好地遵守社会约定规范。忠于自己的职责，并愿意超出自己的责任范围而做一些对别人有帮助或有益处的事情，在遇到困难和取得成功时，都很积极活跃，希望付出能得到回报或赞扬。

可能的盲点：过分在意别人的情感和想法，以至于总是给予别人额外的关心和帮助，有时态度强硬，容易侵占别人的空间，有时缺乏需要考虑自己提供的帮助是不是他人的需要。当遇到冲突时，为了保护和睦的人际关系，通常采取回避或是妥协的方式。

在做事时总是希望得到别人的鼓励和赞赏，担心被忽视。总是容易陷入情感和细节中，很难从问题中跳出来更宏观、更客观地对待整件事情；取悦或帮助他人的内心很忽视自己的需求，难以说出"不"，怕让别人失望。有时很难变通，习惯根据经验做出决定，甚至由于信息不足做出草率的决策。

2. 自我盘点

（1）兴趣爱好：羽毛球，排球，乒乓球，看书，练字，听音乐，看电影。
（2）优势：从小养成吃苦耐劳的精神，做事细心，对待每一件事情都不马虎。
（3）劣势：生活在乡镇，见识较少，工作经验生活经历少，各类荣誉证书获得也少。
（4）优点：积极乐观，热情开朗，乐于助人，勤奋刻苦。
（5）缺点：做事情缺乏胆量，不够自信，口才和演讲能力较低。

3. 解决自我盘点中的劣势和缺点

当劣势和缺点成为前进道路上的障碍时，就应充分利用自己的优点，让其把自己带出围障。清楚了解自己之后，就采取措施来补救。所谓江山易改，本性难移。但是只要有恒心，凭借那份积极向上的热情鞭策自己，久而久之，就会慢慢培养起来。此外，还可以充分利用一直关心和支持自己的庞大亲友团的优势，真心向同学、老师、朋友请教，及时指出自己存在的不足并制订相应计划以针对改正，把握每次机会，勇于说出自己的想法，敢于尝试。

（三）社会，学校，家庭环境分析

1. 社会环境

中国政治稳定，经济持续发展，大批的外国企业进入中国市场，同时也有很多的中国企业走出国门。要在中国发展企业，必须要适合中国的国情，因此，受中国市场吸引进入的大批外资企业都面临着本土化改造的任务，这为毕业生提供了很多的机会。但是人才的竞争也日益激烈，企业工作单位对应聘者的要求也越来越高。而且受到美国金融危机的影响，大部分的企业和用人单位也在裁减人员。不过，近两年一些应届毕业生趋向于自主创业，这种就业方式成了流行。

2. 学校环境

校园的学习环境很好，围绕着一份浓浓的学习氛围，学校的硬件设施很完备，师资质量也很高。校园内的生活环境很优美，绿树成荫，有足够的运动场所提供同学们锻炼身体。校外的交通也很便捷，周围有很多的商店和公司，制造了很多的兼职机会。本校有八大系，三十三个本科专业，涉及就业方面的知识要求广泛。每年学校都会举办一到两次的大型招聘会，为在校学生提供应聘机会。此外，每一学年都会在学习，科研，综合素质等多方面设立奖励和奖学金的领取办法，为贫困的学生提供帮助。在校的学生每年都会组团参加省或国家的大型比赛，而且每年在科技研究方面获奖，学校还提供寒暑假的社会实践活动的机会。不过校内也存在有一定的竞争压力，还有周围环境太过于热闹有时会影响学生学习的心态。

3. 家庭环境

家中有四名成员：爸爸，妈妈，弟弟和我。爸爸是一名党员，在本地的单位工作，妈妈是一名家庭主妇，在家处理家中大小事务，弟弟还是一名高中生。经济环境还算处于中等水平，生活环境还算挺好，生活在镇中心，交通方便，周围环境好，经济水平也挺高的。父母的要求并不高，在各方面也不会过分的给予压力，通常情况都不干涉自己的选择，只会在身边提供意见和帮助。和弟弟的相处也很融洽，时时会互相帮助。家族中有很多哥哥和姐姐在学习上树立着榜样，伯叔对自己的期望很高，比较看重学历和能力方面的培养，而且亲朋好友间的期望有时过高，所以会造成一定的压力。

（四）角色建议

父亲：目前必须搞好学习，最好能够考研，为以后找工作奠定基础，要多锻炼自己，但不要有太大的压力。

母亲：要认真学习，好好照顾身体，不要逼自己太紧。

伯父：有能力就继续读下去，做一个有文化，有贡献的人。

哥哥：好好享受大学生活，但不要荒废学业。

老师：努力，认真，不要后悔。

同学：培养自己的能力，提高胆量。

朋友：处理好学习和生活，使二者达到平衡。

……

（五）职业取向分析测试

测试结果分析得到我在工作中的优势和劣势如下。

1. 在工作中的优势

有很大的精力和动力来完成任务、创造成果；

能够有效地和别人协作，并且和他人建立起友好和睦的人际关系；

处理事实和细节问题时，能够记住并利用各种事实，具有客观的态度和得天独厚的天资才能；

善于培养和帮助他人，对于别人良好的行为举止能够给予赞扬，并使他们更加发扬光大；

果断坚决、稳重可靠，工作勤奋，富有效率，认真，忠诚；

能够维护组织一向的价值观念和工作原则；

善于组织，有灵活的组织技能和明确的工作道德；

信奉工作在一个传统、稳定的组织里有其自身的优点和长处；

有非常强的责任意识，别人可以信任我去实现自己的诺言；

乐意遵循已制订的例行公事和工作程序；

通情达理，视角现实；

不论工作还是消遣时间，都愿意为团体尽自己的力量；

有稳定平和的心态；

有韧性，在困境中不轻易放弃。

2. 在工作中的劣势

不愿意尝试、接受新的和未经考验的观点和想法；

没有得到表扬和欣赏的时候可能会变得失望、泄气；

可能只关注眼前需要，而对长远利益重视不够；

难以适应新情况，在不同的工作任务之间来回切换有时会感觉困难；

容易表现得过于敏感，逃避难堪的场合，不喜欢在紧张的气氛中工作；

不愿意长时间独自工作，极其想要和别人在一起；

会轻易把个人的喜好表露出来；

可能由于情感方面的负担而疲惫不堪；

在掌握的信息和资料还不够的情况下，做决定过快，不考虑其他的选择；

容易固执己见、武断地做出决定；

对失败和没有把握的事情感到紧张和压力；

在面对较强的对手时，会容易感到自卑；

不敢在公众前表达自己的意见和看法。

3. 适合的岗位特质

在友好的环境中工作，与他人充分合作并能协调一致，能够感受到大家的赞赏和支持，并可以把同事当作朋友；

工作制度完善，内容要求明确且易于理解，能有固定的、清晰的评价标准；

工作成果能够给人们带来实际的帮助，能够运用自己的细致和计划性；

能够让自己组织安排并督促自己和他人的工作，以确保事情尽可能顺利、有效地进行；

能够与别人建立温暖、坦诚的关系，通过有形或无形的方式帮助他人提高生活质量；

做常规的项目或工作，有一定的控制权，不要有太强的压力和应变要求。

（六）未来职业生涯规划

1. 学习生活规划

在这个高科技的社会，化学和生物技术已成为了日常生活中不可缺少的一部分，而英语更让我们无处不体会到它的重要，因此，在大学的学习规划上，我会将这三科作为学习的重中之重。在学习的同时，更要努力提高自己各方面的能力。

（1）大学一年级：了解大学生活，了解专业知识，了解专业前景，了解大学期间应该掌握的技能以及以后就业所需要的证书，积极参加活动。

（2）大学二年级：要通过大学英语四级考试；通过计算机应用二级考试；熟悉掌握专业课知识；在能力范围内考取其他证书。

（3）大学三年级：着重提高自己的工作能力、交际能力、动手能力和环境适应能力，同时极锻炼自己独立解决问题的能力和创造性；尽量多体验兼职，积累工作经验。

（4）大学四年级：目标应锁定在工作申请及成功就业上，积极参加招聘活动，在实践中检验自己。积极利用学校提供的条件，强化求职技巧，进行模拟面试等训练，尽可能地做出充分准备。

2. 近15年的目标

2017—2021年：在这四年的时间里，努力学习，珍惜在校读书的机会，顺利毕业。

2022—2024 年：利用这 2 年的时间，努力工作，不断尝试，初步找到合适自身发展的工作环境、岗位。

2025—2030 年：用 5 年的时间勤奋苦干，贮备资金，积累经验，同时了解市场行情。

2031 年：筹划资金，寻找合适位置，设计装修店铺，办理相关的手续，准备开展自己的生意。

2032 年：正式拥有自己的店铺。

3. 求职计划

（1）学位证书、资格证书是求职的敲门砖，是一个公司招聘人才的首要条件，因此在大学期间要拿到相关的证书。

（2）公司招聘人才看的不仅是文凭和证书，更多的是注重的个人的能力与素质，所以在大学期间学习的同时，还应注重个人素质的提高和能力的培养。

（3）对于刚毕业的大学生来说，经验的缺乏是一个很突出的问题，要在大学生活中积累更多的工作经验，可以通过兼职来实现，而且在其兼职过程中，要懂得总结经验。

（4）一定要在大四之前把简历制作好，留下更多的时间来找工作。

（5）要时刻关注招聘信息，积极参加招聘活动，在被公司选择的同时也选择一个适合自己的公司。

（七）计划实施

1. 时间安排

（1）每天 6:30 起床，7:00 吃早餐；

（2）7:30 晨读；

（3）每天 8:00—11:40，若这段时间没有课，到图书馆自习，看专业知识的书，或者课外书增长知识，扩大知识面，或者阅读报纸了解时事，增强信息交流；

（4）中午 12:30—13:30 进行午睡，补充睡眠，以便有精神准备下午的学习和工作；

（5）下午 14:00 上课；

（6）每天下午 14:30—18:00，若该时间段不用上课时，就到图书馆学习，或者参加活动，又或者去运动；

（7）晚上 19:00—22:30，在宿舍或者图书馆学习，看一些课外书，偶尔和宿舍的人聊天，交流一下思想；

（8）每晚 22:30 后，要进行睡觉，补充体力和精神，为明天的学习和工作作好准备。

2. 付出行动

（1）按照时间表进行作息；

（2）努力学习，勤奋刻苦，坚持每个计划实行；

（3）积极参加班团活动，社团活动和学校的活动；

（4）善于与同学和老师交流，积极主动的做事；

（5）敢于表达自己的想法，勇于尝试新事物；

（6）培养耐心，认真对待每一件事情和工作；

（7）乐观，善于接受别人的批评，改正别人指出的缺点和不足；

（8）多看书和新闻，提高自己的综合素质，增加文学知识，扩大知识面。

（八）规划调整

职业生涯规划是一个动态的过程，必须根据实际情况进行及时的评估与修正。

1. 评估的内容

职业目标评估：假如一直没有达到自己的规划目标，那么应将按实际情况作出改变，或另制订计划和目标。

职业路径评估：当出现就业困难的情况，或者长时间找不到工作的时候，就降低要求，或者尝试其他的职业。

实施策略评估：如果不能把计划坚持下来时，就改变行动策略或找身边的人帮忙，指点。

其他因素评估（身体、家庭、经济状况以及机遇、意外情况的及时评估）：随时了解情况，当问题出现时，作出适当的选择。

2. 规划调整的原则

要按照自己的实际情况，针对出现问题的方面进行调整，避免主观或者没有目的地随意调整原来的计划。必要时，可以咨询身边的朋友或同学，了解一下别人的看法，倾听一下其他人给的意见。

（九）结束语

水无点滴量的积累，难成大江河。人无点滴量的积累，难成大气候。没有兢兢业业的辛苦付出，哪里来甘甜欢畅的成功的喜悦？没有勤勤恳恳的刻苦钻研，哪里来震撼人心的累累硕果？只有付出，才能有收获。未来，掌握在自己手中。

一本书中这样写道：一个不能靠自己的能力改变命运的人，是不幸的，也是可怜的，因为这些人没有把命运掌握在自己的手中，反而成为命运的奴隶。人的一生中究竟有多少个春秋，有多少事是值得回忆和纪念的。而如今，身为大学生的我们，在一天天消磨时光的日子里，不如抓紧时间多学一些知识来充实自己。人的大学时光一生中也许就一次，不把握好，将来自己一定会追悔莫及。人都是有了目标才会有动力的，但是任何目标，只说不做到头来都会是一场空。然而，现实是未知多变的，订出的目标计划随时都可能遭遇问题，要求有清醒的头脑。一个人，若要获得成功，必须拿出勇气，付出努力、拼搏、奋斗。成功，不相信眼泪；未来，要靠自己去打拼！实现目标的历程需要付出艰辛的汗水和不懈的追求，不要因为挫折而畏缩不前，不要因为失败而一蹶不振；要有屡败屡战的精神，要有越挫越勇的气魄；成功最终会属于你的，既然选择了，就要一直走下去。

【知识链接】

怎样进行个人职业生涯规划，用五个问题归零思考：
（1）我是谁？
（2）我想做什么？
（3）我会做什么？
（4）环境支持或允许我做什么？
（5）我的职业与生活规划是什么？

对于第一个问题"我是谁？"回答的要点是：面对自己，真实地写出每一个想到的答案；写完了再想想有没遗漏，认为确实没有了，按重要性进行排序。

对于第二个问题"我想干什么？"可将思绪回溯到孩童时代，从人生初次萌生第一个想干什么的念头开始，然后随年龄的增长，回忆自己真心向往过想干的事，并一一地记录下来，写完后再想想有无遗漏，确实没有了，就以重要性排序。

对于第三个问题"我能干什么？"则把确实证明的能力和自认为还可以开发出来的潜能都一一列出来，认为没有遗漏了，就以重要性排序。

第四个问题"环境支持或允许我干什么？"的回答则要稍做分析：环境，有本单位、本市、本省、本国和其他国家，自小向大，只要认为自己有可能借助的环境，都应在考虑范畴之内；在这些环境中，认真想想自己可能获得什么支持和允许，搞明白后一一写下来，再以重要性排列一下。

第五个问题，明确我的职业与生活规划，可以减少许多焦虑与情绪波动，生活、学习与工作的效率更高，更易获得成就，而且不易受到别人的干扰。

【项目练习】

完成一份属于自己的职业规划书。

模块三　职业素质与职业能力

项目一　职业素质

【本章导读】

认清培养职业素质的重要性，树立正确的职业素质观念，掌握就业心理调适的方法，培育职业素养，提升职业道德。

第一节　职业素质概述

【名言点津】

你与其跟他人斗，不如跟自己斗，想办法提高自己的素质和修养。

——于丹（北京师范大学教授，文化学者）

【案例导入】

刚毕业的护士丽丽在医院的手术室实习。这天她和一个医疗小组参加由医院名医刘主任主刀的腹部手术。手术快结束了，丽丽负责清点所有的手术器械和辅料，她发现用于手术的12块消毒棉球只剩下11块，于是她和刘主任说，"主任，我们总共用了12块消毒棉球，但是现在有一块找不到，我们必须要找到第12块！"刘主任自信地说"我都拿出来，你再别的地方找找，现在开始缝合吧。"丽丽一改平时谦逊的姿态，坚持说："主任，不能缝合，一定要找到第12块棉球后才可以缝合！"刘主任看看表情严肃的丽丽，笑着挪开他的脚，第12块棉球出现了。事后，刘主任高兴地在小组会议上对丽丽的行为提出表扬："你做的非常好，能在关键时刻坚持职业原则，守住职业底线，我要向上面建议提前考虑你的转正问题。"

【分析讨论】

职场中，对业务是精通还是一知半解？是全心全意还是三心二意？是兢兢业业还是敷衍塞责？是坚持真理还是违心迎合？我想大家都会选择前者，就如同案例中，实习生丽丽的行为无疑是正确的，这是职业精神和职业素质的体现。职业精神和职业素质如同职场中的游戏规则一样，严格遵守才是称职的职业人。

古人云："盗亦有道。"无论从事哪一行，都必须培养职业的职业精神和职业道德，医生有医德，因而有"医乃仁术，仁爱救人"的言论，强调"德为医之本，仁乃德之源"；教师有师德，因而有"学高为师、身正为范""师者，所以传道授业解惑"等言论；商人有"商训"，所以讲究"诚实守信、买卖公平、童叟无欺"。职业素质是职场对入场人员的第一道检查，只有在工作中将职业素质外化于行、内化于心，变成一种职业的自觉，才能真正融入职场,找到自己的职业生存、发展和提升的空间。

一、职业素质的概念

关于职业素质的定义比较多,有学者认为,职业素质是劳动者通过接受教育、劳动实践和自我修养等途径形成和发展起来并在职业活动中发挥重要作用的内在基本品质。有学者认为,职业素质这种内在基本品质是形成于生理和心理的条件基础上;有学者认为,职业素质是劳动者在劳动社会活动中需要遵守的行为规范;有学者认为,职业素质是劳动者对社会职业了解与适应能力的一种综合体现,其主要表现在职业兴趣、职业能力、职业个性及职业情况等方面。中国知网(CNKI)这样定义:职业素质是指职业内在的规范和要求,是在职业过程中表现出来的综合品质,包含职业道德、职业技能、职业行为、职业作风和职业意识等方面。

无论哪种表述,都共同认同了两点,一是职业素质是对应职场的,与社会公德、个人道德是有区别的,职业素质应该套上职业的烙印。二是职业素质包含的方面比较多,总的来说是一种特殊的内在品质以及外化出来的特殊的职业行为。如同医生追求严谨科学、医者仁心,教师追求教书育人授业解惑,不同的职业,职业素质有各自不同的侧重点。在校大学生应根据自己的职业生涯规划,有针对性地培养自己的职业素养,以达到提高就业能力的目的,为未来取得职业成功奠定基础。

二、职业素质的特征

职业素质的定义范畴是职业、职场、特定的工作环境和工作背景,因此职业素质的特征主要表现为职业性、稳定性、内在性、整体性和可塑性。

1. 职业性

职业素质的职业性又叫作职业差异性,即不同的职业需要不同的职业素质,不同的职业对职业素质的要求具有较大的差异性。例如,作为国家公务员必须首先具备坚定的政治信仰、政治素质,其次是良好的道德修养和熟练的业务能力;作为教师必须要首先具备高尚的道德情操和远大的理想信念,其次是渊博的学术专业知识;作为工程技术人员必须具备坚实的专业背景、较强的动手能力和不断挑战的创新精神;作为管理人员必须具备高度的事业心和责任感、较强的综合分析能力、强烈的市场和用户观念、良好的决策或者辅助决策的能力等。

2. 稳定性

素质作为高度统一的个体行为,其内在结构是相对稳定的,并且这种稳定的内在结构不仅仅显现在一时一事上,而是体现在个体活动的全部时空中。通俗地讲,素质养成是一个长期的过程,有遗传、环境等相对稳定因素的影响,因此也相应地表现出持续而稳定的行为特征和个性特征。如初入职场一段时期的懵懂青涩,不同性格的人在同一工种上表现出相似行为习惯和职业精神等。

3. 内在性

职业素质虽然是个体身上的一种客观实在,但是看不见摸不着,具有隐蔽性和抽象性,只有通过具体的职业行为方式、工作业绩等显性行为彰显出来。

4. 整体性

同一个体的素质、同一素质的各种成分作为一个高度同一的整体存在于个体身上，相互联系、相互影响，难以分割。比如，如果说某位老师职业素质好，就不仅是说他知识渊博，也包含这位老师的思想政治素质、职业道德素质好。职业素质的整体性还表现在，职业素质中的某一方面的优劣会影响到其整体的形象和评价，职业素质从宽泛的意义上说，可以分为显性素养和隐性素养，显性素养主要是指职业知识与职业技能，隐性素养主要是指从业过程中表现出来的综合品质，比如职业道德、职业理念和职业行为习惯等。哪一方面出现了偏差，都不能说这个人的职业素养好。

5. 可塑性

职业素质会随着职业经历、职业环境的改变而发生改变的，职业素质可以通过后天教育、社会实践等途径进行提高和完善的。随着社会发展对人们不断提出的要求，人们为了更好地适应、满足、促进社会的发展需要，总是不断地提高自己的素质，所以，素质具有发展性。我们会发现，一个优秀的职业人其职业素质是不断提升的，驾驭工作的能力和其创造的工作满意度也是不断增强的，这些都是环境塑造和个人后天的修炼而成。

三、职业素质结构

职业素质是职业人胜任工作的首要要求，因此职业素质结构表现为胜任工作必须具备的素质。美国著名心理学家麦克莱兰于20世纪70年代提出了著名的素质冰山模型，对素质的概念做了非常形象的解释。他认为，一名员工的素质就像一座冰山，呈现在人们视野中的部分往往只有1/8，也就是浮出水面的冰山一角，而在水面以下的7/8是看不到的。我们能见到的1/8是其知识、资质和技能行为；见不到的7/8则是职业意识、职业道德和职业态度。知识、资质和技能行为是较为容易观察和测量的，称为显性素质；职业意识、职业道德和职业态度是难以观察和度量的，称为隐性素质。如果企业中的每个员工都具备了适合自己岗位的这两类素质，将会大大提高企业的核心竞争力；如果员工的显性素质和隐性素质都能够得到足够的培育，那么对员工的素质提升将产生巨大的推动作用，同时对企业未来发展的影响也将更加深远。

美国学者斯潘塞在解读"素质冰山"（见图3-1-1）时表示，"冰山以上部分"包括基本的知识和技能，是外在表现，是容易了解与测量的部分，相对而言也比较容易通过培训来改变和发展。"冰山以下部分"包括社会角色、自我认知、特质和动机，是人内在的、难以测量的部分。它们不太容易通过外界的影响而得到改变，但却对人的行为与表现起着关键性的作用。

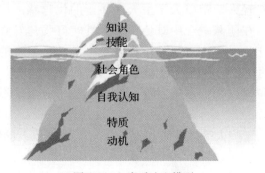

图3-1-1　素质冰山模型

剖析素质冰山，我们可以将其划分为 6 个层面。

（1）知识。个人在某一特定领域拥有的事务性或经验性信息，如对某种产品性能的了解。

（2）技能。个人对某一特定领域所需技术与知识的掌握和运用的能力，如公文写作能力。

（3）社会角色。个人对社会规范的认知和理解而表现出来的基于态度和价值观的行为方式与风格，如积极主动、乐于奉献、自私自利等。

（4）自我认知。个人对自己身份的知觉和评价，如将自己视为决策者、参与者或执行者等。

（5）特质。个人的性格、心理特征对环境与各种信息所表现的一贯反应，如为人亲和、做事坚韧等。

（6）动机。个人在一个特定领域的自然而持续的想法和偏好，它们将驱动，引导和决定一个人的外在行动，如成就导向、影响力等。

四、职业意识

职业素质是胜任工作的全方位素质总和，从职业素质的特征中我们可以看出，职业素养是可以后天熏陶和培养的，如何有效地熏陶和培养，其基础是先树立职业素养的范畴，那就是职业意识。职业意识是人们对职业岗位的认同、评价、情感和态度等心理成分的总和，也是一种职业主人翁精神。职业意识既影响个人的就业和择业方向，又影响整个社会的就业状况。职业意识的核心是爱岗敬业，围绕这个核心可以将职业意识进行细分为规范意识、团队意识、责任意识、奉献意识和创新意识等。

1. 规范意识

规范意识是指从业者按照所在单位成文的规章制度和企业文化所认同的不成文的习惯性规定，自觉地履行岗位职责、规范自身行为的意识。市场经济的发展使现代生产社会化的程度越来越高，分工越来越复杂，也使参加社会化生产的人越来越多。在如此庞大的生产规模下，如果没有严格的纪律约束，就很难对生产进行协调，任何违反纪律的行为都将影响全局，遵纪守法是各用人单位对应聘者的首要要求，从这点上说，规范意识是职业意识的第一重要意识。

2. 团队意识

团队意识是具有集体意识和协调能力的一种综合表现。具有团队意识的成员，会为了一个统一的目标，大家自觉地认同必须负担的责任并愿意为此而共同奉献。其中，个体在被尊重的氛围中，上下齐心、团结合作，为了团队的利益而不断追求卓越。

刚步入工作岗位的年轻人，带着大学生天之骄子的优越感，往往会产生以自我为中心和"唯我独尊"的念头，在团队融合中难免碰壁。其实好强与好胜并不是缺点，但是在当今这样一个分工合作的工作节奏中，工作不再是单打独斗，更多的是协同作战，一个人埋头苦干是很难做出成绩的，我们应该看到集体的合力。

在回访众多用人单位时，我们不难发现，这样三类毕业生是不被用人单位喜欢或者重用的：

（1）缺乏合作精神。这些人恃才放旷、孤芳自赏，鄙视他人的热情，不善于集体协作，不愿意与他人合作。

（2）以自我为中心，傲慢自负。这些人刚愎自用，听不进去别人的意见，以自我为中心，目中无人，强迫他人服从自己的意志。

（3）人际关系紧张。这些人不善于社会交往，对集体活动采取拒绝的态度，感情淡薄，不懂得关心体谅他人。

3. 责任意识

某公司一个员工下班时已经过了晚上10点了，当他走在大街上时，想起工作中有一个地方的数据错了，也许很多员工会选择第二天上班时来修改，但是这位员工选择的是：掉头回公司，修改好了再回家。也许在多数人眼中，这些都是小事，但是这些小事彰显的却是一个人职业素质中强烈的责任意识。

责任心是指自觉履行岗位职责，按照岗位要求认真落实各项工作的意识。责任意识涉及的内容非常丰富，并且与其他职业意识联系非常紧密，是一个人成就事业的基本保证，也是其造福社会的一项基本前提。一个人要在社会工作中立足，就必须具有责任意识。

4. 奉献意识

教师对学生和教学的孜孜不倦，工程师对科研项目的精益求精，人民警察舍弃团圆守护一方平安，这些都是职业素质中奉献精神的集中体现。职业本身就是为协调社会生活、发展社会而存在的，它的本质是从属于社会而不是从属于个人，在人们有限的职业生涯中最重要的是发扬为社会、为他人的奉献精神。未来社会的公民应具有对本职工作的敬业意识和为祖国强大、人民富裕而献身的精神，应将"职业奉献"作为自己的座右铭，把职业当成自己的事业。

5. 创新意识

《礼记·大学》中有言，"苟日新，日日新，又日新。"国家主席习近平同志在与青年代表座谈、全国政协新年茶话会、布鲁日欧洲学院演讲、院士大会等多个场合引用了这句话。它折射出的主要内涵就是创新。职业是社会发展的原动力，我们现在所处的时代比历史上任何一个时代都富有创新活力。创新为职业发展、社会发展注入了新的动力。

【知识链接】

比能力更重要的12种品格

1. 忠诚——忠心者不被解雇

单位可能开除有能力的员工，但对一个忠心耿耿的人，不会有领导愿意让他走，他会成为单位这个铁打硬盘中最长久的战士，而且是最有发展前景的员工。

2. 敬业——每天比老板多做一小时

随着社会进步，人们的知识背景越来越趋同。学历、文凭已不再是公司挑选员工的首要条件。很多公司考察员工的第一条件就是敬业，其次才是专业水平。

3. 自动自发——不要事事等人交代

不要事事等人交代，一个人只要能自动自发地做好一切，哪怕起点比别人低，也会有很大的发展，自发的人永远受老板欢迎。

4. 负责——绝对没有借口，保证完成任务

勇于承担责任的人，对企业有着重要的意义，一个人工作能力可以比别人差，但是一定不能缺乏责任感，凡事推三阻四、找客观原因，而不反思自己，一定会失去上级的信任。

5. 注重效率——算算你的使用成本

高效的工作习惯是每个渴望成功的人所必备的，也是每个单位都非常看重的。

6. 结果导向——咬定功能，不看苦劳

"无论黑猫、白猫，抓得到老鼠就是好猫！"无论苦干、巧干，出成绩的员工才会受到众人的肯定。企业重视的是你有多少"功"，而不是有多少"苦"。

7. 善于沟通——当面开口，当场解决

不好沟通者，即便自己再有才，也只是个人的才干，既不能传承，又无法进步；好沟通者，哪怕很平庸，也可以边干边学，最终实现自己的价值。

8. 合作——团队提前，自我退后

团队提前，自我退后。不管个人能力多强，只要伤害到团队，公司绝不会让你就留。不要认为缺了你一个，团队就无法运转。

9. 积极进取——永远跟上企业的步伐

个人永远要跟上企业的步伐，企业永远要跟上市场的步伐；无论是职场还是市场，无论是个人还是企业，参与者都不希望被淘汰。为此就一定要前进，停就意味着放弃，意味着出局。

10. 低调——才高不必自傲

才高不必自傲，不要以为自己不说、不宣扬，别人就看不到你的功劳。所以别在同事面前炫耀。

11. 节约——别把老板的钱不当钱

节约不是抠门，而是美德。不要把公司的钱不当钱，公司"锅"里有，员工"碗"里才有；同样，"锅"里多，"碗"里也自然就多。而掌勺的，恰恰就是你自己。

12. 感恩——想想是谁成就了今天的你

为什么我们能允许自己的过失，却对他人、对公司有这么多抱怨？再有才华的人，也需要别人给你做事的机会，也需要他人对你或大或小的帮助。你现在的幸福不是你一个人就能成就的。

职业素养的高低，品格的优劣，对人一生的成就高低有重大的影响。"能力决定你所在的位置，品格决定你能在这个位置待多久！"如果我们都能以它为准绳，那么达成个人的理想绝不是空谈，集体的目标也将指日可待。

【项目练习】

油漆工小胡

油漆工小胡干活非常专心认真，时时处处为业主着想。为了能把暖气盖后面的墙也能漆得完好，他把暖气片上的挡板都卸下来，为了防止油漆把暖气片滴脏，他还专门找了塑料薄膜蒙上。他甚至用塑料薄膜和胶带把防盗门也包上，防止防盗门被油漆滴脏等。等业主搬家后，他再主动上门修补。

业主对于小胡这么积极主动表示很感动，同时又有些不理解，因为很多师傅都是三番五次打电话，他们才肯来修补。业主用开玩笑的口吻把我的想法说了出来，小胡笑着说"不是您想的那样，其实我们干活不是给您一个人看的，是给很多人看的，例如我的老板、老板娘、同行，我相信您家对门的邻居的油漆师傅也会进来看看我的活干得怎么样，还有你的那些朋友，也能看到我干的活，我要让我干的活对得起大家。"他笑笑继续说"我刚来北京的时候，人生地不熟，找不到活，只能给远郊的农民家刷刷外墙。后来一个装修队的老板看到了我干的活，很满意，从业主那要了我的手机号码，我才算有了固定工作的地方，工资收入开始有了保障。我们油漆工也是分档次的，如果你的活干得好干得细致，老板就会给你的工资多一些，我觉得工作态度很重要，口碑也很重要。"

案例评析：
（1）小胡在工作中得与失分别有哪些？
（2）小胡的工作为什么越干越好？
（3）在工作中小胡体现了哪些可贵的品质和职业素质？

第二节　职业素质

【名言点津】

今天阿里巴巴的员工，我们要求诚信，学习能力，乐观精神，和拥抱变化的态度！

——马云（阿里巴巴集团主席和首席执行官）

【案例导入】

××公司员工招聘测试

首先非常感谢您来我公司应聘，请用45分钟时间做好以下题目，预祝您顺利！

1. 心理测试（请不要仔细考虑，从直觉出发选择答案，不计分值）

（1）一进电车，对面的异性便开始盯你，为什么？请选择你所想到的答案。（　　）

A. 因为你的衣服有些乱了

B. 对你有意思，想向你搭讪

C. 大概和你曾经在某处见过面

（2）有两个人相约在车站见面，结果有一人迟到了。其中一人开口对另一位说："等了很久了吧！"面对这句话，另一位的反应是什么？请选择你认为最适当的一个答案。（　　）

A. "你总是迟到！"

B. "大概有其他急事吧？"

C. "才等了一会。"

2. 单选题（每小题5分，共80分）

（1）20，12，32，12，44，12，（　　）。
A. 56　　　　B. 48　　　　C. 36　　　　D. 24

（2）3/2，5/4，7/6，9/8，11/10，（　　）。
A 13/12　　　B 12/11　　　C 14/13　　　D 15/14

（3）在一个墓碑上刻着这样的一行字：他的年龄不足一百岁，是4的倍数，比5的倍数少2，比15的倍数少2，比18的倍数少2。那么该死者的年龄是（　　）。
A. 48　　　　B. 63　　　　C. 98　　　　D. 88

（4）科学家认为，全球气候出现了变暖的趋势（　　）。

A. 局面 B. 前景 C. 趋向 D. 苗头

（5）狂风暴雨过后，满目残枝败叶，断垣破壁，一片（ ）景象。

A. 惨淡 B. 凄楚 C. 荒凉 D. 黯淡

（6）下列句子中，加点的成语使用正确的一项是（ ）。

A 有些人对民间剪纸瞧不起，认为这只是下里巴人才做的玩意，没有艺术价值，其实这是一种错误的观念。

B 望着墙上挂着的这幅水墨画，大家对作者赞不绝口："他画虾画得如此出神入化，真是功夫不负有心人啊。"

C 在美国一再对伊拉克发出战争威胁之后，几个邻近伊拉克的阿拉伯国家一时风声鹤唳，表现出强烈的反战情绪。

D 在倡导素质教育的社会背景下，沿用了多年的中学教科书也纷纷改头换面，以全新的面貌出现在广大中学生的手中。

（7）"你工作多久挣的钱，才能够买一个麦当劳'巨无霸'？"要是猛然被这样提问，多数人可能会打个愣，因为不少人通常更习惯另一种算法，即我一个月的工资够买几个"巨无霸"？这两个问题看上去是一回事儿，但在统计学意义上却有着明显的差别。前者是以商品来考察劳动力的价值，后者则是（ ）。

A. 用劳动力来考察商品的价值

B. 用商品的价值来考察劳动力

C. 用收入来衡量购买力的水平

D. 用购买力衡量收入水平

（8）请选出关联词语的使用正确的一项：（ ）。建设北京现代文化新形象，①要留住四合院恭王府，②要设计水泥墙，③要在西式大餐里取些合胃的精华。

A. ①既 ②又 ③也 B. ①既 ②也 ③还

C. ①既 ②也 ③又 D. ①既 ②又 ③还

（9）王先生的QQ签名档最近改成了"庆祝弄璋之喜"，王先生近来的喜事是（ ）。

A. 新婚 B. 搬家 C. 妻子生了个男孩 D. 考试通过

（10）公认为全世界规模最大的网络搜索引擎是（ ）。

A. 百度 B. 谷歌 C. 搜狗 D. 雅虎

（11）下列哪个成语典故与项羽有关（ ）。

A. 隔岸观火 B. 暗度陈仓 C. 背水一战 D. 破釜沉舟

（12）《西游记》中的火焰山是今天的（ ）。

A. 塔里木盆地 B. 柴达木盆地

C. 吐鲁番盆地 D. 准噶尔盆地

（13）微型计算机的运算器、控制器及内存存储器的总称是（ ）。

A. CPU B. ECU C. 主机 D. MPU

（14）空气污染指数的英文缩写是（ ）。

A. API B. CPI C. VPI D. CIP

（15）①庞涓被围在谷内；②庞涓带兵攻打赵国；③魏王命庞涓引兵救驾；④庞涓被杀；⑤魏国被重兵围困。正确顺序是（ ）。

A. ①③②⑤④　　　　　　　　B. ③②⑤①④
C. ⑤③②①④　　　　　　　　D. ②⑤③①④

（16）打问号处应填入（　　　）。

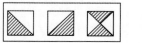 

A. 　B. 　　　C. 　　　D.

3. **逻辑推理题**（每题10分，共20分）

（1）一个公安人员审查一件盗窃案，已知下列事实：
1）甲或乙盗窃了录像机；
2）若甲盗窃了录像机，则作案时间不能发生在午夜前；
3）若乙的证词正确，则午夜时屋里灯光未灭；
4）若乙的证词不正确，则作案的时间发生在午夜前；
5）午夜时屋里的灯光灭了。
试问：盗窃录像机的是甲还是乙？并写出推理过程。（10分）

（2）猪八戒取经归来，取道高老庄，想找高小姐重续旧缘。不想高家庄已经改为东西两栋高楼，并有一个大门，门口坐着两个老人，八戒连忙抢步上前，正要询问高小姐家住哪个楼中，只见其中一人用手一指，八戒才看见两人之前还有一个牌子，上写"两人一个只说谎话，一个只讲真言，几十年来没有变化。并且两个人分别只会回答路人一个问题！切记！切记！"试问八戒如何发问才能问出高小姐住在哪个楼中（假设两人都知道高小姐住在哪个楼中，并且都知道对方习惯）？请写清创作问题的构思过程，并写出问了问题后如何推出高小姐家住哪个楼。（10分）

【分析讨论】

分析：每个用人单位在员工招聘中可能侧重点会略有不同，总体包括职业精神、职业形象、职场沟通、团队协作、专业知识、观察与学习、创意创新、身体素质等方面，这些都可以归纳成员工的职业素养。要想成为一名企业欢迎的员工，应该全面地了解职场中应该具备的素养，扬长处、补短板，提升自己的就业竞争力，入职后方能游刃有余。

职业素质是劳动者适应职场的基本条件。无论是准备入职还是已经入职，都应该时刻反思自己的优势及不足，对照职业素养的具体标准，发现自己的潜力和缺陷。只有深入了解自己已经具备的职业素质，才能有针对性地提高自己的职业素质，从而提高就业和从业的能力，为顺利就业和实现人生价值奠定基础。

一、职业素质测评

了解自己职业素质的方法很多，归纳起来有以下几种。

1. 学校的考试、竞赛

专业知识和技能是职业素质的重要组成部分，这部分主要依靠大学生自学和课堂学习完成，并通过考查、考核、考试等形式进行学习效果的检查和验收。虽然不能完全以单一性的考查、考试、考核等方式给大学生的专业知识学习下定论，但是可以将其作为一项重要的参考依据。此外，大学中还有丰富多彩的课外活动和竞赛，这些不仅可以提高自己的能力，其实也是对自我知识和技能的一项检测。

2. 来自他人的评价

来自他人的评价也是了解自我职业素质的重要渠道，对于大学生而言，他人主要是指自己生活圈、学习圈的人，包括任课教师、辅导员老师、同学、室友、校友、亲友及其他朋友。通过老师的评价、同学的看法、家长亲友的建议、校友的分析等，可以帮助自己全面客观地对自己进行认知剖析，不同的圈子可能给予你不同方面的评价，将多方评价进行综合，就会相对比较客观和全面了。

3. 接受职业指导

目前，高校和社会都普遍重视职业指导和就业指导，也存在提供相关职能的机构，如社会上的人才市场、人才服务中心，高校里的就业指导中心、心理健康教育及咨询中心等，学生完全可以充分利用上述资源，接受专业的职业指导和职业类的教育辅导，在职业成长上少走弯路。

4. 职业素质测评

职业素质测评是指测评主体在较短的时间里，通过采用科学的方法，收集被测评人各方面的表征信息，然后根据一定的评价目标作出量值或者价值判断的过程，或者直接从其所收集的表征信息引发和判断某些素质特征的过程。

职业素质评价起源于西方国家，我国在 20 世纪 80 年代开始引入并兴起。近年来，职业素质测评技术在实践中得到了广泛的运用。目前，职业素质测评运用比较成熟的领域有人才交流、岗位配置、公务员招聘，并正在向产业化方向发展。

目前的职业素质测评主要集中在品德素质和能力素质的评价上，对品德的评价一般采用问卷法，主要工具有卡氏 16 种人格因素量表、艾森克个性问卷、明尼苏达多相个性调查表等。其中，卡氏 16 种人格因素量表在我国广泛使用，被认为有较高的信度和效度。对能力的测验分为技能技巧测验和能力倾向测验。

二、职业素养体系

职业素养，从宽泛的意义上说，表现为显性素养和隐性素养。其中，显性素养指适应岗位需求的专业知识和技能，是一种外在的表象；隐性素养表现为一种适应职业的综合品质，是显性素养的根基。有人也把这两种素养比喻成职业人的硬实力和软实力。往往在应聘者和招聘者两个维度对职业素质的理解出现一种悖论，应聘者更加注重对自我专业知识和职业技能的修炼，而招聘者则表示职业技能可以快速培养，而综合品质的修炼绝非一朝一夕，同时表现成员工在职场中的本能反应，因此更为重要。

（一）显性素养方面

1. 文化知识

用人单位对文化知识的要求主要集中在以下方面。

（1）知识基础广泛。这里所讲的知识主要包括专业知识、科学技术知识和人文社科知识。现代社会对从业者的文化知识要求越来越高，且知识之间的交叉性越来越强，联系越来越紧密,仅仅具备专业知识是不够的,还要具备相适应的科学技术知识和人文社科知识。

(2)知识结构合理。知识结构是一个人知识体系的构成因素和各因素间的联系方式。知识结构是否合理没有固定的标准,也是随着职业的变动、职务的需求不断发生改变,但是想要称为一名优秀的职场人,合理的知识结构是必需的,工作起来才会觉得得心应手,否则就会觉得难以驾驭本职工作。职场人会在工作中不断调整自己的知识结构,也会不断汲取新的所需知识,就是这个道理。

2. 专业技能

专业技能包括基础技能、专门技能和其他相关技能。基础技能也被称为基本技能,如外语书写表达能力、计算机运用能力、普通话表达能力、驾驶能力等;专门技能就是特定岗位或者职业所要求具备的操作能力,例如,导游岗位需要具备旅游鉴赏能力;市场营销岗位需要具备市场调查与分析能力;计算机专业需要具备较强的编程能力,食品专业需要熟悉食品发酵技术等。

为了适应职业多负担的功能需要,每个大学生都应该尽力把自己的专业学好,掌握好所学专业的专业理论知识和实践操作能力,练就一套过硬的专业技能,只有这样,才能在工作岗位上游刃有余。

(二)隐性因素方面

从狭义上说,职业素养更多地就是指隐性因素方面,罗列包括职业道德、职业形象、职业沟通、团队协作、学习管理、创新管理、时间管理和身体素质。

1. 职业道德

职业道德是从事一定职业劳动的人们,在特定的工作和劳动中以其内心信念和特殊社会手段来维系的,以善恶进行评价的心理意识、行为原则和行为规范的综合,是人们在从事职业的过程中形成的一种内在的、非强制性的约束机制。如,医生表现出的"医者父母心"。

(1)品行端正——诚实守信是员工立身职场的基石。诚立身,诚信是人的一种基本品质,是为人处世的基本原则,诚信是一种人生态度,一种做人的基本境界和最高境界,只有坚持诚信原则热员工,才能赢得良好的声誉,才能获得企业的尊重,才能实现事业上的发展。

(2)爱岗敬业——热爱工作是员工职业道德的起点。员工只有深爱一项工作,才有可能全身心地投入,才能甘愿为工作献身。一个公司将敬业精神作为企业发展的动力,一个员工也应该将敬业精神作为保全工作的必要条件。

(3)忠于职守——忠诚负责是员工最基本的职业操守。忠诚是人类最宝贵的品质,在企业选拔淘汰员工时拥有一票否决权。一个职场人如果没有忠诚,背叛自己的团队,别说成就事业,连生存都可能出现问题,这样的员工最终会被企业抛弃,从而断送自己的职业前程。

(4)遵章守纪——遵守纪律是员工走向成熟的标志。没有规矩不成方圆,企业是一个集体,个人要尊重集体、服从大局,只有用纪律、制度、标准来规范每个员工的行为,才能工作有序、方向一致、效率统一。

(5)秉公办事——公私分明以集体利益为重。公正廉洁是人性的道德律,也是工作赋予员工的职责和使命。一个人对待工作的态度问题，是一个人事业心、责任心的表现，当你不能存心尽公，当你不能公正不阿，那么原则就会失衡，就会掉入贪婪腐蚀的陷阱，最终损人害己。

（6）勤俭节约——严禁浪费，保持良好的节约习惯。勤俭节约是中华民族的传统美德，在工作中勤俭节约意味着用最低的成本为企业创造最大的价值。

（7）乐于奉献——奉献是员工职业道德的最高境界。敬业是奉献的基础，乐业是奉献的前提，勤业是奉献的根本。许多事实告诉我们，凡是为集体多做贡献的人，个人的价值也会得到充分的体现。

2. 职业形象

美国著名形象设计师莫利先生曾对美国《财富》杂志排名榜前300名公司的100名CEO进行过调查，97%的人认为懂得并能够展示外表魅力的人，在公司中有更多的升迁机会；100%的人认为如果有关于商务着装的课程，他们会送子女去学习；93%的人会因为申请人首次面试中不合适的穿着而拒绝录用他；92%的人不会选用不懂穿着的人做自己的助手；100%的人认为应该有一本专门讲述职业形象的书供职员们阅读。

不可否认的是，你的服饰、发型、手势、声调、语言等会影响到你在别人心目中的整体印象，这种印象影响你的升迁、影响你的生意、影响你的人际关系，影响你的自尊和幸福感。

对于即将迈入职场的大学生而言，树立良好的形象，掌握基本的社交礼仪，是提高个人品位、增强自身实力的重要方面，大学生在校期间要注重塑造良好的自身形象，学习和掌握职场的基本礼仪，培养职业自信心。

3. 职场沟通

上山懂山性，下水懂水性，与人打交道要懂人性。每个人成长发展的过程就是一个与外界相互沟通的过程。成功学家们研究发现，一个正常人每天花60%～80%的时间在沟通活动上，工作中有70%的错误是由于不善于沟通而引起的。

4. 团队协作

当今社会是一个社会分工极其细致的时代，团队是工作开展的基本单元，大学生应该意识到过分地突出自我和单打独斗已经是过去式，应该意识到没有完美的人，但是有完美的团队，要树立团队意识，学会依靠团队的力量。

5. 学习管理

农业经济时代，只要7岁至14岁接受教育，就足以应付以后40年工作所需；工业经济时代，求学时间延伸至5岁到22岁，在这个信息技术高速发达的知识经济时代，教育已经变成终身制，因此，大学生应该树立终生学习的意识，只有持续不断地学习，才能不断得更新自己的知识，才能与时俱进，胜任本职工作。

6. 创新管理

创新是人类活动和社会发展的不竭动力，创新之源归根结底是人，创新存在于以创新行为主体的智力方面。对于即将迈入职场的大学生，创新能力也是职业素质的重要方面，拥有出色的创新能力，也是个人职业生涯精彩的法宝。

7. 时间管理

人的一生时间是有限的也是宝贵的，提高时间效率就是提高工作效率，因此对于时间的管理体现了一种职业能力。大学生应该在校期间就反思自己的时间管理能力，通过制定计划、执行进度、过程管控等训练自己的时间管理能力，做一个有条不紊、行为高效的人。

8. 身体素质

身体是革命的本钱。工作需要健康的体魄、充沛的精力来支撑，也需要良好的情绪、健康的心态来维护，身体健康是事业发展的基础，拥有良好的身体素质，才有可能拥有事业、金钱、地位、权力、家庭等。大学生应该了解一定的养生知识、加强合理的体育锻炼，在职场中张弛有度、劳逸结合，阔步向前。

【知识链接】

巧用统筹方法提高工作效率

统筹方法是一种安排工作进程的数学方法，它通过打乱、重组、优化等手段改变原本固有的办事格式，从而优化提高办事效率。在我国最早对统筹方法加以推广的人是我国著名的已故数学家华罗庚，他的《统筹方法》一文曾被列入中学教科书，影响十分深远。

在检查小学作业中，就发现这么一道题，即：想泡壶茶喝，最短需用多长时间，当时的情况是：烧开水要15分钟，洗水壶要1分钟，洗茶壶、茶杯要5分钟，拿茶叶泡茶1分钟。准确答案肯定是17分钟，其操作方法是：洗水壶1分钟，烧开水15分钟，在烧开水的时候洗茶壶、茶杯，拿茶叶泡茶1分钟。这实际上就是统筹方法在生活中的最简单运用。

当今社会是高速发展的社会，随着社会分工的越来越细，工作中我们每一个人要应对的事务是越来越多，负荷越来越重，压力越来越大。因此，时常总听见有人抱怨工作太多，成天忙忙碌碌，而且愈忙愈乱，没时间娱乐。但也有这么一些人，他们举重若轻，有条不紊，事半功倍，而且工作娱乐两不误，活得潇潇洒洒，实在叫人羡慕。排除客观条件，相比之下后者其实就是巧妙地运用了统筹方法。

像烧开水一例，如果我们把水壶、茶壶、茶杯都洗好后再烧开水和拿茶叶泡茶，我们则要花费22分钟时间才能喝上茶，整整浪费5分钟。但如果能运用统筹方法，优化工作程序，这5分钟时间就能节约成我们的效率时间。5分钟时间，我们可以看一份文件，可以通一个电话，可以上一趟洗手间，可以哼几首曲子，甚至还有可能抓住某个机遇，等等。如果我们每天都能节约5分钟时间，那么我们一年则可以节约1825分钟时间，倘若我们平均每个人都能活到80岁，则一生可以节约146000分钟时间，也就是整整101个昼夜。而这101个昼夜我们又可以多干多少事呢？

事实上，我们生命中的每一天又岂止5分钟可以优化节约！可见，善用统筹方法，不仅可以提高工作效率，在最短的时间里办更多的事，而且能优化生命，在人短暂的一生中做更多的事。

工作中如何运用统筹方法？首先，就是目标要明确，也就是对自己当日、当月、当季、当年的任务要清楚，不能稀里糊涂。其次，就是要对实现目标过程的各个组成部分之间的关系深入分析，要分清轻重缓急，找准主次。最后，要理清工作思路，科学安排，优化组合，把工序排好排精，然后制定一个切实可行的详细工作计划。

还是以烧开水泡茶喝为例,要喝茶是目标,洗水壶、茶壶、茶杯、烧开水、拿茶叶泡茶都是过程,而在这一过程中,洗水壶是烧开水的前提,洗茶壶、茶杯、烧开水又是拿茶叶泡茶喝的前提,洗水壶、拿茶叶泡茶喝作为两个基本环节都无法节省时间,我们只能在剩下的环节中作文章。在剩下的环节中,烧开水要的时间长,是一个主要过程,这一过程我们只需等待,而在等待的时间里我们则可以洗茶壶、茶杯。

经过以上分析,我们的工作计划就出来了,即:先洗水壶,然后烧开水,在烧开水的时间里我们洗茶壶、茶杯,水开后拿茶叶泡茶喝。这一计划思路清晰明朗,容易操作,节省时间,效率高。最后,就是扎扎实实地执行工作计划。工作计划制定得再好,如果不认真执行,花费的心血就等于瞎子点灯。当然,世上事物并不是一成不变的,我们必须实事求是、解放思想、与时俱进,适时对工作计划加以修改完善。

统筹方法的适用范围极其广泛,在企业管理和基本建设中,以及关系复杂的科研项目和大型建设的组织与管理中,都可以运用。当然,这需要好的工作机制,更需要通力合作。

【项目练习】

(1)制定你下一周的时间安排,并对比计划与执行的完成情况:

待处理的事情	重要而紧急	重要但不紧急	不重要但紧急	不重要也不紧急	完成情况
1					
2					
3					
4					
5					
6					
7					

(2)游戏体验——戴高帽。

目标:学会欣赏别人,增强个人自信心。

游戏准备:

(1)必须说真实的优点;

(2)要诚恳,体验被赞扬、发现别人优点、欣赏别人等感受。

游戏过程:

(1)围圈坐;

(2)请一位成员坐或者站中间,向大家介绍自己的姓名、个性、爱好等;

(3)其他人轮流根据自己对该成员的了解及观察说出其优点及值得欣赏的地方,然后被欣赏者说出哪些是自己以前察觉到的,哪些是没有察觉到的;

(4)请成员谈谈被赞美的感受。

第三节　心理调适

【名言点津】

　　择业是"一种使人焦虑痛苦、剥夺人安全感的自由，一种促使人想要逃避的自由，因为你必须选择，无人能代替你选择，且须由你对选择的结果负责"。

——弗洛姆（美国心理学家）

【案例导入】

就业何其难

　　甲、乙、丙、丁是某高职院校毕业的大学生，离开学校三个月后，甲、乙、丙三位同学碰巧遇到了一起，发现他们的就业之途都很失败。

　　甲在毕业前夕本来有很多打算，想在毕业前考下英语六级，再考个外销员的资格证，然后从事与专业对口的工作。随着毕业的临近，甲的同学都开始有所行动，有的去参加招聘会，有的在网上不停地投简历，看着同学们忙碌的身影，甲突然慌了神，他感觉自己所有的计划都被打乱了，再加上朋友、同学、父母亲戚的热心帮他搜罗了一堆招聘信息，他忽然不知道自己该怎么做了，理想中的职业也随着变得模糊。于是同学去参加招聘会，他也跟着去，同学往哪里投简历，他就跟着投，完全没有自己的主见，恍恍惚惚到了毕业，不仅自己之前计划没有完成，而且也因择业的盲目性，没有找到适合自己的工作。

　　乙是国贸专业的学生，外贸较好，又说得一口流利的英语，毕业前乙为自己定了宏伟的职业蓝图：非外企不进，非知名企业不进，月薪低于5000不予考虑，但是乙离开学校三个月了，她的职业愿望还没有实现。

　　丙毕业三个月了，面试了几次都没有成功，其中有那么一两家企业还是有可取之处的，但是最终都因为月薪没有达到期望而被丙放弃，原因是丙的同学丁的月薪都高于这几家公司，丙说，"我自认不比丁差，为什么我找到的工作月薪比他低？起码我也要找一个和丁的公司待遇差不多的。"

【分析讨论】

　　甲的失败在于他盲目的从众心理，对所求职业认知不足，对自己的分析不全，缺乏自信。乙固然本身条件不错，但是孤傲的心理使得找不到完全符合自己心理条件的企业，丙一味追求比自己同学更好的工作，陷入了一种攀比的心理，也是不可取的。就业是天时地利人和，就业择业中需要进行调适自己的心理，以健康正确的心态对待择业，做出最适合自己的正确选择。

一、就业的心理准备

　　求职择业是人生中的重大转折，为了顺利就业和取得职业生涯的成功，大学毕业生除了要做好知识和能力方面的准备外，还应该调整心态，勇敢接受就业创业的挑战。

1. 正确的认知自己

(1) 认知自我。在社会实践中，对自己的生理、心理、社会活动以及对自己及周边的关系进行认知，包括自我观察、自我体验、自我感知、自我评价。"人贵有自知之明"是自我认知的基本思想，大学生求职切勿好高骛远，要选择与自己年龄、能力、心理成熟相匹配的工作岗位。"则其善之而从之，其不善者而改之"，要谦虚谨慎，不断提升自己。

(2) 自我认知的方法——橱窗分析法。认知自我、了解自我是非常不易之事，所谓"做事难、做人难、了解自己就更难"。心理学家们曾对个人的了解比作橱窗一样，分为公开我、隐私我、潜在我、背脊我。（见图3-1-2）

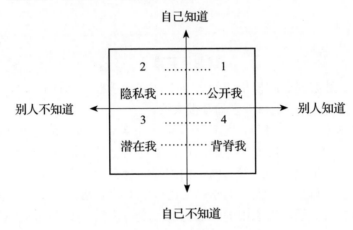

图 3-1-2 橱窗分析法

通过四个橱窗可知，需要加强了解的是橱窗3和橱窗4，橱窗3"潜在我"。根据科学家研究发现，每个人都有巨大的潜能，平时只发挥了极少的一部分，如果一个人能发挥大脑一半的功能，将学会40种语言，背整套百科全书，拿12个博士学位。心理学家奥托表示，一个人一生发挥出来的能力，只占他全部能力的4%。因人都应该有这样的意识，自己的潜能无限。橱窗4"背脊我"如果一个人能诚恳地真心实意征询他人的意见和看法，就不难了解"背脊我"，要做到这一点，需要有开阔的胸襟，有则改之无则加勉，真诚对待别人，别人也会开诚布公，帮助更好地认知自己。

2. 树立正确的就业心理

(1) 做好角色转换。大学里，绝大多数学生都过着一种相对单纯而有保障的生活，随着毕业的临近，大学生的身份也即将发生变化，这就是所谓的角色转换。角色的转换需要大学生抛开幻想，面对自主择业这一社会现实进行角色适应，只有意识到这种角色的转换，才能正确看待自己的身份——我只是千百万求职者大军中的一员，这样才能自觉投身于择业者的行列，去寻找适合自己的位置。

(2) 认识严峻的就业形势。随着高等教育规模的不断扩大和世界经济形势的影响，高校毕业生人数急剧增长，就业形势日益严峻。严峻的就业形势并不是说社会上没有足够的就业岗位，很多时候是就业供需的不匹配，一方面是企业招工难，一方面是大学生就业难，出现一种人才相对过剩的情况。大学生就业不能仅看待遇、就业区域，而应该有更长远、更宏伟的远见和抱负，到祖国需要的地方去建功立业。

(3) 承受就业挫折。求职过程是一个竞争过程，有竞争就有失败。大学生在就业过程中遭受一些挫折是难免的，作为一名新时代的大学生，应该对自己和就业形势有一个清醒的认识，预想可能出现的障碍和挫折，不怕失败，及时总结经验和教训。

（4）克服依赖自主就业。应该摒弃依赖父母的关系、老师的推荐、亲戚朋友的帮助，拒绝求职"等、靠、要"，积极参加社会竞争，树立强烈的主体意识。

二、大学生求职的心理误区

1. 期望过高

由于年龄和阅历的局限，大学生对社会缺乏全面、实际的体会，部分大学生在就业时急功近利，对未来的职业期望过高，不仅希望目标职业符合自己的专业和兴趣爱好，还要求工作稳定、条件优越、环境舒适、收入高、发展空间大，殊不知，在初次就业中，这些都是很难面面俱到的。

2. 过于功利

在择业价值倾向上，许多大学生坚持功利第一、实惠至上，出现舍弃学有所长、能实现自我价值的工作，追求高工资、高享受，为了留在大城市、大单位，放弃了自己的理想价值，宁可做一些与自己专业毫无关系的事务性工作，也不愿意到生产、教学、科研一线，不愿到偏远地区去就业创业。

3. 优柔寡断

在择业过程中，常常有大学生犹豫不决、举棋不定，这山看着那山高。有的大学生明明已经签订了劳动合同，还继续参与其他单位的招聘面试，毁约现象不断，给企业带来不好的印象。但是往往这些"脚踩几条船"的求职者最终又很难选到特别满意的企业。

4. 互相攀比

有的大学生认为自己的成绩比别人突出，能力比别人强，荣誉比别人多，工作理所当然应该比别人好，殊不知企业并不是将此作为评判人才的唯一标准。也有因为其他各种各样的原因导致别人的工作比自己的工作待遇好、工作环境好等其他优良条件，这种攀比只会令自己走进求职的死胡同，在工作中心态失衡，影响自己的职业形象。

5. 盲目从众

盲从心理表现为求职中把别人的就业取向作为自己的参照物，人云亦云，患得患失，不主观分析自己的就业条件和面对的客观现实，跟着感觉走，喜欢寻找热门职业，就业的失败率自然也会高。

6. 茫然失措

有些大学生对求职缺乏足够的准备，没有明确的目标，对社会现在的就业形势不够了解，也不清楚自己的专业可以从事哪些行业。在准备求职材料、收集和筛选就业信息，学习笔试面试技巧方面也不够积极，自然会在就职中出现茫然失措的状况。

7. 消极等待

当代大学生多是独生子女，父母的大包大揽使得他们缺乏独自应对困难的心理承受力，过多的依赖心理使得他们缺乏做事主动性和独立性。这些大学生不是积极主动、千方百计地"推销"自己，而是一味等待，等待父母、亲戚、朋友给自己找路子，这在就业中也是不可取的。

8. 怨天尤人

还有一些大学生在求职中一旦遇到挫折,第一想到的不是总结经验教训,而是抱怨自己运气不好,专业不好,所在学校不好,羡慕别人的好运气,好专业。殊不知:在求职的路上,没有人会主动和你说"请",你必须使劲地敲门,直到有人来给你开门为止。

三、调整就业心理

1. 树立正确的择业就业观

正确的择业就业观有利于根据个人条件、志愿和社会需要实事求是地选择职业,自觉服务社会和人民的需要,在职业岗位中充分发挥自己的才智。择业观不正确,不仅影响就业,而且即使就业,也会挫伤工作热情。

正视职业,调整求职心态。职业是人们在社会中所从事的稳定的、有合法收入的工作,既是人们实现人生价值、为社会做贡献的舞台,也是人们生存、发展的手段。大学生初涉职场选择职业时,职业适合自身并具有累积性是非常重要的,不能急功近利地被职业光鲜的表面所迷惑,也不能被职业暂时的落差所吓住,而是认清职业的本质及未来的发展前景。职业不分贵贱,只要能够实现自身价值的就值得我们去努力,不要轻视平凡、普通、简单的工作。

大学生再优秀,也不可能刚到工作岗位就担任科长、主管等管理岗位,都要从最基础的业务岗位做起,只有熟知业务,才能管理业务。在求职的过程中,还要破除一业定终身、稳定工作到退休的传统就业观念。对职业岗位的挑选要适度,就业期望值不可过高。迟就业不如早就业,不求一步到位,在工作中不断积累知识、能力和经验,在合适的时机选择更为理想的职业岗位。

2. 正视机遇与挑战

大学生毕业人数逐年增加,用人单位要求越来越高,就业结构调整越来越快,岗位更新速度越来越快,这些都给大学生求职增添了不少的难度,可以说大学生就业择业面临的挑战与日俱增。与此同时,我们也应该看到并存的机遇,如我国经济将保持又好又快发展,这对全社会的就业来说是有力拉动;国家经济发展战略将有力促进我国经济持续、健康、协调、稳定发展;社会主义新农村建设,将为高校毕业生就业开辟更广阔的空间;广大高校质量工程实施将进一步提高高校毕业生的就业能力;就业促进法将为高校毕业生就业提供法律保障。

3. 采取多元选择,开辟就业渠道

自改革开放以来,我国的经济建设发生了巨大的变化,产业结构开始出现较大规模的调整,一大批新兴的高科技企业崭露头角。第三产业迅速发展,金融、保险、商业等服务性行业成为人们日常生活中不可缺少的部分。非国有制经济也有了长足发展,三资企业、乡镇企业、私营企业都成为国民经济的重要形式。经济的发展必然带来就业的大量增加,特别是乡镇企业、私营企业对人才的需求量越来越大,这就需要大学毕业生及时调整就业方向,采取多元选择,多方开辟就业渠道。

(1)打破行业界限,寻求就业渠道。目前许多新兴行业不断出现,每个行业都有其自身的特点,如国家公务员、国营企、事业单位,由于工作稳定,待遇、工资有保障,这类职业普遍受到毕业生的欢迎,因而竞争也最为激烈;三资企业收入丰厚,又集中在大、中城市,这样的用人单位也倍受毕业生的青睐,但工作不稳定,流动性大;而以前倍受冷落的职业,如教师这一职业,却随着国家对教育事业投入的不断加大,教师待遇的不断提高而受到毕业生的关注。由于社会的全面发展,对各行各业都提出了更高的要求,需要越来越多高素质的劳动者充实到其中去,如农村最基层的村干部岗位,现在也有毕业生勇敢地挑起这个重担,开创了一番事业。不管从事什么职业,能力和素质始终是最重要的,要有敢于和善于参加竞争的能力和素质,勇于接受任何挑战。只要毕业生具备了竞争意识。通过工作实践,努力增长才干,不管在任何岗位上都能干出一番事业,实现自己的理想。

(2)打破地域界限,寻找就业途径。许多毕业生在选择职业上,不仅有职业的标准、工资待遇上的要求,而且还有地域上的界限,给自己的就业设置了障碍,自然难以就业。有的人希望留在沿海地区、大中城市,但是沿海地区、大中城市,虽然这些地方经济发达、社会繁荣、工作条件优越,但人才密集、住房紧张、交通拥挤,同时竞争也异常激烈而残酷。而一些小城市乃至边远山区,近年来对人才的需求十分强烈,很多当地政府也都制定了很多吸引人才的优惠政策,提供了许多良好的就业条件。大学毕业生在这些地方工作同样能实现自己的人生价值。此外,西部大开发也为当前大学毕业生的发展提供了广阔的舞台,毕业生应把握这一历史性机遇。与其望"就业难"兴叹,不如身体力行,走出去,闯出一片新天地。

(3)自主创业,开辟就业渠道。大学毕业生创业本身就是一项创新型的事业,没有现成经验可以借鉴,一切都有待于自己去摸索。因此,毕业生一定要有打破条条框框、大步向前的勇气,始终以创新的理念来进行自己的创业实践,产生新项目、组成新的创业团队、占领新的市场。当前社会为大学生自主创业提供了有利条件和大好机遇,有这方面优势和志向的大学生应大胆地尝试,勇于在实践中磨炼,成为新的创业者。大学毕业生创业必须有着投身创业的理想和志向,否则,容易被创业中的困难、挫折所吓倒。同时,应积极参加各种实践活动,锻炼意志品质。还要培养创业能力,这是创业成功的必要条件。因此,创业者要不断培养和提高自我综合能力,如学习能力、组织能力、管理能力、协作能力、交际能力、办事能力等,必须在多方面打好扎实的知识基础,通过在创业过程中的竞争增长才能,以求得创业能力的综合性提高。

择业问题体现着大学毕业生个人的价值取向,当前大学毕业生要切实转变就业观念,树立正确的择业观。要把自己的理想和现实紧密结合起来,勇于到能发挥自己一技之长的地方去大显身手。

【知识链接】

职场人怎样做自我心理调适

一、职场人的情绪调适

现代心理学、生理学和医学的研究成果都表明,情绪对人的身心健康具有直接的影响作用。什么是情绪调适,情绪调适是指对有碍于身心健康的消极情绪进行有意识地、适时适度地合理地调适,以使人保持积极愉快的情绪和良好心境,防止和减弱不良情绪给人身心的危害。

以上所说的调适,并非是要压抑各种情绪的反应,对消极情绪的压抑不仅不可能形成情绪的健康，相反，却有可能导致更严重的情绪障碍。为有助于职场人对自我情绪的管理和控制，下面介绍几种比较有效的情绪调适方法。

1. 消极情绪"调适七法"

（1）理智调适法。三个步骤：第一步，必须承认消极情绪的存在。第二步，当承认自己存在某种消极情绪之后，就要分析引起这种消极情绪的原因，弄清楚究竟为什么会有焦虑、忧愁、恐惧和愤怒等的反应。第三步，寻求适当的途径和方法去克服那些危险的东西，或是避开它。

（2）语词暗示法。运用内部语言或书面语言的形式调适情绪的方法。比如，早上起床时可以暗示自己："今天我心情很好！""今天我办事一定很顺利！"或将类似的话写在墙上。如果不断地这样暗示，就会使潜意识接受这些信号。这将对你一天的情绪有很大的影响，使你能够心情愉快、精神饱满地去从事各项工作。有人对你发脾气时，就立即暗示自己："我的忍耐力很强！""我的修养很好！"这样就可以保持心态平衡，维持情绪稳定。经验证明，只要是在松弛平静、排除杂念、专心致志的情况下进行各种自我暗示，往往对情绪好转有明显的作用。值得注意的是，运用此法必须先相信自我暗示的奇妙作用，并在平时反复练习。

（3）活动释放法。借其他活动把紧张情绪所积聚起的能量排遣出来，是使紧张情绪得以松弛、缓和的一种调适方法。例如，遇到挫折和不顺心的事情时，可以进行运动锻炼，直到满头大汗、气喘吁吁，心情也就自然平静下来了，也可以试试看拳击、足球比赛，观看恐怖、惊悚片等。

（4）表情调适法。有意识地改变自己的面部表情和姿态表情以调适情绪的一种方法。第一，加快走路的速度，使忧郁的心情开朗起来。第二，洪亮的声调可以增强自信心。第三，内部微笑技术。你可先使自己的身体处于一个舒适的姿态，然后想象微笑进入了你的面部肌肉，放松、温暖着你的整个面部。让这种微笑进入你的嘴里，轻轻地扬起你的嘴角，让微笑下行，进入左侧心脏、肺部、肝脏、肾、背部和腿，感觉到微笑温暖的放松了你全身的肌肉，感觉到你的整个身体都要体验到爱和感激。最后，在你情绪有所改变时，慢慢睁开眼睛。

（5）音乐调适法。音乐调适法是借助于情绪色彩鲜明的音乐来控制情绪状态的方法。现代医学证明，音乐能调整神经系统的机能，解除肌肉紧张，改善注意力，增强记忆力，消除抑郁、焦虑、紧张等消极情绪。不同风格的音乐会对人产生不同的影响。

（6）幽默调适法。幽默感实际上是一种轻松愉快的生活态度。往往表现为玩笑的方式，具有明显地减低愤怒和不安情绪的作用。一群陌生人相遇，彼此都要很拘谨，这时一句幽默得体的话可以使气氛立即活跃起来；一个窘迫局面的出现，人际关系陡然紧张，言来言去，互不相让，这时若有人取笑一下自己，可以立即缓解大家不安的情绪，甚至借此偃旗息鼓，一笑了之。

（7）颜色调适法。颜色会对人的心理产生各种影响，使人产生某种特殊的情绪体验，现在人们一般认为，红色表示快乐，热情，使人情绪兴奋、热烈、受到鼓舞；黄色表示明朗、快乐，使人兴高采烈，充满喜悦之情；绿色表示和平、友爱，使人情绪安静、温和之感；蓝色给人以凉爽、舒适之感，使人心情开阔、爽朗。例如，运动员临场过分紧张时，可尝试用绿色毛巾擦汗，饮用绿色的饮料，到蓝色环境中休息，可以使过度紧张得到缓解。

2. 缓解压力的"消除十一法"

（1）吹气。深呼吸可以缓和即将爆发出来的情绪反应，你只从鼻子里吸气，慢慢地流经你的肺部，然后到你的肋骨，再慢慢地从鼻子里呼出这些气，而且轻轻地放松，只要几分钟的动作就可以让你情绪焕然一新。

（2）放松肌肉。第一，坐下，闭上眼睛。第二，吸气，约持续吸气6秒钟，尽可能地收紧你的肌肉。第三，发出嘶嘶声地呼出你吸进的气，让身体松弛下来，然后有节奏地呼吸20秒。第四，再重复做两次即可。

（3）浸泡热水。热水澡是最古老的镇静剂，要放松自己，最好浸泡在比自己体温高一些的热水里，温水浴也有同样的帮助。

（4）散步。利用午餐时间让自己的心灵休息一下，独自一个人散步，全神贯注地慢慢地享受午餐。之后可以去散散步，一段10分钟的轻松散步，可以让紧张的情绪得以舒解，效果可以持续到1～2小时。

（5）对自己说话。和自己对话是处理压力的最好方法。这个方法主要是可以让自己有机会去听、发问和思考自己的问题，如此一来，视野才不会变得狭窄。

（6）不要过度恐慌。如果你常说一些"天啊！多么惨啊，让我死吧！"之类的话，你可能就是过度恐慌了。如果有必要，就想象自己身处洪水之中，如此你就能明白，脸上冒出颗痘痘，其实并不是件大不了的事。

（7）打开音乐，随歌而舞。音乐疗法可以帮助人们驱散消极情绪，缓解压力。如焦虑、紧张、烦躁者，可以选择《春江花月夜》《梅花三弄》等幽雅的古典乐曲；而情绪低落、消沉、抑郁者可以选择《喜洋洋》《步步高》等欢快轻松的民曲或钢琴曲。

（8）利用运动。规律性运动可能是解除压力的最实际的方法，做40分钟的运动，可以减少压力长达三个小时，若是相同时间的休息却只有能让你轻松20分钟。同时，愈是紧张，运动之后就愈能感到愉快。

（9）什么都要不做。要一个忙得不可开交的人突然放下所有的事情，的确不容易，但每个人都需要有段空白的时间。现实生活竞争激烈，如果不留些时间给自己，将会使自己显得紧张，烦躁和焦虑不安，相对地也会影响到他人。

（10）这个世界并不完美。我们必须了解，百分之百的完美是不可能达到的，能够达到90%，就已相当成功了，像是完美主义者要求完美，最后只能带给他们对职业生涯的个人生活的烦恼和不满，即使他们奋斗不懈，完美主义者并不见得比其他人更有成就。

（11）请教专家。所有关于压力解除的观念，强调的就是利用一些技巧来平衡过多的压力。所以若不能自己控制压力，不要一个人默默受苦，找医生专家谈谈会有帮助。

二、职场人的意志调适

意志是有意识地支配、调节行为，通过克服困难，实现预定目标的内在心理过程。意志具有引发行为动机的作用，而且比一般动机更具有选择和坚定性。挫折是指个人的意志行为受到无法克服的干扰或阻碍，预定目标不能实现时产生的一种紧张状态和情绪反应，也就是俗话所说的"碰钉子"。如何提高挫折的承受力，归结起来主要有以下5点。

（1）消除不合理信念，树立正确的挫折观。

（2）有效利用应对资源，改善挫折情境。应对资源是指个体应对应激事件时所能调动的一切心理、生理、社会因素总和。

（3）正确归因。正确归因就是要对造成挫折的原因进行实事求是的认识和分析，弄清挫折的原因是外部的，还是内部的，或是内外两种因素相互作用的结果。

（4）调整抱负水平。调整抱负水平是指个体在从事活动之前，对自己所要达到的目标或成就的标准。抱负水平过高或过低都不利于增强个体的自信心和自尊心。

（5）创设一定的挫折情境。个体对挫折的感受的承受力不同，有较多挫折经验的人与一帆风顺的人相比，其挫折承受力和做出适当反应的能力更高。

三、职场人心理调适的途径和方法

1. 做到自我悦纳

（1）接受自己，喜欢自己，不苛求自己，觉得自己独一无二，有高度的自尊和自信，有价值感、自豪感、愉快感和满足感；

（2）性情开朗，对生活乐观，对未来充满憧憬，积极情绪多于消极情绪；

（3）能平静而又理智地看待自己的长处和短处，冷静地对待自己的得与失；

（4）有远大的理想和阶段性的目标，并以此激励自己不断努力；

（5）既不以虚幻的自我补偿内心的空虚，也不以消极回避漠视自己的现实，更不以怨恨、自责甚至厌恶来否定自己。

那么怎样才能做到自我悦纳呢？

（1）进行归因训练。如果将成功归纳于个人努力的结果，不仅可以增强他们的自信心和成就感，而且还可以减轻因不正确的自我评价和过低的成就期望而导致焦虑感。

（2）深入剖析自我的缺点。

（3）努力工作和学习。

（4）树立合适的理想和抱负，并循序渐进，逐步提高，最终达到目标。

（5）良好心态培养。如果以"比上不足，比下有余"的心态，就能有助于做到真正的自我悦纳。

（6）避免完美主义倾向。

2. 建立和谐的人际关系

人际关系是社会关系的一个侧面，其外延很广，一般情况下职场人有人际关系包括朋友关系、夫妻关系、亲子关系、同学关系、师生关系、上下级关系、与客户的关系等等，其社会关系错综复杂。除了要针对各种关系的特点进行处理外，建议您尝试使用以下方法来建立和谐的人际关系：①平等；②相容；③互利；④赞美别人；⑤关爱对方；⑥诚实守信；⑦注意仪表；⑧面带微笑。

3. 心态决定成败

既然改变不了客观世界，那么只能改造主观世界来达到物我和谐。既然压力不可避免，那么就只能通过调适内心状态，以应对和排遣压力，力求做到知足常乐，超脱自在，合理宣泄，合理舍弃。

4. 面对挫折，增强自信

人生在世，谁都会遇到挫折，在遭受挫折的时候，第一，沉着冷静，不慌不怒；第二，增强自信，提高勇气；第三，审时度势，迂回取胜；第四，再接再厉，锲而不舍；第五，移花接木，灵活机动；第六，寻找原因，理清思路；第七，情绪转移，寻求升华；第八，学会宣泄，摆脱压力；第九，必要时求助心理咨询。

5. 改变悲观，培养乐观

德国心理学家皮特劳斯特提出了改变悲观、培养乐观的10条建议。

（1）越担惊受怕，就越易遭灾祸。因此一定要以积极态度面对，要坚信希望，越担惊受怕，就越容易遭灾祸。

（2）即使处境危难，也要寻求积极因素。这样，就不会放弃取得微小胜利的努力，心态越来越乐观，你克服困难的勇气就越来越会倍增。

（3）以幽默的态度来接受现实中的失败，消除随之而来的倒霉念头。

（4）既不要被逆境困扰，也不要幻想出现奇迹，要脚踏实地，坚持不懈，全力以赴去争取胜利。

（5）不管多么严峻的形势向你逼来，你也要去发现有利的条件，你到处都要有一些小的成功，这样，自信心就自然增强了。

（6）不要把悲观作为保护你失望的缓冲器，乐观是希望之花，能赐人以力量。

（7）你失败了，但你要想到，你曾经多次获得成功过。这才是值得庆贺的。

（8）在你闲暇的时候，努力接近乐观的人，观察他们的行为，通过观察，你能培养起乐观的态度，乐观的火种会慢慢地在你内心点燃。

（9）要知道，悲观不是天生的，悲观不但可以减轻，而且还能转化成一种新的乐观态度。

（10）如果乐观态度使你成功了，那么你就应该相信这样的结论，乐观是成功之源。

如果说以上10个建议，你有5个没做到，那么你还是有理由庆贺一番的，因为你已经成功地解决了5个问题。

6. 磨炼坚强的意志

意志是一个人力量的象征，是成就事业的基石。可以从以下几方面着手磨炼自己的意志：①目标由近至远，由低到高；②战胜自己；③用座右铭鼓励鞭策自己；④多读好书；⑤忠于自己的诺言。

【项目练习】

1. 练习成为一个自信的人

（1）不要总想自己的身体缺陷。

（2）你觉得明显的事情，其他人不一定注意得到。

（3）不要过多地指责别人，总爱批评别人是缺乏自信的表现。

（4）多数人不喜欢当听众，你不必用机智幽默的插话来博取别人的好感。

（5）为人坦诚，不要不懂装懂，这不仅不会损害你的形象，反而给人诚实可信的感觉。

（6）要找一个患难相助、荣辱与共的朋友，这样在任何情况下你都要不会感到孤独。

（7）某人不愿理你，不要总觉得自己有错。

（8）要避免处于不利环境，虽然人们会对表示同情，但他们也同时轻视你。

2. 由"学校人"向"职业人"转变的自我认知表

班　级：_____　　　　　姓　名：_____

转换要点	自我评价内容	自我评价情况	转变的方向
责任意识	在班级中我承担的任务是什么？		
	在校期间的各种活动，我参与了多少，表现如何？		
团队意识	我参加过哪些集体活动？		
	我与班级同学相处是否融洽？		
专业能力	我对所学专业了解程度如何		
	我已经掌握了哪些专业基本功？		
道德品质	我是否严格遵守校纪校规？		
	我是否经常为他人着想，并帮助他人？		

第四节　职业道德

【名言点津】

实际上，每一个阶级，甚至每一个行业，都有各自的道德。

——恩格斯

【案例导入】

李素丽，女，北京市公交总公司的21路公共汽车售票员，1962年出生，1987年入党。她自1981年参加工作以来，十几年如一日，在平凡的岗位上，把"全心全意为人民服务"作为自己的座右铭，真诚热情地为乘客服务，被誉为"老人的拐杖，盲人的眼睛，外地人的向导，病人的护士，群众的贴心人"。1996年被全国妇联授予"全国'三八'红旗手"称号。在公交售票员这个平凡的岗位上，李素丽根据乘客的不同需求，给他们最需要的帮助：老幼病残孕，怕摔怕磕怕碰，李素丽搀上扶下；"上班族"急着按时上班，李素丽尽量让他们上车；外地乘客容易上错车或者坐过站，李素丽及时提醒他们；中小学生天性活泼，李素丽提醒他们车上维护公共秩序，车下注意交通安全。李素丽售票台的抽屉里，总放着一个小棉垫，那是她为抱小孩的乘客准备的，有时候车上人多，一时找不到位子，李素丽就拿出小棉垫垫在售票台上，让孩子坐在上面……多年来，李素丽用自己日复一日的劳动给人们带来了真诚的笑脸、热情的话语、周到的服务、细致的关怀，被人们誉为"盲人的眼睛、病人的护士、乘客的贴心人、老百姓的亲闺女"。

吴斌，男，杭州长运客运二公司的客车司机。2012年5月29日中午，他驾驶的A19115大型客车从无锡返回杭州，车上载有24位乘客。11时40分左右，车行驶至锡宜高速宜兴方向阳山路段，一块大贴片突然从天而降，击碎挡风玻璃后，砸向吴斌的腹部和手臂。监控画面记录下了当时突发的一幕，时间共1分16秒：被击中的一瞬间，吴斌本能地用右手捂了一下腹部，看上去很痛苦，但是他没有紧急刹车或者猛打方向盘，而是强忍痛苦让车缓缓减速,稳稳停下车,打起双闪灯,拉好手刹,最后他解开安全带挣扎着站起来,打开车门,疏散旅客,还回头对受到惊吓的乘客说"别乱跑,注意安全"。做完这一切,吴斌瘫坐在座位上……

【分析讨论】

道德是我们行走在人间的正路。道德赋上职业的含义后,体现的是一定职业中人们的工作态度价值观念。简单地说就是忠于职业的社会角色,完成职业内涵的社会价值,展示职业本身的社会意义。李素丽看似平凡的举动,背后包含了坚持的感动、职业的真谛。吴斌身受重伤仍有意识地规范驾驶,是一种令人钦佩的职业价值诠释。

一、品行端正——诚实守信是员工立身职场的基石

1. 诚信是职业观的基础

诚实是最原始最古老的道德要求之一,也是在职业道德养成中,人们比较重视的基本品质。诚信品格历来被人们重视,一个人缺失了诚信力量的强大支持,就会在这个社会上寸步难行。巴尔扎克曾说"我们应该遵守诺言就像保卫你的荣誉一样"。

有人说"人品是员工的第一学历",这句话不无道理。随着高等教育的普及,学历已经不再是衡量人才的唯一标准,但是"做人先立品"却是硬道理,纵观各个行业的成功人士,诚实守信是他们的共同点。虽然一个人做到诚实守信不一定能够成功,但是不诚实守信一定不会成功。

2. 善良正直是员工的精神脊梁

古人云:"政者,正也。"又云:"若安天下,必先正其身。"善良正直应该是人的基本生活态度。一个被认为善良正直的人,会获得更多的理解、庇佑和同情,会由内而外散发无穷的人格魅力。善良正直的品格是支撑我们人格的精神骨架。善良正直的人,最终会赢得人们普遍的尊敬,也会给自己的职场人脉、事业进阶增添力量。

3. 爱护自己的名誉

俗话说:"雁过留声,人过留名。"名誉是一张无形的名片,是为人处世的真实写照。爱护自己名誉的人,一定不会打破原则;爱护自己名誉的人,一定洁身自好。在职场中,人品、个人名誉也是个人职业人脉、职业成长的重要辅助力量,拥有良好的人品,身边的朋友就会比较多,得到的工作上的认可和协助就会比较多。

4. 守住你的道德底线良心

三国志上说:"勿以善小而不为,勿以恶小而为之。"一个凭良心做事的人一定是品行端正的人。守住良心的底线,就会知道哪些应该做,哪些不应该做,哪些绝对不能做。职业道德不同于法律规定,遵守不一定得到褒奖,不遵守也不一定得到惩罚,因此更多地靠"自觉",而"自觉"来自"良心",这是一种平凡的品格,也是一种高尚的品格,在职场中,"良心"也是每个员工的"本分"。

二、爱岗敬业——热爱工作是员工职业道德的起点

1. 以主人翁精神对待自己的工作

企业和员工一体同脉,企业的兴衰成败密切关系到个人的职业成功和人生幸福。因此

劳动既是为企业，更是为自己。有主人翁精神的人，职业生涯的成功就有了最基本的保障；没有主人翁精神的人，职业生涯的发展就缺少了根基。因此，我们要打破大锅饭的传统思维，以主人翁的意识，改变为别人工作的心理，改变只对赚钱的工作有兴趣、工作完成就好等打工者的心态。

2. 干一行爱一行

干一行爱一行既是职业素质的要求，也是人生的信条。试想一个人不爱自己的工作，又怎么能做好自己的工作呢，怎么可能成为行业专家、高技能高素质的现代员工呢？干一行爱一行要求员工不能对工作有挑剔的心理，不能有好高骛远、骄傲自满的心理。

3. 工作勤勉踏实

付出多少，才能回报多少。有时候工作上回报可能没有想象中的那么及时，也可能不是想象中那种方式，但是有因必有果，有果必有因，你在工作中尽职尽责，才能离你想要的成功更近一点。"业精于勤荒于嬉"，如果在职场中能放下架子、虚心求教、比别人多勤奋一点，日积月累，总有一天我们会比别人拥有更大的成功。

4. 主动工作，别把问题留给他人

积极的工作需要热情和行动，需要一种积极主动、自动自发的精神。一个员工只按照上司的吩咐去做事，来换取薪水是不行的。在工作中，越积极主动，越能得到周围人的认可，对自己的前景越有帮助。

5. 寻找岗位乐趣

不管从事什么工作，懂得将工作当成一种享受的员工，工作起来更加有激情，他们会积极主动去工作，并在工作中找到实现自己理想的乐趣。从另一方面来说，能将工作当成一种享受而不是劳役的员工，更懂得充满激情地工作。好比爬山过程虽然辛苦，如果懂得找寻和欣赏沿途的美景，那么爬山的苦也都将变成快乐。

三、忠于职守——忠诚负责是员工最基本的职业操守

1. 服从是最大的忠诚

军人以服从命令为天职，对于员工来讲，尽管所负担的职责不同，工作岗位各异，但服从的意识是一样的。没有规矩不成方圆。在企业中，规章制度是企业强大凝聚力的重要保障，员工有义务遵守并内化成自觉行为，服从上级安排，明确岗位的责任和使命。

2. 尽职尽责

忠诚的人才是优秀的人才，把工作当事业，充分享受工作带来的乐趣和荣誉。忠诚于企业，就会支持企业的立场，为企业着想，为企业的目标而努力，早晚你会成为企业中最优秀的一员。

3. 勇于担当，危难时刻与企业共渡难关

企业和员工是一个共生体，企业利益与员工利益是高度统一的，他们一荣俱荣、一损俱损，员工只有始终把企业的命运和自己的命运紧密联系在一起，才能形成无坚不摧的团队，才能实现企业和员工的共同发展，达到一个又一个的既定目标。员工应该树立这样的意识，我们不是企业的过客，而是企业的一员，只有肩负和企业同命的职责，与企业一起成长，才能在工作中赢得企业的赏识和重用，从而成就自己的事业。

4. 抵制诱惑，保守企业的秘密

为企业保密是身为员工的基本行为准则，员工背叛自己的公司，其实就是背叛自己。保守企业的秘密很多时候表现为能抵制住来自外界的诱惑，诱惑是一个陷阱，也是一种考验。

四、遵章守纪——遵守纪律是员工走向成熟的标志

1. 一切行动听指挥

不服从上司的工作安排，后果只能是付出惨痛的代价。要想在职场上立住脚，必须要视服从为天职，做到令行禁止。

2. 强的执行力

执行是一门教你学会如何完成任务的学问，执行体现在职场上就是把上层的决策和上级的吩咐不打折扣地付诸实践。强的执行力表现在，不要把某件事不会做当成拒绝的借口；不要把没时间当成借口；不要想当然；不要忘记领导的安排；不要和他人攀比；不要把责任推给别人；不怠懒拖延。

五、秉公办事——公私分明以集体利益为重

1. 把公司利益摆在第一位

秉公办事的基础是分清楚公利和私利。自古以来，廉洁清正的人流芳百世，公私不分的人遭人唾弃。工作中一定要遵纪守法，顾全大局，正确处理集体利益和个人利益的关系，秉公办事才能公利和私利双赢。有的员工目光短浅，为了眼前的个人利益牺牲公共利益，最终会付出沉痛的代价。

2 上班不做私事，办事不走"后门"

上班时间是公司聘用你为企业创造产值或者价值的时间，不能在上班时间做和工作无关的个人事情，在上班时间做私事，是不够敬业的表现，不仅影响上班的工作效率，也会给同事和领导留下不好的印象。

按照规矩办事是加强廉政建设和廉洁自律的重要环节，它要求员工在具体的工作中，能认真落实企业和上级的各项制度要求，始终以单位利益为重，凡事出于公心，坚持原则，按制度办事，有理有节有据，不走"后门"，自觉维护社会主义市场经济公平公正的竞争体制。

3. 洁身自爱

古人云："天下之福，莫大于无欲；天下之祸，莫大于不知足。"人在社会中，千万不要有非分之想，更不能想着损害别人来换取自己的利益，人贵在廉洁自爱，工作中，我们要时刻规范自己的行为，按章办事、按规办事，自觉抵制自身的贪婪欲望。

六、勤俭节约——严禁浪费保持良好的节约习惯

勤俭节约是中华民族的传统美德，在工作中勤俭节约意味着用最低的成本为企业创造最大的价值，这是人性的闪光点，也应该带入工作中。

1. 发扬艰苦朴素的优良作风

艰苦奋斗是我党的优良作风和政治本色，也是中华民族宝贵的品质，也是我们个人齐

家修身的法宝。虽然我们现在的社会物质条件优越,生活越来越好,但是艰苦朴素的作风不能丢,不能骄奢淫逸,不能挥霍浪费。工作中,也要想着怎么样用最少的资源办最大的事情,小至节约企业的一滴水、一度电,大至企业大型设备的规范操作和维修保养,争取让有限的资金和资源发挥最大的效用和价值。

2. 不讲排场不比阔气

当今社会,由虚荣心造成的攀比心理似乎变成了一种"通病",其实这是非常不健康的。攀比会带来妒忌、焦虑、沮丧、恐惧等危险人格,这些都严重影响工作效率和工作中的人际关系。我们应该保持一份宁静和清醒,不要丧失自我,正确评估自己的能力,培养自己刻苦耐劳、务实求实的品德。

七、乐于奉献——奉献是员工职业道德的最高境界

1. 用感恩的心去对待工作

感恩是一种处世哲学,是员工道德建设中的大智慧。人生在世,不应该遭遇一点磨难就怨天尤人,种种失败和无奈都需要我们勇敢面对,只有对生活充满感恩,才能跌倒了爬起来,重新打造我们美好的生活。

工作的好与坏,也是心态释然。怀抱感恩之心工作,不仅工作愉悦,得到的帮助和认可也会越来越多,良性循环,工作也会更加出色。怀抱感恩之心,才能珍惜岗位,爱岗敬业,勤勤恳恳做事,踏踏实实做人,才能免去浮躁,去掉私心。

2. 我为人人,团队和谐融洽

生活在这个世界上,个人不是独立的,而是互动的。很多工作的成果并不是自己单独享用,通过一定的手段转化和流通,成果进行分享,于是工作产生价值,个人工作的幸福感也通过这种分享不断提升,团队也更加和谐融洽。

【知识链接】

品德是职场最高的学历证书

有一个关于辞职的小故事,很经典,在网上流传很久了。很多人看过,但不一定就真正懂得,要不然怎么还有那么多人一份份地换着工作,一份份的不满意!

A对B说:"我要离开这个公司。我恨这个公司!"B建议道:"我举双手赞成你报复!!破公司一定要给它点颜色看看。不过你现在离开,还不是最好的时机。"A问:"为什么?"B说:"如果你现在走,公司的损失并不大。你应该趁着在公司的机会,拼命去为自己拉一些客户,成为公司独当一面的人物,然后带着这些客户突然离开公司,公司才会受到重大损失,非常被动。"A觉得B说的非常在理。于是努力工作,事遂所愿,通过半年多的努力工作后,他有了许多的忠实客户。再见面时B问A:"现在是时机了,要跳赶快行动哦!"A淡然笑道:"老总跟我长谈过,准备升我做总经理助理,我暂时没有离开的打算了。"其实这也正是B的初衷。一个人的工作,只有付出大于得到,让老板真正看到你的能力大于位置,才会给你更多的机会替他创造更多利润。

职业道德虽然不是品德的全部,但一样能代表一个人的思想。人品是一个人一生最高的学位证,而品德是人格的灵魂。所以,人品的修养比学位更重要,更有价值,更具魅力。

好人品与好人才对一个人的事业成功，对一个人是否为社会所用，都有着至关重要的作用，聪明、才学、才干失去良好品德的驾驭，就会变成一只猛兽；聪明、才学、才干一旦被缺乏道德的人所拥有，不仅产生不出智慧，而且会转化成罪恶。冰毒制造犯刘招华的化学天才就连大学教授都认可，但他缺乏道德，研制的冰毒如同猛兽吞噬着人的生命。美国罗斯福说过："有学问而无品德，如一恶汉；有道德而无学问，如一鄙夫。"古人云："德者才之王，才者德之奴。"可见，人品何等重要。人品是其他东西无法替代的，金钱、地位、权力、学历、学位、才学、才干都无法弥补一个人人品的缺陷。

一个人无论他多富有、多大权力、多少学位、多高学问，如果在他的人品中找不到诚实与正直，那么他就永远不可能成为一个真正的成功者。当人民提到他的名字时即使有羡慕之心，也不会有敬佩之情。所以一个人不仅要培养自己的才智，更要修好自己的品德，两者都是极其重要的，缺一不可，既要有学问，更要有人品。

当今社会，是诚信、和谐的社会，人品特别能体现人的价值，试想，在一个企业里，有人天天想挖公司的墙角，这个人能要吗？在一个机关里，有人天天搞小动作，破坏团结，这人能用吗？在一个集体里，有人当面一套，背后一套，这人能相信吗？试想，一个非常有能力的人的人品出了问题，不是能力越大而反作用越大吗？一个单位无论管理制度多么严谨，一旦任用了品德有瑕疵的人，就像组织中的深水炸弹，随时可能引爆。可见，人品是多么的重要！

从一定意义上讲，智慧是德与才的统一，人才是德才兼备、对社会贡献较大的有智慧之人。因此，人生可以没有学位，但不可以没有学问，更不可以没有人品！人品是最高的学位！德与才的统一才是真正的人才！

比尔·盖茨说："人们常问我怎样才算是个好经理，极少问另一个同样重要的问题——怎样才算是一个好雇员？以下是我心目中的最佳雇员所应具备的十大品德。"

（1）你对你公司或小组的产品一定要抱有寻根问底的好奇心。

（2）在与顾客进行座谈讨论如何使用产品时，你必须真诚关切地投入会谈中，你必须抱有热情。

（3）一旦了解顾客的需要后，你要以不断思索作自娱，力求寻找出产品符合客户需要的方法。

（4）雇员须致力于长远目标。

（5）你虽具有远见卓识，但仍须具备专业知识和技术。

（6）你必须灵活利用可带给你灵感的机会。如需要在地区之间或部门之间调换你的工作，你都应坦然面对。

（7）好雇员应了解做生意的经济学原理。公司为何这样运作？有必要明白一个举措成功或失败的原因。

（8）你必须留意竞争者。我们的竞争有哪些策略棋高一招？我们可从中学些什么？如何才能避免重犯他们的那种错误？

（9）你必须用脑。要分析问题，要明了各种潜在交易所给予的提示。

（10）不要忽略明显的基本条件，诸如诚实忠厚和勤奋工作。

【项目练习】

1. 职业道德自测表

序号	内容	不同意	有点同意/有点不同意	同意
1	不拿公司的财物,即使是一支笔,一个信封			
2	在规定的休息时间之后,会立刻返回工作场所			
3	看到别人违反规定,会想办法让其反省,并告知相关部门			
4	凡与职务有关的事情,会注意保密			
5	不到下班时间,不会擅自离开工作岗位			
6	不会采取有损公司名誉的行为,即使这种行为并不违反规定			
7	自己有对本公司有利的意见或方法,都会提出来,不管自己是否能得到相应的报酬			
8	不泄露对竞争者有利的信息			
9	注意自己和同事们的身心健康			
10	能接受更繁重的任务和更大的责任			
11	在工作以外,不做有损公司名誉的事情			
12	在促进商业利益的团体和场合中,会更显得积极主动			
13	为了完成工作,在工作时间外,会主动加班加点			
14	为了保证工作绩效,会做到劳逸结合			
15	会利用业余时间研究与工作有关的信息			
16	保证本人的家庭成员也采取有利于本公司的行动			

评分标准:
(1) 有4个以上不同意的,职业道德和敬业程度低下;
(2) 有2～3个不同意的,职业道德和敬业程度中等;
(3) 有1个不同意的,职业道德和敬业程度上等;
(4) 没有不同意的,职业道德和敬业程度卓越。

2. 材料分析

你无法把香蕉皮骂进垃圾桶

大学阶梯教室里,一场演讲会即将开始。主讲人是蜚声海内外的知名教授,海报两天前就贴出去了,反应异常热烈,学生们纷纷想要一睹教授的风采。离开讲还有十分钟,学生们纷纷进入会场,他们在跨进会场的一瞬,发现脚下有一块香蕉皮,在抬腿避开时,都不忘埋怨两句:是谁这么缺德?一点公共意识都没有!组织者是怎么搞的?现在的人,什么素质?大家叽里咕噜抱怨着跨过那块香蕉皮,坐到自己的位置上,静等着教授的光临。

几分钟后,教授准时到达,他也发现地上的香蕉皮,扶扶眼镜上前仔细端详。教室里顿时静了下来,大家都伸长脖子,看教授的一举一动。教授看清楚脚下是一块香蕉皮,勃然大怒,指着它大声说道:"你怎么可以待在这个地方呢?你应该是在垃圾桶里睡觉!怎么这么没有公德心、没有环保意识,要是有人踩到你摔伤怎么办?你太不像话了!"愤怒让他的眼镜在鼻梁上跳动着，让人一下子想起被小事激怒的唐老鸭，听众席上顿时传来一阵阵笑声。教授没理会，继续愤怒，对着香蕉皮继续发火。

听众席上，有学生不耐烦了，大声说：算了吧！教授，别费力气了，你不可能把香蕉皮骂进垃圾桶的！教授听了，突然，转过头来笑了，并伸手把香蕉皮捡起来，放进讲台旁的垃圾桶里，用纸巾擦擦手说："刚才那位同学说什么？能再说说吗？"教室顿时静了下来，没人说话。

教授说："我听见了，你不能把香蕉皮骂进垃圾桶的！这就是我今天晚上演讲的题目！"这时，墙上的大屏幕上开始播放同学们刚才入场时的镜头，同学们千姿百态地跨越香蕉皮和版本各异的埋怨声清晰地传了出来。大家最初哄笑着，慢慢变得鸦雀无声。教授说："这是我特意安排的一个环节，我想给大家讲的道理，其实你们已明白并喊了出来。"

"但对你们来说，明白道理是一回事，而用道理指导自己的行为，却又是另外一回事！我相信，在座的几百名同学，没有一个人不懂得香蕉皮是骂不进垃圾桶的，但大家缺乏动一动手，以举手之劳去改变现状的行为。这就如同许多人感觉社会冷漠，而又吝于付出一个笑脸；埋怨环境污染，却又不愿意捡一片垃圾；咒骂腐败和贪污，遇事却本能地想去托关系走后门；感叹道德水平下降，却又不愿意身体力行地去做任何一件善事……几乎所有的人都在埋怨和咒骂。几乎所有人都不愿意身体力行去做事。责任永远在别人身上，而自己永远都是受害者！这些做法与心态，无限放大了消极面，而使人看见的都是绝望。"

"事实上，并非如我们所想的那样，社会的每一分进步，都是需要人们用行动去构建，如果我不乱扔垃圾，这个世界就少了一个污染源；如果我再将身边的垃圾清理掉，世界就干净了一分；如果我的行为感化并带动了一个人，那么世界上又多了一份干净的原因。地球上有五十多亿人，这不是一个望不到边的数字，因而，我们应该为自己的五十亿分之一，抱有信心。记住，垃圾不会被骂进垃圾桶，你得行动！从现在开始！"教授的演讲结束了，会场里响起声音宏大但情绪极其复杂的掌声。

任务：请结合本则故事，分小组讨论，谈一谈对职业道德落实行动的启示。

项目二　职业能力

【本章导读】

　　掌握职业能力的内涵，在生活中、工作中能够解决实际问题；熟悉沟通能力的必要性，学会有效沟通；了解团队合作能力的重要性，培养团队精神，提升团队合作能力；会创新能力培养方法，认识并有意识激发自己的创新能力。

第一节　职业能力概述

【名言点津】

　　每个孩子都有好奇心，好奇心驱使孩子们干这干那，努力在尝试中发现自己的长处和能力。

　　　　　　　　　　　　　　　　　　　　　　　　　　　　　　——叶圣陶

　　多数人都拥有自己不了解的能力和机会，都有可能做到未曾梦想的事情。

　　　　　　　　　　　　　　　　　　　　　　　　　　　　　——戴尔·卡耐基

【案例导入】

　　20世纪初期，美国最大的福特公司的一台电机出现故障，很多人花了两三个月都修不好。在束手无策的情况下，有人向公司推荐了当时已经移居美国的德国专家斯坦门茨。斯坦门茨在电机旁边仔细观察，又计算了两天后，就用粉笔在电机的外壳上画了一条线，说："打开电机，在记号处把里面的线圈减少16圈。"人们半信半疑地照他的话去做，结果毛病果真出在这里。电机修好后，有关人员问他要多少酬金，他说："一万美元！"啊？一万美元！那人还以为自己听错了呢！于是，便要求斯坦门茨列一张账单说明费用的支出。斯坦门茨写道："用粉笔画一条线1美元，知道在哪里画这条线9999美元。"账单送到了公司老板那里，老板看了后连连点头，很快照付了一万美元，并用重金聘用了他。

【分析讨论】

　　（1）公司付一万美金你认为值吗？为什么？
　　（2）这则故事告诉我们一个什么道理？

一、职业能力的概念

　　职业能力是人们从事其职业的多种能力的综合。例如：一位教师只具有语言表达能力是不够的，还必须具有对教学的组织和管理能力，对教材的理解和使用能力，对教学问题和教学效果的分析、判断能力等。并且对学生进行有效积极的教育。这才是一个老师的职业能力。如果说职业兴趣或许能决定一个人的择业方向，以及在该方面所乐于付出努力的程度，那么职业能力则能说明一个人在既定的职业方面是否能够胜任，也能说明一个人在该职业中取得成功的可能性。

二、职业能力的构成

由于职业能力是多种能力的综合，因此，我们可以把职业能力分为一般职业能力、专业能力和综合能力。

1. 一般职业能力

一般职业能力主要是指一般的学习能力、文字和语言运用能力、数学运用能力、空间判断能力、形体知觉能力、颜色分辨能力、手的灵巧度和手眼协调能力等。此外，任何职业岗位的工作都需要与人打交道，因此，人际交往能力、团队协作能力、对环境的适应能力，以及遇到挫折时良好的心理承受能力都是我们在职业活动中不可缺少的能力。

2. 专业能力

专业能力主要是指从事某一职业的专业能力。在求职过程中，招聘方最关注的就是求职者是否具备胜任岗位工作的专业能力。例如：你去应聘教学工作岗位，对方最看重的是你是否具备最基本的教学能力。

3. 职业综合能力

这里主要介绍国际上普遍注重培养的"关键能力"，主要包括下述四方面。

（1）跨职业的专业能力。从以下三方面可以体现出一个人跨职业的专业能力：一是运用数学和测量方法的能力；二是计算机应用能力；三是运用外语解决技术问题和进行交流的能力。

（2）方法能力。一是信息收集和筛选能力；二是掌握制定工作计划、独立决策和实施的能力；三是具备准确的自我评价能力和接受他人评价的承受力，并能够从成败经历中有效地吸取经验教训。

（3）社会能力。社会能力主要是指一个人的团队协作能力、人际交往和善于沟通的能力。在工作中能够协同他人共同完成工作，对他人公正宽容，具有准确裁定事物的判断力和自律能力等，这是岗位胜任和在工作中开拓进取的重要条件。

（4）个人能力。随着中国经济体制改革的深入、法制的不断健全完善，人的社会责任心和诚信将越来越被重视，假冒伪劣将越来越无藏身之地，一个人的职业道德会越来越受到全社会的尊重和赞赏，爱岗敬业、工作负责、注重细节的职业人格会得到全社会的肯定和推崇。

三、职业能力与职业的关系

职业能力是一种综合能力，关系到从业人员的职业选择和职业发展，因此，职业能力与职业密切相关。

1. 一定的职业能力是胜任某种职业岗位的必要条件

任何一个职业岗位都有相应的岗位职责要求，一定的职业能力则是胜任某种职业岗位的必要条件。因此,求职者在进行择业时,首先要明确自己的能力优势以及胜任某种工作的可能性。条件允许的情况下,可以由专业职业指导人员帮助分析,根据求职者的学历状况、职业资格、职业实践等来确定求职者的职业能力,必要时可以通过心理测试作为参考,在基本确定求职者的职业能力和发展的可能性的基础上帮助求职者进行职业选择。

2. 职业实践和教育培训是职业能力发展的前提

(1) 职业实践促进职业能力的发展:职业能力是在实践的基础上得到发展和提高的,一个人长期从事某一专业劳动,能促使人的能力向高度专业化发展。例如,计算机文字录入人员,随着工作的熟练和经验的积累,录入的速度会越来越快,准确性也会越来越高。个体的职业能力只有在实际工作中才能不断得到发展、提高和强化。

(2) 教育培训促进教育能力的提高:个体职业能力的提高除了在实践中磨炼和提高之外,另外最有效的途径就是接受教育和培训。像我们所熟悉的职业教育、专科教育、大学本科教育、研究生教育等,学生通过对有关知识和技能的掌握,对以后更好地胜任本职工作会有极大的帮助。

(3) 职业能力、职业发展与职业创造间的关系:职业能力是人的发展和创造的基础。能力是成功地完成某种任务或胜任工作的必不可少的基本因素,没有能力或能力低下,就难以达到工作岗位的要求,不能胜任。个体的职业能力越强,各种能力越是综合发展,就越能促进人在职业活动中的创造和发展,就越能取得较好的工作绩效和业绩,越能给个人带来职业成就感。

【知识链接】

自我管理能力

自我管理能力是指受教育者依靠主观能动性按照社会目标,有意识、有目的地对自己的思想、行为进行转化控制的能力。自我管理的内容包括自我时间管理、自我计划管理、自我情绪管理、自我学习管理、自我金钱管理。

(1) 了解自己:要进行自我测试,知道自己,评估自己,不要失落了自己。

(2) 观照自己:学会关照自己,进行自我完善。

(3) 自我完善。

自我管理:管理他人之前,必须先懂得管理自己。如果我们能够为人师表,那么我们已经在使周围人走上正轨的路上踏出第一步。因此,应学会由内而外的管理,意即由自身而外界。

帮助他人管理:没有人是个孤立者,我们与别人工作、生活在一起。他们是我们的一部分,正如同我们也是他们的一部分。在考虑管理时,我们必须投入大部分心力,在如何以各种不同方式自我管理时,将会如何影响这些重要的人。

【项目练习】

发现问题

小明今天上课迟到了。昨天爸爸去外地出差,妈妈又在医院值夜班,小明怕今早起不来,昨晚设定好闹钟时间。早上5点闹钟就响了,小明醒来一看,时间还早,就又睡下了,可是这一觉睡过了头。他从床上爬起来,急急忙忙从冰箱里取出速冻水饺放进锅里煮,却发现水饺冻成一团,怎么都分不开了。 接着小明背上书包,赶紧开门,却怎么也旋不开防盗门上那个开锁的旋钮。好不容易走出家门,小明匆匆忙忙骑上自行车,发现轮胎是瘪的!最后只好上了一辆公交车,发现IC卡刷卡机罢工了,小明没带零钱,这下只能走到学校去了。

分组讨论:
(1)小明遇到了一些什么问题?问题产生的原因是什么?有没有解决办法?
(2)确定一个时间段(一天、一周、一月),回顾一下,自己遇到过一些什么问题?问题产生的原因是什么?有没有解决的办法?

第二节 有效沟通

【名言点津】

一个人的成功,约有15%取决于知识和技能,85%取决于沟通!

——戴尔·卡耐基

企业管理过去是沟通,现在是沟通,未来还是沟通。

——松下幸之助

【案例导入】

因"距离"产生的矛盾

某公司项目部员工张三在整理市场部提交的资料时,发现一些不明白的地方,正打算去市场部向王五询问。恰巧此时,王五过来找项目总监办事。张三就随口叫住王五说:"王五,你过来一下,我有些问题要问你……"王五一听,急了:"是你有问题要问我,那就自己到办公室去问我,你又不是领导凭什么让我过去!"张三听到王五这么回答自然也火了:"是你提供的信息资料有问题,我才找你,不让你过来让谁过来?"两人都坚持己见,还为此在办公室吵了起来,惊扰了公司领导和重要客户的会谈。这场争执不仅影响了其他员工的工作,还严重损坏了公司在客户心中的形象。

【分析讨论】

(1)对于案例中出现的问题,谈谈你的观点。
(2)聊一聊你曾经因为语言表达方式或者语气而产生的误会和矛盾,并说一说最后怎么解决的。

一、沟通能力

一般来说,沟通能力指沟通者所具备的能胜任沟通工作的优良主观条件。简言之,人际沟通的能力指一个人与他人有效地进行沟通信息的能力,包括外在技巧和内在动因。其中,恰如其分和沟通效益是人们判断沟通能力的基本尺度。恰如其分,指沟通行为符合沟通情境和彼此相互关系的标准或期望;沟通效益,则指沟通活动在功能上达到了预期的目标，或者满足了沟通者的需要。

表面上来看，沟通能力似乎就是一种能说会道的能力，实际上它包罗了一个从穿衣打扮到言谈举止等一切行为的能力；一个具有良好沟通能力的人，他可以将自己所拥有的专业知识及专业能力进行充分的发挥，并能给对方留下"我最棒""我能行"的深刻印象。

二、沟通能力必要性

人是社会的动物，社会是人与人相互作用的产物。马克思指出："人是一切社会关系的总和……一个人的发展取决于和他直接或间接进行交往的其他一切人的发展。"因此，沟通能力是一个人生存与发展的必备能力，也是决定一个人成功的必要条件。

（1）职业工作各行各业需要沟通能力，无论是会计、社会工作者、工程师，还是医生、护士、教师、推销员，沟通的技能非常重要。

（2）社会活动需要沟通能力。人们在生活中每时每刻都离不开实践活动，总不免要与他人沟通。但是，沟通本身也不是非常容易的事。沟通能力较差的人，要向他人表达一个意思，始终说不清楚；要为他人办一件好事，但有可能弄巧成拙；本来想与他人解除原有的隔阂，但可能弄得更僵。所以说，现实的实践活动需要有一定的沟通能力。

（3）沟通也是个人身心健康的保证。与家人沟通，能使你享受天伦之乐；与恋人沟通，能使你品尝到爱情的甘甜；在孤独时，沟通会使你得到安慰；在忧愁时，沟通会使你得到快乐。英国著名文学家、哲学家培根有句名言：如果把快乐告诉朋友，你将获得两个快乐；如果你把忧愁向朋友倾吐，你将被分担一半忧愁。

三、有效沟通的概念

所谓有效沟通，就是传递和交流的信息可靠性和准确性高的信息或思想的传递或交换的过程。它表明了组织对内外噪音的抵抗能力，因而和组织的智能是连在一起的。沟通的有效性越明显，说明组织智能越高。

有效沟通是组织管理活动中最重要的组成部分。领导与沟通密不可分，有效的沟通意味着良好的管理，成功的领导则要通过有效的沟通来实现，领导者与被领导者之间的有效沟通是领导艺术的精髓。著名管理学大师彼得·德鲁克就明确把有效沟通作为管理的一项基本职能，无论是决策前的调研与论证，还是计划的制定、工作的组织、人事的管理、部门间的协调、与外界的交流都离不开沟通。无数事实证明，优秀的组织必然存在着有效的沟通。

四、有效沟通的内涵

达成有效沟通须具备两个必要条件：第一，信息发送者清晰地表达信息的内涵，以便信息接收者能确切理解；第二，信息发送者重视信息接收者的反应并根据其反应及时修正信息的传递，免除不必要的误解，两者缺一不可。有效沟通主要指组织内人员的沟通，尤其是管理者与被管理者之间的沟通。

有效沟通能否成立关键在于信息的有效性，信息的有效程度决定了沟通的有效程度。信息的有效程度又主要取决于以下两方面。

（1）信息的透明程度。当一则信息应该作为公共信息时就不应该导致信息的不对称性，信息必须是公开的。公开的信息并不意味着简单的信息传递,而要确保信息接收者能理解信息的内涵。如果以一种模棱两可、含糊不清的文字语言传递一种不清晰的、难以使人理解的信息,对于信息接收者而言没有任何意义。另一方面,信息接收者也有权获得与自身利益相关的信息内涵。否则有可能导致信息接收者对信息发送者的行为动机产生怀疑。

(2)信息的反馈程度。有效沟通是一种动态的双向行为,而双向的沟通对信息发送者来说应得到充分的反馈。只有沟通的主、客体双方都充分表达了对某一问题的看法,才真正具备有效沟通的意义。

五、如何进行有效沟通

在团队里,要进行有效沟通,必须明确目标。对于团队领导来说,目标管理是进行有效沟通的一种解决办法。在目标管理中,团队领导和团队成员讨论目标、计划、对象、问题和解决方案。由于整个团队都着眼于完成目标,这就使沟通有了一个共同的基础,彼此能够更好地了解对方。团队领导也能理解其观点,下属对上司的要求也会有进一步的了解,沟通的结果自然得以改善。如果绩效评估也采用类似办法的话,同样也能改善沟通。

在团队中身为领导者,善于利用各种机会进行沟通,甚至创造出更多的沟通途径,与成员充分交流等并不是一件难事。难的是创造一种让团队成员在需要时可以无话不谈的环境。

对于个体成员来说,要进行有效沟通,可以从以下几方面着手。

(1)必须知道说什么,就是要明确沟通的目的。如果目的不明确,就意味着你自己也不知道说什么,自然也不可能让别人明白,自然也就达不到沟通的目的。

(2)必须知道什么时候说,就是要掌握好沟通的时间。在沟通对象正大汗淋漓地忙于工作时,你要求他与你商量下次聚会的事情,显然不合时宜。所以,要想很好地达到沟通效果,必须掌握好沟通的时间,把握好沟通的火候。

(3)必须知道对谁说,就是要明确沟通的对象。虽然你说得很好,但你选错了对象,自然也达不到沟通的目的。

(4)必须知道怎么说,就是要掌握沟通的方法。你知道应该向谁说、说什么,也知道该什么时候说,但你不知道怎么说,仍然难以达到沟通的效果。沟通是要用对方听得懂的语言——包括文字、语调及肢体语言,而你要学的就是透过对这些沟通语言的观察来有效地使用它们进行沟通。

六、有效沟通对企业管理的重要性

1. 准确理解公司决策,提高工作效率,化解管理矛盾

公司决策需要一个有效的沟通过程才能施行,沟通的过程就是对决策的理解传达的过程。决策表达得准确、清晰、简洁是进行有效沟通的前提,而对决策的正确理解是实施有效沟通的目的。在决策下达时,决策者要和执行者进行必要的沟通,以对决策达成共识,使执行者准确无误的按照决策执行,避免因为对决策的曲解而造成的执行失误。准确的信息沟通无疑会提高我们的工作效率,使我们舍弃一些不必要的工作,以最简洁、最直接的方式取得理想的工作效果。

2. 从表象问题过渡到实质问题的手段

企业管理讲求实效,只有从问题的实际出发,实事求是才能解决问题。而在沟通中获

得的信息是最及时、最前沿、最实际、最能够反映当前工作情况的。在企业的经营管理中出现的各种各样的问题，如果单纯从事物的表面现象来解决问题，不深入了解情况，接触问题本质，会给企业带来灾难性的损失。个人与个人之间、个人与群体之间、群体与群体之间开展积极、公开的沟通，从多角度看待一个问题，那么在管理中就能统筹兼顾，未雨绸缪。在许多问题还未发生时，管理者就从表象上看到、听到、感觉到，经过研究分析，把一些不利于企业稳定的因素扼杀掉。企业是在不断解决经营问题中前进的，企业问题的解决是通过企业中有效的沟通实现的。

3. 激励职工，形成健康、积极的企业文化

人具有自然属性和社会属性，在实际的社会生活中，在满足其生理需求时还要满足其精神需求。每个人都希望得到别人的尊重、社会的认可和自我价值的实现。一个优秀的管理者，就要通过有效的沟通影响甚至改变职员对工作的态度、对生活的态度。把那些视工作为负担，对工作三心二意的员工转变得能够对工作非常投入，在工作中积极主动，表现出超群的自发性、创造性。在有效沟通中，企业管理者要对职工按不同的情况划分为不同的群体，从而采取不同的沟通方式。如按年龄阶段划分为年轻职工和老职工，对年轻的资历比较浅的职工采取鼓励认可的沟通方式，在一定情况下让他们独立承担重要工作，并与他们经常在工作生活方面沟通，对其工作成绩认可鼓励，激发他们的创造性和工作热情，为企业贡献更大的力量。对于资历深的老同志，企业管理者应重视尊重他们，发挥他们的经验优势，与他们经常接触，相互交流，给予适当的培训，以调动其工作积极性。

【知识链接】

学会沟通，做一个高情商的协作者

著名组织管理学家巴纳德说："沟通是一个把组织的成员联系在一起，以实现共同目标的手段。"沟通是人际互动的桥梁，要想成功合作，就离不开有效的沟通。1995年，美国哈佛大学心理学家丹尼戈尔提出了"情商"（EQ）的概念，认为"情商"是个体的重要的生存能力，是一种发掘情感潜能、运用情感能力影响生活各个层面和人生未来的关键的品质因素。在职场上，一个高效率的团队往往也是一个高情商的团队，而高情商的形成在很大程度上依赖于有效的沟通与交流。情商包含五要素：

1. 能认识自己的情绪

正确认识自己的情绪，并在生活中正确的利用它。个人不论在什么情况下，应该能够冷静地对自己的性情、脾气、情绪、心理状态等有较为实际、客观、适中的评价和反思，并在一种较为自然的情况下以自嘲式的幽默感表现出来。

2. 管理自己的情绪

不要成为情绪的奴隶，既不会因沮丧或焦虑而意志消沉，也不会因愤怒而丧失理智。管理自己情绪的核心是在工作、学习、生活的高压下，个人情绪突然爆发时，能够很快地镇静下来，迅速调整心态，及早恢复正常状态，把握住自己。

3. 自我激励

自我激励、对工作保持持续的热情，是情商的一个重要组成部分。优秀的领导者不仅要能激励他人进取，还要善于自我激励。

4. 能认识他人的情绪

识别他人情绪是一种能够通过语言或非语言交流，比较客观地了解对方内在、情感的一种能力。

5. 社会交往能力

社会交往能力，一种能够迅速建立人与人之间友谊、友情、信任关系的能力。

善于沟通，精于交流，很容易在企业经营中建立广泛的关系网络和社会关系。

【项目练习】

撕纸与沟通

撕纸与沟通看似毫无关系的两件事被设计在一起，主要是为了根据这个游戏向大家展示沟通与否以及沟通是否到位将对结果产生极其大的影响。

参加人数：所有人。

游戏道具：A4纸。

游戏规则：教师将A4纸发给每一个人，然后，大家闭上眼睛，并且不许说话，这时教师告诉大家对纸张进行"折"或"撕"的处理。比如，教师先说：大家把纸从中间对折，然后再对折，撕掉一个角，最后，再展开一边，然后再次撕掉一个角……直到教师认为可以结束为止，让所有学员睁开眼睛，展开自己手中的纸，比一比和旁边的学员有什么不同之处。

游戏讨论：

（1）你认为自己最后的纸张和别人的是否不一样？如果不一样，你认为原因在哪里？

（2）你认为只是服从命令，而不询问和沟通是否对最终的结果有影响？影响之大是否能决定项目的成败？

总结：

（1）双向反馈渠道即沟通，受到严厉的阻碍将直接影响结果的成功完成。

（2）沟通必须建立在一个十分明确的目标框架之内才能有效进行。比如我们改变这则培训游戏的规则，我们允许学员和教师进行沟通对话，但却始终不交代撕纸的最后成型即任务目标，我想学员也无法实现目标要求——因为没有目标。因此上级领导，不仅要时刻与下属沟通，而且还必须能清晰描述任务目标。所以有时对部下的批评责怪难免牵强，因为很有可能是因为任务描述不清造成的。撕纸游戏也告诉了我们不仅要学习沟通的方法和技巧，还要学习沟通的基本能力。

第三节 团队精神

【名言点津】

一名伟大的球星最突出的能力就是让周围的队友变得更好。

——迈克尔·乔丹

一滴水浮不起纸片，大海上能航行轮船和军舰；一棵孤树不顶用，一片树林挡狂风。这就是团队精神重要性力量的直观表现，这也是我所理解的团队精神，也是团队精神重要之所在。一滴水只有放进大海里才永远不会干涸,一个人只有当他把自己和集体事业融合在一起的时候才能最有力量。

——雷锋

【案例导入】

　　一个外企招聘白领职员,吸引了不少人前去应聘。应聘者中有本科生,也有研究生,他们头脑聪明、博学多才,是同龄人中的佼佼者。聪明的董事长知道,这些学生有渊博的知识作后盾,书本上的知识是难不倒他们的。于是,公司人事部就策划了一个别开生面的招聘会。招聘开始了,董事长让前六名应聘者一起进来,然后发了15元钱,让他们去街上吃饭。并且要求,必须保证每个人都要吃到饭,不能有一个人挨饿。六个人从公司里出来,来到大街拐角处的一家餐厅。他们上前询问就餐情况,服务员告诉他们,虽然这儿米饭、面条的价格不高,但是每份最低也得3元。他们一合计,照这样的价格,六个人一共需要18元,可是现在手里只有15元,无法保证每人一份。于是,他们垂头丧气地出了餐厅。回到公司,董事长问明情况后摇了摇头,说:"真的对不起,你们虽然都很有学问,但是都不适合在这个公司工作。"其中一人不服气地问道:"15元钱怎么能保证六个人全都吃上饭?"董事长笑了笑说:"我已经去过那家餐厅了,如果五个或五个以上的人去吃饭,餐厅就会免费加送一份。而你们是六个人,如果一起去吃的话,可以得到一份免费的午餐,可是你们每个人只想到自己,从没有想到凝聚起来,成为一个团队。这只能说明一个问题,你们都是以自我为中心、没有一点团队合作精神的人。而缺少团队合作精神的公司,又有什么发展前途呢?"听闻此话,六名大学生顿时哑口无言。

【分析讨论】

　　(1) 团队合作有哪些重要性?
　　(2) 高效出色的团队具有什么样的特点?

一、团队合作能力概念

　　团队合作指的是一群有能力、有信念的人在特定的团队中,为了一个共同的目标相互支持合作奋斗的过程。它可以调动团队成员的所有资源和才智,并且会自动地驱除所有不和谐、不公正现象,同时会给予那些诚心、大公无私的奉献者适当的回报。如果团队合作是出于自觉自愿时,它必将会产生一股强大而且持久的力量。

　　所谓团队合作能力,指的就是进行团队合作的能力。在我国,从古到今都非常重视团队合作。三国时期,曹操手下的张辽与乐进虽然素有矛盾,但面对孙权十万兵力的攻击能互补互助,共进共退,最终大破敌军。古语中的"势单力薄""联络诸侯""一箭易折,五箭难摧"都是歌颂团队合作能力的。

　　在实践中,人们应当把从事的任何一项完整的工作看作是一个整体。任何一项完整的工作都有确定的目标和任务,如果把它机械地加以分割,就会破坏工作内部的有机联系。因此,我们在处理问题、进行工作决策时,要立足整体、纵览全局,努力寻求实现整体功能和效益的最佳方案。而到了现代社会,企业则越来越强调员工的团队合作能力,且把团队合作能力放在了比专业知识更重要的位置上。现代社会把团队合作能力也被囊括到了职业素养的内容当中，在对员工职业能力的培训中加入了大量的团队合作能力培养的内容。

二、提升团队意识

要提高团队合作能力，必须有清晰的团队意识。团队强调的是协同工作，所以团队的工作气氛很重要，它直接影响团队的合作能力。没有完美的个人，只有无敌的团队，团队中的个人能力取长补短，相互协作，即能造就出一个好的团队，所以才有"三个臭皮匠赛过诸葛亮"之说。在一个团队中，每个成员都有自己的优点和缺点，作为团队的一员，应该主动去寻找团队成员的优点和积极品质，如果团队的每位成员，都主动去寻找其他成员的积极品质，那么团队的协作就会变得很顺畅，工作效率就会提高。团队精神最高境界"不抛弃，不放弃"。

高效出色的团队具有以下特点：

（1）清晰的目标。高效的团队对要达到的目标有清楚的理解，并坚信这一目标包含重大的意义和价值。而且，这种目标的重要性还激励着团队成员把个人目标升华为群体目标。在有效的团队中，成员愿意为团队目标做出承诺，清楚地知道希望他们做什么工作，以及他们怎样共同工作并实现目标。

（2）相互的信任。成员间相互信任是有效团队的显著特征，也就是说，每个成员对其他人的品行和能力都确信不疑。

（3）相关的技能。高效的团队是由一群有能力的成员组成的。他们具备实现目标所必需的技术和能力，而且相互之间有良好合作的个人品质，从而能出色完成任务。后者尤为重要，但却常常被人们忽视。有精湛技术能力的人并不一定就有处理群体内关系的高超技巧，而高效团队的成员则往往兼而有之。

（4）一致的承诺。高效的团队成员对团队表现出高度的忠诚和承诺，为了能使群体获得成功，他们愿意去做任何事情，我们把这种忠诚和奉献称为承诺一致。对成功团队的研究表明，团队成员对他们的群体具有认同感，他们把自己属于该群体的身份看作是自我的一个重要方面。因此，承诺一致的特征表现为对群体目标的奉献精神，愿意为实现这一目标而调动和发挥自己的最大潜能。

（5）良好的沟通。毋庸置疑，这是高效团队一个必不可少的特点。群体成员通过畅通的渠道交流信息，包括各种言语和非言语交流，此外，管理层与团队成员之间健康的信息反馈也是良好沟通的重要特征，它有助于管理者指导团队成员的行动，消除误解。就像一对已经共同生活多年、感情深厚的夫妇那样，高效团队中的成员能迅速而准确地了解彼此的想法和情感。

（6）谈判技能。以个体为基础进行工作设计时，员工的角色有工作说明、工作纪律、工作程序及其他一些正式或非正式文件明确规定。但对高效的团队来说，其成员角色具有灵活多变性，总在不断进行调整。这就需要成员具备充分的谈判技能。由于团队中的问题和关系时常变换，成员必须能面对和应付这种情况。

（7）恰当的领导。有效的领导者能够让团队跟随自己共同度过最艰难的时期，因为他能为团队指明前途所在，他们向成员阐明变革的可能性，鼓舞团队成员的自信心，帮助他们更充分地了解自己的潜力。

（8）短小精悍。团队的规模不宜过大，应短小精悍，其规模一般不超过10人。

（9）行动统一。团队成员必须平等地分担工作任务，并就各自的工作内容取得一致。此外，团队需要在如何制定工作进度、如何发挥工作技能、如何解决矛盾冲突，以及如何做出整改决策等方面达成共识。

（10）反应迅速。团队应该着眼于未来，视变更为发展的契机，把握机遇，伺机而动。

三、培养团队合作能力

1. 团队合作的重要性

团队合作是一种为达到既定目标所显现出来的自愿合作和协同努力的精神。它可以调动团队成员的所有资源和才智。哈佛大学教授豪尔·加德纳1996年出版的《MT——开启多元智能新世纪》就提出：人的智力可以分为8种，其中一种就是"人际智力"。所谓人际智力就是了解他人、与人相处的能力。其特表现为，能交际和与人相处；能觉察别人的意图；容易有朋友；遇到问题时能够找别人帮忙；会教别人做事；喜欢群体活动等。毫无疑问，人的这项智力，在现代社会越来越受到重视。改革开放的社会，互网时代的社会，地球已经变成一个小小的"村"，怎么还能允许有人天马行空，独来独往呢？"单丝不成线，独木不成林"，一个人，只有当他具备了良好的"人际智力"，有了良好的人际关系时，才更容易获得成功。这是因为良好的人际关系可以获得更多的帮助。现代心理学和社会学的研究已经证实，人际关系具有四大功能：产生合力——人心齐，泰山移；形成互补——即使是天才也不可能是通才，也要互补；联络感情——感情是干好工作的纽带；交流信息——有了更多的信息，就等于掌握了成功的先机。

2. 团队合作精神

简单来说，团队合作精神就是大局意识、协作精神和服务精神的集中体现。团队精神的基础是尊重个人的兴趣和成就，核心是协同合作，最高境界是全体成员的向心力、凝聚力，它反映的是个体利益和整体利益的统一，进而保证组织的高效率运转。团队合作精神的形成并不要求团队成员牺牲自我，舍弃个性，恰恰相反，是要张扬个性，把个性张扬所形成的各有特色的个人能力，整合成协同结构，从而产生超高局部总和的整体能力。这与中国传统文化所追求的"和而不同"的境界有异曲同工之处——尊重个性，但始终围绕着一个固定的目标；区别对待，但注重配置的合理性，最大程度地发挥团队的团队成员共同完成目标任务的保证就在于才能互补，发每个人的特长，并注重流程，使之产生协同效应。

张扬个性、展现特长保证了成员们共同完成目标任务，而明确的协作精神则是产生真正内心动力的保证。可以说，团队精神的核心就是协同精神，它是开放、能力主义以及能力互补三种观念的总和。开放精神就是无宗派性、地域性，只要是有特别能力的人才，就无成见地随时加以选择并安排在适宜的位置上；能力主义是指选择人是以他的适用的实际能力为主，而不是用小圈子中的人，或用高文凭、有苦劳等"标准"选择人员；能力互补就是所选择的团队每个人各有专长，而且互相不雷同、重复，使每个人的长处足以弥补其他成员的短处。

团队合作精神的最高境界是全体成员的向心力、凝聚力，它们来自于团队成员自觉的内心动力，来自于共识的价值观。我们很难想象在没有展示自我机会的集团里能形成真正的向心力；同样我们也很难想象，在没有明了的协作意愿和协作方式下能形成真正的凝聚力。不同的文化，对于群体内聚力或动力的形成，在方式上都有偏重。从最典型的东西方两种文化类型来看,西方文化更倚重于群体内部人的利益获得的合作关系和共同对抗外部威胁的需要。而东方文化更倚重于群体中人们的相互关爱、同舟共济的凝聚作用。

3. 影响团队合作的因素

一切实践活动的展开,都要受到各种因素的制约,团队合作也不例外。总的来说,它主要受到以下几个因素的影响。

(1) 团队的组成。团队合作的目的是达到既定目标,团队合作的前提是自愿合作。这个"自愿"往往并不只是几个早已相熟的人或组织因为利益的驱使,互相找到而想要联盟形成团队合作。通常是会有一个带头人,他一方面以联系人的身份去组织这个团队;另一方面又充当领导者的角色促成团队合作。当然这里有一个前提:这些看似不相干或是不相熟的组织与个人之间都会有利益契合点,或是存在目标重合,这样的动力才能使他们形成合作。这也就解释了为什么有一些存在分歧甚至相互憎恨和指责的团体能够结成团队。

(2) 团队的沟通。对于一个有着复杂子系统的团队来说,如果没有一个有效的沟通机制,那么它必将走向分裂。当一个人做事的时候,思想与行动是一致的;当两个人共事时,由于每个人对同一件事情的看法是有差别的,若没有有效的沟通来平衡或消除这个差别,就会导致团队行为不协调,使得本来应该合成的二力被分解了,两个人做事的效果反而小于一个人。如果把这个效应扩大到一个团队,这种合作所带来的负面影响更大了。故团队应该根据自身的特点设计一套适合自己的沟通制度。

(3) 团队的冲突。冲突是引起沟通的一种重要方式,然而在中国独特的历史文化背景下,冲突在中国团队中的含义是极其偏见与狭隘的。中国文化强调团队和谐,历史的思维惯性使"冲突"这个促进沟通、提高团队效率的重要方式,在中国团队中常常被忽略甚至摒弃。管理学家认为,冲突可以分为两种,即良性冲突和恶性冲突。区分的标志就是看其对团队的绩效是否有正面影响。我们所倡导的团队冲突即指良性冲突。正确地引导团队产生良性冲突,无论对团队建设,还是团队目标的实现,都有着积极意义。

(4) 团队精神文化。团队精神文化主要包括:团队价值观、团队道德和团队作风三大部分。团队价值观是团队对自己的定位,需要在团队内部得到团队成员的普遍认同。团队的价值观并不是团队一开始组成就能够明确确定的,是它运行一段时间后,通过整合团队成立的初衷、团队发展的愿景、团队所处的环境、团队成员的特点而形成的正式的、不会轻易被改动的团队导向标。团队道德是团队基于对社会、对人生的理解做出的评判事物的伦理准则。一个有良好道德的团队会受到社会的尊重,创造出一个有利于成员自身发展的生存环境。团队领导者的道德取向通常会影响一个团队的道德观,要想让团队拥有一个正向的道德观,培养团队成员强烈的使命感,需要领导者树立榜样。

4. 团队合作的培养方法与策略

"团队合作"的实现,需要团队各方面相互协作,相互促进。而要实现此目标,是可以依循一定的方法与策略的。

(1) 企业文化对团队合作的影响。企业文化是企业在长期生产经营过程中形成的管理思想、群体意识和行为规范,优秀的企业文化是企业宝贵的、潜在的无形资产和财富。企业文化在企业内部建立了一种良好的文化结构,形成了良好的企业文化氛围强大的"文化力",为企业发展提供了强大的精神动力、智力支持、思想保证和良好的经营环境,企业文化是凝聚全体员工的重要力量。一个团队要有高的绩效,首先应该是一个融合力强、目标具有一致性的集体。

当今时代是一个知识经济的时代,也是市场经济的时代,越来越要求团队具有较高的合作能力。作为一名员工,要想取得成绩,只发挥以一当十的干劲还不够,还必须提高自己的团队合作能力,使整个团队发挥功效。一个人靠一种精神力量生存和发展,因为他的理念决定他的生存状态,企业亦是如此,无数人的个人精神融汇成一种共同的团队精神,这是企业兴旺的开始。当员工和企业是事业共同体的时候,员工与企业为了共同事业、共同爱好走到一起,成了为共同的事业而工作的团队,没有民族之分,可遇不可求,是企业与员工比较理想的模型。当员工和企业是命运共同体的时候,员工和企业是为了共同的信仰走到一起的,没有高低贵贱之分,员工将个人利益置之度外,与企业生死与共、同舟共济。

(2) 团队绩效管理策略的启示。建立团队绩效管理的制度是促进团队建设、提升合作意识和水平的重要抓手。团队的绩效主要包括三个方面:①团队对组织既定目标的达成情况;②团队成员的满意感;③团队成员继续协作的能力。可以这样说,现代意义的团队绩效管理,并不与个人绩效管理相对立,而是包含个体在内的团队绩效管理,它是一种以团队绩效带动个体绩效的绩效管理模式。从根本上避免单一的个体绩效管理中可能为突出个人绩效而不考虑整体发展等情况的发生,避免影响上下工序,使绩效管理工作陷入尴尬或失败的境地。同时,防止因强调团队绩效而忽视个体价值、能力及潜力等现象的发生。团队绩效管理的核心目的是通过提高团队的绩效水平来促进成员之间的合作与发展。

(3) 培养团队合作意识的基本方法。

1) 创造合作机会,唤醒合作意识。激发团队合作精神的关键是培养合作意识,部分人没有认识到团队合作的重要性,也没有认识到团队合作所展现的集体力量。团队管理者要尽可能地为大家创造合作的情境和机会,使他们切身体会到团队合作在实现共同事业目标方面的重要性和必要性,学会相互理解、彼此尊重以及互相帮助和支持,使之建立起一种融洽、友好的亲密伙伴关系,并学习、掌握有效的人际交往技能。

2) 培养集体主义精神。在为实现共同目标而建立的团队中,成员们必须对如何将个人力量更好地贡献于集体目标具有统一的理解和认识,并建立起共同的承诺,使团队成员为了一个共同的目标而有机地团结凝聚在一起。对于一个团队来说,团队精神的形成并非一日之功,而是日积月累之沉淀。唯有团队成员都具备团队合作的能力,团队精神才能得以形成。而如果团队中任何一名成员不具备团队合作能力,团队就可能面临分崩离析的危险,何谈团队精神?一个具备团队合作能力的员工,不论是处于小团队还是大团队中都能为了共同的团队目标而与团队成员通力合作,同时他也能以大局为重,在个人利益与团队利益发生碰撞时,能顾全团队利益;在小团队利益与大团队利益发生不可调和的冲突时,能以大团队利益为重,深知"皮之不存,毛将焉附"。在团队之中,一个人与整个团队相比是渺小的,太过计较个人得失的人,永远不会真正融入团队之中,而拥有极强全局意识的人,最终会是一个最大的受益者。

3) 追求创新。由不同背景、不同经历的个人所组成的团队将会产生更多具有创新意义的设想,而做出的决策要胜于仅仅由个人做出的决策。培养团队精神是团队管理建设的核心工作,好的团队精神不仅可以提高员工的忠诚度,还有利于团队成员之间的相互协作和对团队事物的尽心尽力及全身心投入,从而使团队成员充分发挥其潜能,使整个团队的工作效率最大化。团队精神不是集体主义，不是泯灭个性、扼杀独立思考。一个好的团队，应该鼓励和正确引导员工个人能力的最大限度发挥。团队成员个人能力的最大限度发挥，其实是个人英雄主义的最好体现。团队不仅仅是人的集合，更是能量的结合与爆发。作为团队成员，不要因为身处团队之中就抹杀了自己的个性特质。

【知识链接】

木桶原理

木桶原理又称短板理论，木桶短板管理理论，所谓"木桶理论"即"木桶定律"，其核心内容为：一只木桶盛水的多少，并不取决于桶壁上最高的那块木块，而恰恰取决于桶壁上最短的那块。根据这一内容，可以有两个推论：其一，只有桶壁上的所有木板都足够高，那木桶才能盛满水。其二，只要这个木桶里有一块不够高，木桶里的水就不可能是满的。对这个理论，初听时你会觉得怀疑：最长的怎么反而不如最短的？继而就会是理解和赞同了：确实！木桶盛水的多少，起决定性作用的不是那块最长的木板，而是那块最短的木板。因为在水平状态下，长的板子再长也没有用，水的界面是与最短的木板平齐的。"决定木桶容量大小的竟然不是其中最长的那块木板，而是其中最短的木板！"这似乎与常规思维格格不入，然而却被证明为正确的论断。"木桶理论"可以启发我们思考许多问题，比如企业团队精神建设的重要性。在一个团队里，决定这个团队战斗力强弱的不是那个能力最强、表现最好的人，而恰恰是那个能力最弱、表现最差的落后者。因为，最短的木板在对最长的木板起着限制和制约作用，决定了这个团队的战斗力，影响了这个团队的综合实力。也就是说，要想方设法让短板子达到长板子的高度或者让所有的板子维持"足够高"的相等高度，才能完全发挥团队作用，充分体现团队精神。

木桶原理主要启示内容：

1. 改变木桶结构可增加储水量

从木桶原理中，我们可以发现，木桶的最终储水量，不仅取决于最短的那块木板，还取决于木桶的使用状态和木板间的衔接与配合。在特定的使用状态下，通过相互配合，可在一定程度上增加木桶的储水量，比如：有意识地把木桶向长板方向倾斜，木桶的储水量就会比正立时多得多；或为了暂时地提升储水量，可以将长板截下补到短板处，从而提高木桶储水量。

2. 通过激励让"短木板"变长

毫无疑问，在企业中最受欢迎、最受关注的是明星员工，即少数能力超群的员工。管理者往往器重明星员工，而忽视对一般员工的利用和开发。这样做很容易打击团队的士气，从而使"明星员工"的才能与团队合作两者间失去平衡。想要避免这个问题，管理者就需要多关注普通员工，特别是对那些"短板员工"要多一些鼓励、多一些赏识。

3. 别让"短板"葬送自己

如果把木桶比作人生，那么"短板"实际上就是我们生命中的一些弱点。比如，很多人不注意个人习惯，导致在生活和工作中出现失误。缺点和毛病就是人的"短板"，因为它们的存在，制约了一个人才能的发挥。有时候，一些不良的习惯甚至有可能葬送一个人的事业。所以，我们不能被缺点牵着鼻子走，而要主动将"短板"加长，将缺点纠正过来。

【项目练习】

松树和大树

适合人数：10人以上。

材料及场地：无。

时间：5～10分钟。

操作程序：

（1）事先分组，三人一组，二人扮大树，面对对方，伸出双手搭成一个圆圈；一人扮松鼠，并站在圆圈中间；培训师或其他没成对的学员担任临时人员。

（2）培训师喊"松鼠"，大树不动，扮演"松鼠"的人就必须离开原来的大树，重新选择其他的大树；培训师或临时人员就临时扮演松鼠并插到大树当中，落单的人应表演节目。

（3）培训师喊"大树"，松鼠不动，扮演"大树"的人就必须离开原先的同伴重新组合成一对大树，并圈住松鼠，培训师或临时人员就应临时扮演大树，落单的人应表演节目。

（4）培训师喊"地震"，扮演大树和松鼠的人全部打散并重新组合，扮演大树的人也可扮演松鼠，松鼠也可扮演大树，培训师或插其他没成对的人亦插入队伍当中，落单的人表演节目。

目的：在混乱中迅速找到你的合作伙伴，考察学员建立新团队的能力。

第四节　创新能力

【名言点津】

要么创新，要么死亡。

——托马斯·彼得斯

领袖和跟风者的区别就在于创新。创新无极限！只要敢想，没有什么不可能，立即跳出思维的框框吧。如果你正处于一个上升的朝阳行业，那么尝试去寻找更有效的解决方案：更招消费者喜爱更简洁的商业模式。如果你处于一个日渐萎缩的行业，那么赶紧在自我变得跟不上时代之前抽身而出，去换个工作或者转换行业。不好拖延，立刻开始创新！

——乔布斯

【案例导入】

谁最聪明

日本一家公司对33名应聘市场策划职位的年轻人实施智力测验。公司将A，B，C三人送到广岛，付给每人最低生活费2000日元。考题是：在那里待上一天，看谁带回的钱多。A很聪明，花500元买一副墨镜，除充饥外，余下的钱买了一把旧吉他。他在繁华的广场上假装盲人卖艺，盒子里的钱慢慢多了起来。B更聪明，花500元做了一个箱子，并写了一张广告："将原子弹赶出地球——纪念广岛灾难40周年暨加快广告建设大募捐。"余下的钱则雇请两位中学生演讲，结果他得到了很多募捐。C不知道怎么想的，根本没打算去挣钱，他找了一个小餐馆，美美地吃了一餐，花去了1500元，然后钻进一个废汽车里，甜甜地睡了一觉。傍晚时分,正当卖艺"盲人"和"募捐"小伙生意红火,心里得意的时分,眼前突然出现了一位穿制服,佩袖章的大胡子管理人员。这位管理人员扯下"盲人"的墨镜,砸掉"募捐"的箱子,没收了他们的非法所得,还叫喊着要起诉他们犯了欺诈罪。狼狈不堪的A与B两手空空的赶回公司时,已经迟到了。他们更没有想到的是,等待他们的是那个大胡子"管理人员"。原来C将余下的500元买了制服、胸卡、袖章与化妆用的胡子,假扮管理人员没收了A与B的钱。公司老板最后的评价是:A与B只会费力气开辟市场,C善于吃掉对手的市场。C被录用了。

【分析讨论】

(1) 以上案例说明什么问题?
(2) 请就"创新能力是大学生的核心竞争力"观点展开讨论。

一、创新能力的概念

创新是指以现有的思维模式提出有别于常规或常人思路的见解为导向,利用现有的知识和物质,在特定的环境中,本着理想化需要或为满足社会需求而改进或创造新的事物(包括产品、方法、元素、路径、环境),并能获得一定有益效果的行为。

创新能力是技术和各种实践活动领域中不断提供具有经济价值、社会价值、生态价值的新思想、新理论、新方法和新发明的能力,是经济竞争的核心。当今社会的竞争,与其说是人才的竞争,不如说是人的创造力的竞争。

两千多年前,老子就在《道德经》中提出"天下万物生于有,有生于无"的创造思想;孔子提出要"因材施教"以及"不愤不启,不悱不发。举一隅不以三隅反,则不复也"的思想。1919年,我国著名教育家陶行知先生第一次把"创造"引入教育领域。他在《第一流教育家》一文中提出要培养具有"创造精神"和"开辟精神"的人才,培养学生的创新能力对国家富强和民族兴亡有重要意义。1998年11月24日,江泽民同志在新西伯利亚科学城会见科技界人士时曾指出:"创新是一个民族进步的灵魂,是一个国家兴旺发达的不竭动力。创新的关键在人才,人才的成长靠教育。"以此次讲话为契机,我国将大学生创新能力的培养作为教育改革的重要目标,在教育界引发了一次对创新能力的内涵、创新能力培养的影响因素以及方式方法的大讨论。

二、实现创新的条件

1. 创新精神的概念

创新精神是一种不断探索、不断前进,向着更完善、更新鲜的事物前进的志向和为实现这种志向而孜孜以求的行动。创新精神的实质是指强烈的进取精神和勇于开拓的思维意识。只有在这用精神和意识的支配下,人们才能逐渐养成创新的习惯。思想是行动的前提,只有具备创新精神,才可能进行创新实践。

2. 创新者的素质

创新者的素质是创新得以实现的主观条件。创新者必须具备学习能力,因为学习能为创新提出丰富的知识基础、智力保障和技能支撑;创新者要有坚韧不拔的意志力,创新是一个复杂的过程,难免有失败和挫折。如果一个人没有坚韧的意志力,在创新遇到困难时,很难坚持到底；创新者要具备深入分析问题和把握关键环节的能力创新不是一个简单的过程，对个人的能力有很高的要求，而创新能力的重要部分就是分析能力和把握重点的能力。

3. 良好的资源条件

创新需要一定的物质和人力资源。创新需要资金，如果没有足够的资金作保障，可能会影响创新的顺利进行；创新需要人才做保障，没有创新人才，创新就无法开展。

三、大学生创新能力的培养

1. 大学生培养创新能力的重要性

随着现代科学技术的发展，文明的真正财富将越来越表现为人的创造性。知识激增，需要新一代学会学习；科技革命，需要新一代革新创造；振兴中华，需要新一代开拓前进。培养大学生的创新能力，是未来社会生产的特点所决定的。

培养大学生的创新能力，对于我国具有更重大的意义，我国到2050年左右要赶上或超过世界发达国家，成为具有高度物质文明和精神文明的社会主义现代化强国，这个宏伟的计划需要这一事业的继承者，必须具有创新精神。智力潜能，需要教育者去系统地开发。

2. 大学生培养创新能力应遵循四项基本原则

（1）个性化原则。每个人都是一个特殊的不同于他人的现实存在。从某种意义上说，个性化就是创造性的代名词，没有个性，就没有创造。因此，教育应该因材施教，培养受教育者的自主的意识、独立的人格和批判的精神，鼓励他们大胆质疑，逢事多问一个"为什么""怎么样"，自己拿主意，自己作决定，不依附，不盲从，引导和保护他们的好奇心、自信心、想象力和表达欲，使他们逐步养成自主、进取、勇敢和独立的人格。因材施教，就是针对人的能力、性格、志趣等具体情况施行不同的教育。教师要善于激发学生的求知欲和创造欲，鼓励学生大胆发言，勤思考，多讨论，在所有的环节中把批判能力、创新性思维和多样性教给学生，培养学生的创新精神，努力创造一种宽松、自由、民主的"教学相长"的良好氛围。

（2）系统性原则。所谓系统是由相互联系、相互作用的若干要素，以一定结构组成的，具有一定整体功能的有机整体。根据一般系统论原理，一方面，培养大学生创新能力是一个包括培养创新意识、创新精神、创新思维、创新方法等诸要素的有机整体，绝不能割裂开来；另一方面，培养大学生创新能力，是一项庞大的社会系统工程，需要政府、学校、家庭、社会各方面的共同参与。

（3）实践性原则。实践是人所特有的对象性活动，是人类的存在方式。马克思主义认为，实践改造自然，不仅仅是改变自然物的形态，更重要的是在自然物中贯注人的需要、目的和本质力量，使其从"自在之物"转化为"为我之物"，从而创造出按照自在世界本身的运动不可能产生的事物。实践分化世界的过程，实际上就是"按照人的样子来组织世界"和创造世界的过程。培养大学生创新能力，无论是培养的目的、途径，还是最终结果，都离不开实践。遵循实践性原则，就是坚持马克思主义的教育观和人才观，坚持创新是一种创造性的实践，坚持以实践作为检验和评价大学生创新能力的唯一标准。

（4）协作性原则。所谓协作是指由若干人或若干单位共同配合完成某一任务。大学生的创新能力不只是跟他们的智力因素有关，非智力因素也在很大程度上影响着他们创造潜能的发挥。个性品质中的协作特征就是这样一种因素。有人对诺贝尔奖获得者的工作态度与方式进行了全面分析，发现在 1901—1972 年期间 286 位获奖者中，近三分之一的人是因为与他人合作而获奖。这个结果显示，与别人一道工作可以增加创造性。人的创造性既是一种个人化的品质，也是一种社会化的特征。培养大学生的协作精神，首先要从小培养他们乐观、豁达、开朗的性格，学会与人相处、关心他人。其次是要多让他们参加各种各样的集体活动，学会在一个有竞争的集体中进行工作，学会在与人合作中进行创造。

四、企业创新能力

1. 企业创新表现形态

（1）发展战略创新。发展战略创新是对原有的发展战略进行变革，是为了制定出更高水平的发展战略。实现企业发展战略创新，就要制定新的经营内容、新的经营手段、新的人事框架、新的管理体制、新的经营策略等。

（2）产品（服务）创新。这对于生产企业来说，是产品创新；对于服务行业而言，主要是服务创新。例如手机在短短的几年时间已从模拟机发展到数字机、可视数字机、可以上网和可以拍照的手机等。手机的更新换代，生动地告诉我们产品的创新是多么迅速。

（3）技术创新。技术创新是企业发展的源泉，竞争的根本。就一个企业而言，技术创新不仅指商业性地应用自主创新的技术，还可以是创新地应用合法取得的、他方开发的新技术或已进入公有领域的技术，从而创造市场优势。例如沃尔玛（Wal-mart）1980 年就全球率先试用条形码（即通用产品码（UPC）技术），结果使他们的收银员效率提高了 50%，并极大地降低了经营成本。

（4）组织与制度创新。组织与制度创新主要有三种：一是以组织结构为重点的变革和创新，如重新划分或合并部门、组织流程改造、改变岗位及岗位职责、调整管理幅度等。二是以人为重点的变革和创新，即改变员工的观念和态度，包括知识的更新、态度的变革、个人行为乃至整个群体行为的变革等。三是以任务和技术为重点的创新，即对任务重新组合分配，并通过更新设备、技术创新等，来达到组织创新的目的。

（5）管理创新。世上没有一成不变的、最好的管理方法。管理方法往往因环境情况和被管理者的改变而改变，这种改变在一定程度上就是管理创新。例如 Intel 总裁葛洛夫（Andrew Grove）的管理创新就是因环境情况和被管理者的改变而改变：实行产出导向管理——产出不限于工程师和工人，也适用于行政人员及管理人员；在英特尔（Intel）公司，工作人员不只对上司负责，也对同事负责；打破障碍，培养主管与员工的亲密关系等。

（6）营销创新。营销创新是指营销策略、渠道、方法、广告促销策划等方面的创新。如雅芳（Avon）的直销和安利（Amway）的传销等都是营销创新。

（7）文化创新。文化创新是指企业文化的创新。企业文化的与时俱进和适时创新，能使企业文化一直处于一种动态的发展过程。这样不仅仅可以维系企业的发展，更能给企业带来新的历史使命和时代意义。

2. 提升创新能力的对策

（1）推进企业领导者的创新观念。企业领导者要树立知识价值观念，确立"终身学习"理念，不断提高学习能力。企业领导者一方面要高度重视自身知识结构的更新，树立自身的知识价值观念；另一方面，要顺应企业的变化，不断改进思维方式和工作思路，重视企业的知识价值，并通过有效的激励促进企业所拥有的知识价值的增值。

（2）建立企业创新的激励机制。在企业现有的绩效考核过程中，应该将创新纳入评价体系。如果将创新纳入个人和企业的绩效评估体系，就应该有相应的激励机制和奖励体系。而创新是否成功，往往要经过数年的考验才能被衡量。因此，短期和长期的评估体系应同时具备，同时到位。

（3）构建创新型企业文化。企业文化是企业内部影响企业创新与变革的重要因素。最有助于创新的企业文化应该是这样：更加外向型而非封闭型的文化；更加灵活、适应变化的文化而非一味求稳的文化；扁平化而非等级化管理的文化。企业文化中还应强调持续学习和不断适应。在支持和鼓励创新中，企业文化如想起到关键作用，就必须着力将文化的作用和影响渗透至企业战略的各个层面，如员工、政策、企业行为、激励机制、企业的语言和系统架构等等。全球著名的管理咨询公司合益咨询公司通过抽样调查，发现了全球领先的创新型企业具备10个特征，这10个特征分别是：愿景、气氛、有天赋的员工、训练有素的经理、培养的环境、耐心、对失败的包容、对研发的投资以及利于创新的良好的组织结构、流程和系统。这些特征往往意味着在这些企业里，人们希望能够做到最好，目标和期望界定得很明确，人们被给予适当的权力，以及新的创意易于被接受。

（4）加强员工培训。企业员工的创新能力并不是天生的，在很大程度上取决于后天的学习和训练。因此，企业应重视员工素质提升，加大员工学习培训经费投入，对员工加强创新方面的学习、训练，提升创新技能，从而提高企业的创新水平和持续发展能力。

【知识链接】

2017年国家对大学生创业的扶持政策

1. 大学生创业税收优惠

持人社部门核发《就业创业证》（注明"毕业年度内自主创业税收政策"）的高校毕业生在毕业年度内（指毕业所在自然年，即1月1日至12月31日）创办个体工商户、个人独资企业的，3年内按每户每年8000元为限额依次扣减其当年实际应缴纳的营业税、城市维护建设税、教育费附加和个人所得税。对高校毕业生创办的小型微利企业，按国家规定享受相关税收支持政策。

2. 创业担保贷款和贴息

对符合条件的大学生自主创业的，可在创业地按规定申请创业担保贷款，贷款额度为10万元。鼓励金融机构参照贷款基础利率，结合风险分担情况，合理确定贷款利率水平，对个人发放的创业担保贷款，在贷款基础利率基础上上浮3个百分点以内的，由财政给予贴息。

3. 免收有关行政事业性收费

毕业2年以内的普通高校学生从事个体经营（除国家限制的行业外）的，自其在工商部门首次注册登记之日起3年内，免收管理类、登记类和证照类等有关行政事业性收费。

4. 免费创业服务

有创业意愿的大学生，可免费获得公共就业和人才服务机构提供的创业指导服务，包括政策咨询、信息服务、项目开发、风险评估、开业指导、融资服务、跟踪扶持等"一条龙"创业服务。

5. 取消高校毕业生落户限制

高校毕业生可在创业地办理落户手续（直辖市按有关规定执行）。

6. 创新人才培养计划和机制

创业大学生可享受各地各高校实施的系列"卓越计划"、科教结合协同育人行动计划等，同时享受跨学科专业开设的交叉课程、创新创业教育实验班，以及探索建立的跨院系、跨学科、跨专业交叉培养创新创业人才的新机制。

7. 开发和开放创新创业教育课程

自主创业大学生可享受各高校挖掘和充实的各类专业课程和创新创业教育资源，以及面向全体学生开发开设的研究方法、学科前沿、创业基础、就业创业指导等方面的必修课和选修课，享受各地区、各高校资源共享的慕课、视频公开课等在线开放课程和在线开放课程学习认证和学分认定制度。

8. 提供强化创新创业实践资源

自主创业大学生可共享学校面向全体学生开放的大学科技园、创业园、创业孵化基地、教育部工程研究中心、各类实验室、教学仪器设备等科技创新资源和实验教学平台。参加全国大学生创新创业大赛、全国高职院校技能大赛，各类科技创新、创意设计、创业计划等专题竞赛，以及高校学生成立的创新创业协会、创业俱乐部等社团，提升创新创业实践能力。

9. 改革适应大学生创业的教学制度

自主创业大学生可享受各高校建立的自主创业大学生创新创业学分累计与转换制度，学生开展创新实验、发表论文、获得专利和自主创业等情况折算为学分，将学生参与课题研究、项目实验等活动认定为课堂学习的新探索。同时也享受为有意愿有潜质的学生制订的创新创业能力培养计划，创新创业档案和成绩单等系列客观记录并量化评价学生开展创新创业活动情况的教学实践活动。

10. 完善学籍管理规定

有自主创业意愿的大学生，可享受高校实施的弹性学制，放宽学生修业年限，允许调整学业进程、保留学籍休学创新创业等管理规定。

11. 大学生创业指导服务

自主创业大学生可享受各地各高校对自主创业学生实行的持续帮扶、全程指导、一站式服务，以及地方、高校两级信息服务平台，为学生实时提供的国家政策、市场动向等信息和创业项目对接、知识产权交易等服务；可享受各地在充分发挥各类创业孵化基地作用的基础上，因地制宜建设的大学生创业孵化基地和相关培训、指导服务等扶持政策。

【项目练习】

相互之间找变化

游戏目的：让游戏参与者在游戏中得到锻炼并提高自己的观察力。使游戏参与者认识观察力对创新意识的重要作用。

人数：全体人员。

时间：10分钟。

场地：空地或宽敞的室内。

步骤：

（1）培训师将学员分为2人组。

（2）让每组的两个学员间先相互观察 2 分钟时间。

（3）让学员背对背，用三分钟的时间在身上做 3 个变化，变化可以是细微的，但必须有外观上的改变，如将衬衣最上端的纽扣解开或系上。

（4）培训师示意 3 分钟时间到，各组学员分别回过头来，彼此找对方外观所发生的变化。

（5）再背过身，用 3 分钟的时间，在身上做 5 个变化。

（6）回过头，让搭档们再次相互观察，并说出对方都做了哪些改变。

培训师语录：没有观察就没有发现，更没有创新；敏锐的观察力是创新的起步器，管理者的创新意识能够通过观察不断提升。观察力的提高能够培养人的创新意识，提升人的想象力和思考力，管理者要不断锻炼并提高自身的观察能力，让自己能够通过观察事物得到启发，开拓创新。

模块四　就业指导与职业适应

项目一　就业指导

【本章导读】

通过学习使同学们了解求职途径与方法；掌握获取就业信息的方法和渠道，懂得就业信息的整理和使用；掌握求职材料准备的基本要求，运用自荐的方式、技巧，学会推销自己，达到顺利就业的目的。

第一节　就业信息的收集与求职途径

【名言点津】

观念决定思路，思路决定出路。

【案例导入】

王某家在农村，为了能早一点在经济上帮助父母，他报考了一所高职院校，学习机械制造专业。经过两年的学习，他不仅掌握了车工技能，钳工技术操作的也不错，其他各科成绩基本在班里处于中上游水平，平时社会实践也有选择的参加了一些。

大三第一学期结课后，学校安排外出实习两个月，正当班上其他同学在整装待发时，王某却不动声色的忙开了。原来，他刚上大学的时候就打算早点就业，所以大一以来一直留心收集能够帮助自己就业的相关资料，半年前就在搜集机械制造企业的招聘信息，平时十分留意报纸、电视、电台和网站上的分类招聘信息，根据不同需求建立了自己的就业信息档案，逐步对本地机械制造企业的用人需求有了较为全面的了解。尤其是重点收集了当下本地发展较快的几家新企业的概况，近几年的招聘需求，还关注了这几家企业的网站，微博微信端口。

实习出发前，他先找了辅导员和几位专业老师，拜托他们如有合适企业帮忙推荐，并留下了自荐材料的纸质版、电子版、然后又找到学院负责就业的老师，拜托他们有重要招聘信息及时告知自己，接下来他又找了一位与自己关系要好的学弟，将厚厚的一沓自荐材料交给他，摆脱他帮忙在合适的校园招聘时候投递。最后，他还注册了几家大型新媒体招聘平台，上传了自己的自荐材料和一个小视频。

做完这些以后，王某安心地去外地参加实习去了。两个月中，尽管在外地实习，但是王某却收到了很多面试通知，在有选择的参加了几个心仪的单位面试后，实习刚结束，王某的工作单位也顺利确定下来。用人单位在试用期后不仅对王某的专业知识技能感到满意，而且非常欣赏他对行业企业信息的掌握和了解。

【分析讨论】

就业信息是毕业生求职择业的前提和必备条件，关系到求职择业的成败。上述案例中王某做了哪些前期准备？从哪些地方获取了有效就业信息？

【教材正文】

在就业形势日益严峻的时代，就业不仅是实力的竞争，也是信息的竞争。作为应届大学毕业生，应当高度重视就业信息的重要性，积极主动地收集就业信息，并认真细致地分析、筛选、整理这些信息，从而进行准确的处理，把握选择的主动权，抓住就业机会，为成功就业奠定基础。

就业信息作为信息的一种，一般有下述几个类型。

1. 口头信息

口头信息是指通过与人交谈获取的信息。毕业生通过与老师、同学、亲朋好友交谈，了解、打听到的就业信息都属于口头信息。口头信息既不系统也不全面，其权威性和可信度与谈话对象本身对信息掌握的程度有关。因此，毕业生对口头信息要进一步了解、探实。

2. 书面信息

书面信息是指通过书面材料获取的信息。例如，有关就业工作的指导性文件，学校和用人单位的各种书面通知、函件等。书面信息比较正式，权威性强，是毕业生必须重视和把握的信息。

3. 媒体信息

媒体信息是指通过各种正式公开发行、发布的媒介载体获取的信息。例如，在有关报纸、杂志、电视、广播、网络上发布的就业信息等。在现代社会中，媒体是承载信息的主要载体，特别是网络，因其信息更新速度快、信息量大而受到广大毕业生的青睐。但是，媒体信息，尤其是网络上的就业信息，混杂着众多虚假信息、失效信息和失真信息，甚至诱人进入"陷阱"的误导信息，毕业生对之一定要慎重，并及时向就业指导老师和有关部门咨询，以免上当受骗，误入圈套。

对于求职者来说，目前最常用的求职途径主要有报纸广告、招聘会、网络、学校就业创业指导中心以及亲朋好友等五种途径。每种途径都有自己的特点和优势，我们分别进行介绍。

1. 各种大众传媒

报纸、广播、电视、杂志等大众媒体是搜集就业信息的重要渠道，一般都会定期或不定期发布招聘信息，便捷、传播范围广、速度快、信息量大、可信度高、省钱省时、选择机会多是其特点。毕业生通过这些媒介，可以很容易就掌握大量就业信息。

2. 招聘会

通过招聘会可以和用人单位直接见面，推销自己。所以目前成为求职者经常选择的求职途径。据统计，现在大概有20%的成功求职者是通过招聘会获得职业的。但这种形式主要适用于刚刚毕业不久的大学毕业生或工作职位不太高的白领人士。

招聘会有很多种，像综合招聘会、专场招聘会、行业招聘会、院校招聘会等。所以要有选择地参加招聘会，效果才会更明显，例如，专场招聘会、行业招聘会，如师范类、综合类、理工类、医药类、外语外贸类等。因为这种招聘会上,用人单位需求明确而集中,专业人才进这样的招聘会求职的成功率自然会更高。

院校召开的招聘会也不可以错过。一般学校召开的招聘会,都不会限制外校学生入场。所以,同学们也可以及时了解同类学校的校内大型招聘会的时间,做好准备,按时前往,寻找就业机会。一般学校召开的招聘会不要求有工作经验,对应届毕业生而言,求职的成功率往往比社会上的招聘会成功率高。

在人才中介机构举办的招聘会上,招聘单位大多以招有工作经验的人才为主,希望招来的人才立刻能上岗工作。所以这样的招聘会,应届学生的成功率就会稍微低一些。正确地选择招聘会,可以降低求职成本,缩短求职周期。

3. 网络

网络是一种特殊的沟通形式,避免了人群大范围集中和近距离接触,给天南海北的求职者提供了平等的表现机会。所以,网上招聘受到了越来越多用人单位和求职者的青睐。现在有很多毕业生是通过网上求职成功就业的,并且这种趋势还在增长之中。

用人单位网上招聘,大多是通过搜索获得求职者的个人信息实现的。所以,求职者在发布相关信息时,就需要掌握一些技巧。例如,求职方向是"网页制作"一职,最好写成"网页(主页、网站)制作"。这样被检索到的概率就会更大一些。还有,在填写个人资料时,一定要注意详细填写工作经历和教育经历,这是网上招聘单位最为看重的两项内容。

如果要求填写薪水要求,一定要灵活,一味地"面议",反倒容易失去一些机会。"薪水"是你的自信心、能力和经验的量化指标。你的"明码标价"有时更利于招聘单位做出选择;同时,省去应付那些不能提供该薪水的单位与你联络而付出的时间成本。

网上求职,除让用人单位"找你"之外,你也可以"找用人单位"。很多知名公司都在网上把自己的简介、招聘情况等一一清晰地列了出来。求职者可以通过发电子邮件来投递简历。

在"找用人单位"时,发送简历后不能守株待兔,还要综合运用职位搜索、与用人单位联系等多种方式,增强求职针对性,增加推销自己的机会。

网上招聘也存在一些不足的地方,虚假招聘消息或虚假简历极大挫伤了求职者或招聘单位的积极性,个人隐私问题也会给求职者带来麻烦,这都制约了网上招聘的健康发展。

4. 学校就业创业指导中心

学校就业指导中心是连接毕业生与社会的桥梁。学校的毕业生就业指导部门与各级主管毕业生就业工作的部门和社会各界保持着广泛而密切的联系,每年都会及时向有关劳动和人事部门及用人单位发函征集用人信息。同时,经过多年的工作实践,每个学校都与很多单位建立了长期的协作关系,为毕业生提供大量就业信息。目前,几乎所有的学校都为毕业生建立了就业指导网站,用人单位的招聘信息都会及时发布,毕业生应该经常登录自己学校的就业指导网站,及时了解招聘信息,选择适合自己的岗位应聘。这种应聘方式的成功率是最高的。

另外,自己学校组织的大型双选会是找工作的最佳途径。近年来,用人单位都非常重视校园招聘,可以说高校是可以集中挑选高素质人才的最佳场所,也是最方便、成本最低的引进人才的渠道。用人单位往往是带着对学校以及对该校学生的认可而来的,而且不要求有工作经验,所以,毕业生应聘的成功率是比较高的。

5. 亲朋好友

通过亲朋好友关系网找到工作是最快最可靠的，成功率也高。亲戚朋友的推荐分为两种情况，一种是没有"力度"的推荐，通过一般员工推荐来完成就业。但是这种推荐和推荐人的表达方式关系很大，如果引起人力资源部门的反感，将会造成负面的影响。另一种是有"力度"的推荐，比如可以影响人力资源部门的决策，如果你有类似资源，也不要轻易错过。但这有个前提，就是你必须符合该单位该职位的任用条件，或者说完全能胜任工作。

【知识链接】

1. "秋招""春招"

顾名思义，"秋招"就是秋季校园招聘，"春招"就是春季校园招聘。从时间上来说，秋招的时间主要是9月至12月，春招则是3月至6月。校园招聘，一般流程都是申请登记、笔试、面试（一般2～3轮）、发放录取通知、签"三方协议"。

秋招的时间，是最后一学年的第一个学期，是找工作的最好时间。秋招期间，宣讲、招聘会基本是每天都有，有时一天几个高校同时开展大型招聘会；而春招，宣讲会相对较少，招聘会也相应减少，且峰期只有一个月左右，多集中在春节后。从公司的质量和招聘岗位来说，秋招的招聘质量是相对高的。而春招，很多的知名公司都不招了，就算招，岗位也很少，可能被外包，待遇可能也会低一点儿，但是并不是说春招就没有好企业、好岗位了，只是在总体上跟秋招比较起来质量低了不少。

秋招与春招有这样的区别，是因为秋招是主要的，如果用人单位在秋招招够人了，春招就不会继续了，春招是秋招的补充。所以，一定要争取在秋招就找到一份相对合适和满意的工作，如果拖到春招，形势就比较危险了。在秋招找到工作还有一个巨大好处，就是你能把最后一学期的时间用来做毕业论文、旅游、自我提升等。

2. 宣讲会

想找一份好工作，一定要多跑宣讲会。

宣讲会一般是指企事业单位到全国各大高校开展与招聘相关的主题讲座。在宣讲会中，会有该公司的资深人力资源经理、部门经理等重要人物为大家讲解该公司本年度招聘中的相关内容，包括公司概况、招聘流程和岗位、薪酬待遇、职业发展、经验分享、问答环节等，大家在这段时间要多留意。

一般来说，多数公司都会到高校开宣讲会，而像银行业中的四大行、互联网业中的BAT（百度，阿里巴巴和腾讯）等大公司更是会开展多场宣讲会，遍布全国。这些公司都会通过公司官网、官方微信等渠道发布宣讲会的行程。对于公司来说，开展宣讲会不仅可以招揽人才，更是一次宣传本企业的好机会。

跑宣讲会，能大大提高你进入笔试的概率。应届生想参加一个公司（尤其是大型公司）的校园招聘，必须投递简历，一种是网上申请投递简历（也就是网申），另一种就是宣讲会（或招聘会）现场投递简历，而宣讲会现场投递简历获得笔试机会的概率是比网申大很多的。

另外，宣讲会是你的一个学习机会。一场宣讲会其实就是一场讲座，如果你认真听了，你能对这个行业、这个公司了解得更多，也能获得一些经验，这对你进行就业选择是非常重要的。而且,在后面的面试中,面试官问你的一些问题是可以在宣讲会中得到答案的。

【项目练习】

(1) 试着通过有效途径收集一些信息与同学们分享;
(2) 给自己制定一个信息收集记录册,便于分类收集就业信息(就业政策)。

第二节　面试技巧与笔试应对

【名言点津】

不要等待机会,而要创造机会。

【案例导入】

李某是一名大专应届毕业生,平时成绩优良,颇有才华,担任学生会要职,代表学院参加过市里、省里很多比赛都小有收获,大三上学期还参加了一个国家级比赛也获得了三等奖,在学校实属"风云人物",老师和同学们对他的评价也都不错。上周学校有一场重点企业的宣讲会,用人单位第二轮开展面试,第三轮安排笔试,李某也报名参加了。这次招聘岗位不算多但是质量都很好,来报名登记的人很多,宣讲会现场气氛也很热烈。符合招聘条件的同学都早早递交了简历在面试室外排队等候,李某稍微来晚了一点,到场的时候招聘人员已经在按照简历递交顺序排号,李某排在倒数第三。坐下后他向邻座的同学询问了刚才人力资源有没有提什么问题和要求,然后戴上耳机听在线课程。等喊道李某进面试室以后,面试官问了4个问题,李某前三个答的不错,最后一个没有答好。面试结束后,李某对自己的表现有点不满意马上到处询问其他同学都被讯问了什么问题,答得怎么样。接下来的笔试,是一些关于生活和常识的题目,李某觉得自己也没能突出优势,就找到用人单位的人力资源,说明他专业和实践能力都很强,今天发挥失误,表现不好。隔天公布面试结果的时候李某没有被录用,他很不能理解为什么会是这样。

【分析讨论】

有人说,面试能不能成功,也许在求职者踏入考场的最初一刻就被决定了。上述案例,你觉得李某为什么没有求职成功?他应该如何避免这样的事情再次发生。

笔试是用人单位采用书面形式对求职者综合素质进行的考察和评估。是招聘流程的重要组成部分。

一、笔试的种类

1. 专业考试

这种考试主要是检验应聘者担任某一职务时是否能达到所要求的专业知识水平,是否具有相关的实践能力。对于大学毕业生来说,专业笔试侧重考察基础知识、基本技能,一般都是专业基础课程学习过的内容。当然,大公司和小公司考察的侧重点有所不同,小公司考察的内容一般比较细,目的是使人才一招进来就可以上岗使用;大公司则强调基础和潜力,所以考察范围比较宽泛。

2. 智商测试

智商测试在大型企业和外企中比较常见，这种测试一般反映出对毕业生的素质要求比较高，甚至于对一些毕业生来说，专业训练背景并不是特别重要，但是非常看重毕业生的学习能力。这种测试也是更侧重于应聘者的分析和观察问题的能力、综合归纳能力和思维反应能力。

3. 心理测试

心理测试是要求被试者完成实现便只好的标准化量表和问卷，之后再根据其完成的数量和质量来判断其心理水平和个性差异的方法。一些特殊用人单位常常以此来测试求试者的求职态度、兴趣、动机、智力、个性等心理素质。

4. 公务员考试类型

公务员考试类型是指公务员或者事业单位的录用老师类型，一般是固定的考试内容，分为《行政职业能力测验》和《申论》两个部分。

笔试作为招聘活动的主要形式和依据，有其独特的作用。它是对应聘者素质和能力的初步考评，也是一种留档记录，同时具有一定的说服力。

二、笔试应对技巧

1. 笔试前的准备

注重知识积累，综合应聘岗位要求，针对性复习。无论是书面表达、逻辑思维能力、分析问题能力还是对于知识域的了解和掌握，都是一种长期的积累和实践，并不是一蹴而就的。

2. 调整心态，增强信心

笔试时，应试者由于准备时间不充分、没有经验或者题型生疏等原因，可能会感到无从下手，这时不要烦躁、慌张，因为对于大多数人而言这都是正常现象，要对自己进行心理调节和积极的心理暗示，增强自信心。考试前应注意休息，劳逸结合。

3. 答题技巧

通读试卷，理解题意，认真答卷，尽量检查。先浏览试卷按照题目难易程度和题量大小做好答题准备，冷静分析理解题目，尽量字迹工整，使用最优答案，减少乱涂乱画，尽量在答题结束后做好检查工作，清理卷面，保持卷面整洁。

三、面试

面试是一个由规则控制的社会性的相互行为，它意味着将彼此相反的角色分配给应试者和面试官双方，并且由面试官控制局面、提问题，应聘者回答提问。面试官有权决定面试结果，他们可能直接给你答复，也可能事后再通知你面试结果。因此，对于应试者来说，面试很有压力。

1. 用人单位面试的目的

在面试中，你未来的雇主为了更了解你，会使用一系列技巧。他们想知道"你能胜任这份工作吗？""你适合即将进入的部门吗？""你工作会热情主动吗？""你能灵活地在组织中做好工作吗？"等问题的答案。

2. 你想从面试中得到什么样的结果

面试是双向的，用人单位有权决定是否让你从事这份工作，应聘者对用人单位提供给他们的工作也有自己的选择。面试就是你有机会考虑自己期望的工作，然后再考虑他们提供的工作是否与你的期望一致。第一次参加面试就通过，这种概率不是很多，所以面试也是一个学习的过程，每次面试后都要去分析面试失败或成功的原因，不断地在面试的实践中积累面试的经验。

3. 面试失败的常见原因

（1）对招聘单位不够了解。

（2）对应聘的职位不了解。

（3）面试能力不强。

（4）不适合这份工作。

（5）着装有问题。

（6）表现得太紧张。

4. 接到面试通知后应该做什么

（1）问清楚应聘的公司名称、职位、面试地点、时间等基本问题。最好顺便问一下公司的网址、通知人的姓名和面试官的职位等信息，当然，别忘了道谢。尽量按要求的时间去面试，因为很多公司都是统一面试，如果错过时间可能就错失了机会。

（2）上网查一下该公司的背景和应聘职位的情况。公司的背景包括公司所属行业、产品、项目、发展前景、组织结构、企业文化、薪酬水平、员工稳定性、关键事件等，了解得越全面、深入，面试的成功率就越高，同时，也有助于对企业进行初步判断。应聘职位情况包括职位名称、工作内容和任职要求等，这一点非常重要，同一个职位名称，各家企业的要求是不尽相同的，了解得越多，面试的针对性就越强一在亲友和人脉圈中咨询一下有没有熟悉、了解这家企业的人，他们的感受或信息无疑具有非常重要的参考价值。

（3）去招聘会或网上投简历时，最好有个记录。包括应聘的单位和职位，哪些企业招聘会上做过简单面试，面试官是谁，面试内容是什么，等等。在接到面试通知时，马上查看一下记录。

（4）学习一些实用的面试技巧。例如要在1～3分钟内做好自我介绍，尽可能展现自己的优势和实力，给面试官一个选择你的理由。对一些常见的面试问题要有应对的准备，最好能够做个模拟面试演练，让他人提提建议，以便发现问题，及时调整。一个简要而优势突出的自我介绍非常重要，除了专业、经验和敬业等一般要求外，不同类型的职位有不同的侧重点。例如，营销类职位侧重沟通力、客户拓展力、机敏性；财会类侧重严谨度、原则性；技术研发类侧重逻辑性、专业性；企划、创意类侧重策划力、思维的发散性；工程类侧重执行力、实操性；人力资源类侧重亲和力、沟通力、推动力；行政服务类侧重服务性、热情度和细致度。

（5）着装（在下一节"就业礼仪"中具体介绍）

（6）掌握好时间。估算一下路途时间，一定要留出富余的时间，绝对不要迟到，也不要太早到达，最好提前5～10分钟进场。如因堵车等原因不能准时到达，也要电话说明情况，请求谅解。

（7）一定要充满自信。记住，自信不一定成功，但不自信一定失败。心态上要平和一些，积极一些，成熟一些，不要紧张（只有放松才能把自己的才能发挥出来），让人感到你既有才，又敬业厚道。

在综合各种因素后认为不合适或者不值得去的面试，也可以放弃，但一定要知会用人单位，这是职业素质的基本要求。

【知识链接】

面试过程中，面试官一般要了解以下内容。

（1）毕业生的基本情况：姓名，专业，学历等。提问的方式一般为：请你用1～3分钟的时间简单介绍你自己。一般招聘应届毕业生时，安排的面试比较集中，很多时候面试官问这样的问题是了解基本情况，或者趁应聘者介绍的时候快速浏览简历，以便根据应聘者的情况进一步提问，同时看看应聘者的表达能力。这部分内容可以提前准备好，针对应聘的岗位和自己的优势进行准备，要有重点、有条理。

（2）根据简历和介绍的基本情况进行深入提问。主要内容涉及学习成绩、社会活动、兼职实习等内容。并且可能会要求举出实例来说明应聘者谈到的活动或能力。面试官主要希望从应聘者的过往经历和表达中发现应聘者的优缺点，考察应聘者的逻辑思维能力、团队合作等基本素质。应聘者在回答时应该以事实为依据，前后一致，逻辑严密，表达清晰。

（3）求职目标及对所应聘单位的了解情况。面试官问这方面的问题主要是希望了解应聘者希望工作的岗位、地点、应聘原因，对所应聘单位和岗位的熟悉程度。应聘者提前做好充分准备，对所应聘的单位和职位了解得越多越深入越好，如果被录用，工作的适应力就越强。

（4）对个人未来职业发展的规划。一般单位到大学招聘应届毕业生是希望培养一些后备骨干，希望他们有比较长远的工作和发展打算。应聘者对自己3年之后做什么应该有一个比较清晰的认识，有一个比较长远的职业规划。

（5）对薪酬的期望。在面试的后半部分或复试时，很可能会问到这个问题。面试官通过这个问题一方面了解应聘的薪酬期望是否与公司可提供的标准吻合，另一方面也想了解应聘者对自己的定位和对所应聘岗位的了解程度。应聘者没有什么不好意思，也不必过于谦虚，最好根据当地市场行情来回答，如果自己足够优秀，可以比市场行情略高一些。

（6）在面试官的构成中，一般有人事主管、所招聘岗位的直接主管，有的最后需要公司的总经理面试。除了以上谈到的内容外，在面试中还会涉及一些与应聘岗位有关的专业知识的面试，并且一般由直接主管来提问，这部分内容就看应聘者的基本功和专业能力，面试前要准备一些与所应聘岗位有关的专业知识。

【项目练习】

（1）选用一家大型企业的笔试卷子课堂作答；

（2）班级内分成若干组，模拟面试，相互点评。

第三节　就业礼仪

【名言点津】

人生没有彩排，每一个细节都是现场直播。

【案例导入】

吴某是一所外地大专院校的应届毕业生，因为家中有变故，所以她临时放弃了专升本升学的准备，急需回老家去找一份工作。因仓促应聘，吴某很多自荐材料做的不那么完美，笔试低分通过，面试准备也不如同班的同学，是她却意外拿到了这个职位。后来在用人单位回放中，就业创业指导中心的老师了解到，这位没有介绍信也没有推荐人的姑娘是凭待人接物的礼貌细节赢得用人单位的青睐。这家建筑企业秘书岗位招聘面试的日子，碰上下雨天气，吴某是第三个早到的应聘者，但她是唯一一个再次递交求职材料的人，也是唯一一个进门后立刻擦掉了鞋子上的泥水，将雨伞放入随身携带的塑料袋中的。进入面试室后先请示再落座，面试问题侧重点不在于专业知识，而在于生活事物处理，吴某回答问题语气平稳，干脆果断，不急不躁。面试当天衣着整齐，干净利落，面试结束后不仅和面试官礼貌道别，也和其他工作人员致谢道别，体现了秘书岗位应有的礼貌和周全。

【分析讨论】

上述案例，你觉得吴某哪些礼仪环节做得好，符合求职要求，值得学习？

一、就业礼仪内涵

何谓礼仪，简而言之，礼仪就是人际交往的行为规则。孔子说："礼者，敬人也"，仪是仪式、仪表、仪态。

大学生就业礼仪是用人单位通过大学生的衣着、装扮、语言、表情以及待人接物的细节等来考察应聘者的综合素质能否胜任所报职位的工作能力，并不止于一般意义上的穿什么衣服，化什么妆，或者是说几句客套话，而是要发自内心对他人尊重和关注，并使他人感受到被尊重和被关注，通过这种方式信服于你。

礼仪的基本原则：以他人为先；表现适度；真诚待人；沟通互动。

二、就业礼仪基本要求

了解、掌握并恰当地应用礼仪有助于完善和维护职场人的职业形象，成功的职业生涯并不意味着你要才华横溢，更重要的是在工作中你要有一定的职场技巧，用一种恰当合理方式与人沟通和交流，这样你才能在求职中获胜。

1. 求职者站姿的基本要求

站姿是仪态美的起点，又是发展不同动态美的基础。良好的站姿能衬托出求职者良好的气质和风度。

站姿的基本要求是挺直、舒展，站得直，立得正，线条优美，精神焕发。其具体要求是：头要正，头顶要平，双目平视，微收下巴，面带微笑，动作要平和自然；脖颈挺拔，双肩舒展，保持水平并稍微下沉；两臂自然下垂，手指自然弯曲；身躯直立，身体重心在两脚之间；挺胸、收腹、直腰，臀部肌肉收紧，重心有向上升的感觉；双脚直立，女士双膝和双脚要靠紧，男士两脚间可稍分开点儿距离，但不宜超过肩膀。

2. 求职者坐姿的基本要求

坐姿是仪态的重要内容。良好的坐姿能够传递出求职者自信豁达、积极热情的信息，同时也能够展示出求职者高雅庄重、尊重他人的良好风范。

求职者坐姿的基本要求是端庄、文雅、得体、大方。具体要求：入座时要稳要轻，不可猛起猛坐使椅子发出声响。女士入座时，若着裙装，应用手将裙子稍向前拢一下。坐定后，身体重心垂直向下，腰部挺直，上体保持正直，两眼平视，目光柔和，男子双手掌心向下，自然放在膝盖上，两膝距离以一拳左右为宜。女士可将右手搭在左手上，轻放在脚面上。坐时不要将双手夹在腿之间或放在臀下，不要将双臂端在胸前或放在脑后，也不要将双脚分开或将脚伸的过远。坐于桌前应该将手放在桌子上，或十指交叉后以肘支在桌面上。入座后，尽量可能保持正确的坐姿，如果坐的时间长，可适当调整姿态以不影响坐姿的优美为宜。

3. 求职的走姿要求标准

走姿是站姿的延续动作，是站姿的基础上展示人的动态美，无论是日常生活中还是社会场合，走路往往是最吸引人注意的体态语言，最能表现一个人的风度和魅力。

求职者走姿的具体要求是：行走时，头部要抬起，目光平视对方，双臂自然下垂，手掌心向内，并以身体为中心前后摆动。上身挺拔，腿部伸直，腰部放松，步幅适度，脚步宜轻且富有弹性和节奏感。

男士应抬头挺胸，收腹直腰，上体平稳，双肩平齐，目光直视前方，步履稳健大方，显示出男性的刚强雄健的阳刚之美。女士应头部端正，目光柔和，平视前方，上体自然挺直，收腹挺腰，两脚靠拢而行，步履轻盈，显示女生庄重而文雅的温柔之美。

4. 仪态礼仪注意的七个问题

在面试时，求职者的行为举止十分重要。一般而言，求职者在行为举止要注意以下六个问题。

（1）应聘时不要结伴而行。无论应聘什么职位，独立性、自信心都是招聘单位对每位应聘者的基本素质要求

（2）保持一定的距离。面试时，求职者和主考官必须保持一定的距离，不适当的距离会使主考官感到不舒服。如果应聘的人多，招聘单位一般会预先布置好面试室，把应试人的位置固定好。当求职者进入面试室后，不要随意将椅子挪来挪去。有的人喜欢表现亲密，总是把椅子向前挪。殊不知，这是失礼的行为。如果应聘的人少，主考官也许会让你同坐在一张沙发上，求职者这时应界定距离，太近了，容易和主考官产生肌肤接触，这是失礼的行为。

（3）不卑不亢。求职面试的过程实际上一种人际交往过程，求职双方都应用和平的心态去交流。

（4）举止大方。举止大方是指求职者举手投足自然优雅、不拘束、从容不迫，显示良好的风度。

（5）忌不拘小节。有求职者，自恃学历高，或者有经验、有能力，不愁用人单位不用，在求职时傲慢不羁，不拘小节，表现出无所谓的样子，这是不可取的。正是这些不易被人注意的细节，使不少人失去了一些好的工作机会。

（6）勿犹豫不决。一般来说，求职者应聘时举棋不定的态度是不明智的。会让主考官感到你是个信心不足的人，难免怀疑你的工作作风和实际能力，这样容易让招聘的单位有更多的选择机会，而自己却丧失了一次机遇。

5. 求职礼仪态度

(1) 遵时守信。求职者一定要尊时守信，千万不要迟到或毁约。迟到和毁约都是不尊重主考官的一种表现，也是一种不礼貌的行为。如果求职者有客观原因不能如约按时到场应事先打个电话通知主考官，以免对方久等。如果已经迟到，不妨主动陈述原因，宜简洁表达。这是必需的礼仪。

(2) 放松心情。许多求职者一到面试点就会产生一种恐惧心理，害怕自己思维紊乱，词不达意，出现差错，以致痛失良机。于是往往会因为紧张而出现心跳加快，面红耳赤等情况。此时，应控制自己的呼吸节奏，努力调节，尽量达到最佳状态后再面对招聘考官。

(3) 以礼相待。求职者在等候面试时，不要旁若无人，随心所欲，对接待员熟视无睹，自己想干什么就干什么，给人留下不好的印象。对接待员要礼貌有加，也许接待员就是公司经理的秘书，办公室的主任或人事单位的主管人。如果你目中无人，没有礼貌，在决定是否录用时，他们可能也有发言权，所以，你要给所有的人留下良好的印象，而并非只是对面试的主考官。面试时，自觉将手机等关掉。

(4) 入室敲门。求职者进入面试室的时候，应先敲门，即使面试房间是虚掩的，也应先敲门，千万别冒冒失失的推门就进，给人鲁莽、无礼的感觉。

敲门时要注意门声的大小和敲门的速度。正确的是用右手的手指关节轻轻敲三下，待听到允许后再轻轻推门进去。

(5) 微笑示人。求职者在踏入面试室的时候，应面露微笑，如果有多位考官，应面带微笑的环视一下，以眼神向所有人致意。

一般而言，陌生人在相互认识时，彼此会首先留意对方的面部，然后才是身体的其他部分。面带真诚、自然、由衷的微笑，可以展示一个人的风度、风采。有利于求职者塑造自己的形象，给人留下美好的印象。

求职者与主考官相识之后，便要稍微收敛笑容，集中精神，平静的面容有助于求职者面试成功。

(6) 莫先伸手。求职者进入面试室，行握手之礼，应是主考官先伸手，然后求职者单手相应，右手热情相握。若求职者拒绝或忽视了主考官的握手，则是失礼。若非主考官主动先伸手，求职者勿切贸然伸手与主考官握手。

(7) 请才入座。求职者不要自己坐下，要等主考官请你就座时再入座。主考官叫你入座，求职者应该表示感谢，并坐在主考官指定的椅子上。如果椅子不舒适或正好面对阳光，求职者不得不眯着眼，那么就最好提出来。

(8) 递物大方。求职者求职时必须带上个人简历，证件，介绍信或推荐信，面试时一定要保证不用翻找就能迅速取出所有资料。如果送上这些资料，应双手奉上，表现得大方和谦逊。

(9) 注视与倾听。眼睛是心灵的窗户，与人交谈时，目光要大方、友好地直视对方，不要左顾右盼也不要低眉垂目。目光注视不要死盯住对方某一位置，也不应上下打量，这样很不礼貌。初次面试，轻轻微笑，目光随和不仅可以吸引他人注意，也可以使自己和他人心情放松。

做一个积极的聆听者。听对方说话时，要不时点头，表示自己听明白了，或正在注意听，同时也要不时面带微笑，当然也不宜笑得太僵硬。总之，一切都要顺其自然。

【知识链接】

面试衣着搭配技巧

人们常说"佛要金装,人要衣装"。其实这话一点儿也不假。包装,可以说是门学问,甚至是门艺术,它给人一种美感。对面试来讲,应试当天的穿着打扮对录取与否,有着举足轻重的影响,虽说留下完美的第一印象未必会被录取,但若给人留下坏印象,极可能因此而求职失败。因此,随着面试日期的到来,仍应花费心思为自己塑造一个良好的外在形象。

1. 男性在面试时应注意的事项

(1) 注意头发修整,如果过长,应修剪一下。

(2) 避免穿过于老旧的西装,颜色以素净为佳。

(3) 正式面试时,以长裤并熨烫笔挺为好。

(4) 衬衫以白色为好。

(5) 尽量选择颜色明亮的领带。选购时可以征询亲友的意见,勿太过鲜艳显得花俏,以能带给他人明朗良好印象为宜。

(6) 领带不平整给人一种衣冠不整的感觉,可以夹上领带夹。

(7) 西装胸袋放条装饰手帕看起来颇为别致。

(8) 西装和皮鞋的颜色以保守为原则,面试时最好避免穿着过于突出的颜色。

(9) 戴眼镜的朋友,镜框最好能使人感觉稳重。

2. 女性在面试时应注的事项

(1) 穿着应有上班女郎的气息,职业套装是最合宜的装扮。裙装长度应在膝盖左右或以下,太短有失庄重。

(2) 面谈时应穿着高跟鞋,最好避免穿平底鞋。

(3) 服装颜色以淡雅或同色系的搭配为宜,颜色勿过于花哨,形式亦不宜暴露。

(4) 头发梳理整齐,勿顶着一头蓬松乱发应试。

(5) 应略施脂粉,但勿浓妆艳抹。

(6) 不宜擦拭过多的香水。

【项目练习】

模拟见面会谈礼仪技巧的实际运用。

第四节 简历制作

【名言点津】

世界上那些最容易的事情中,拖延时间最不费力。

【案例导入】

教师给出若干种简历模板供学生观察学习,并引导学生从中提炼优秀简历的特征。

【分析讨论】

个人简历是用来介绍自己的学历、工作经历、技能和工作经验、成绩等资料的书面报告。什么样的求职简历才是符合用人单位的要求的呢？个人简历的基本要求是内容简明扼要，形式直观，一般一页纸就足够了，而且要突出重点，
简历中尽量不要提供与工作职责不相关的信息。

一、简历的内容结构

1. 个人基本情况

个人基本情况包括姓名、性别、出生日期、籍贯、家庭地址、户口状况、政治面貌、民族、血型、身高、婚姻状况和健康状况等。

2. 联系资料

联系资料包括联系电话、地址及电子邮箱。该部分内容不多，但绝对不能遗漏，它是招聘单位与求职者联系的主要途径，在简历中应重点突出这些内容。

3. 求职目标

根据招聘单位的招聘信息说明自己主要应聘什么职位，一般写上 1～2 个，而且这两个求职的目标不要相差太远。如果你写了应聘的职位是机电技术员，同时又写应聘业务员的职位，招聘人员会因你的目标飘忽不定而做出对你不利的判定。

4. 教育和培训背景

这部分要证明你的知识水准、所拥有的技能和能力，包括正规教育、非正规的成人教育和专业培训。

5. 工作经历

工作经历包括雇用型的工作和实习、勤工俭学、兼职工作、志愿者和义务性及社区性的工作。

6. 常规性技术和技能

常规技术和技能包括电脑技能、语言技能、沟通能力、交际能力和团队精神等。

7. 专业技能

一般列举与应聘职务有直接联系的所学专业。

8. 特长和兴趣爱好

诸如文艺、体育、旅游、摄影、写作等方面的特长和兴趣爱好。

9. 奖励记录

如各级各类的奖励记录，应附有复印件。

10. 自我评价

在简历的结尾留出一栏，用 100～200 字写一份自我评价。

二、简历的格式规范

1. 按形式划分

个人简历是描述自己过去的一份完整的正式的总结性报告,同时也是毕业生推销自己的广告。简历是求职人员必备的一份资料,一般有固定的格式,要表达完整清楚。简历按表现形式可以分为表格式、文章记述式和小册子式。

(1)表格式。这种格式综合了多种资料,易于阅读,通常适用于年轻、缺乏工作经历,但具有各种诸如所学课程、课外活动、业余爱好和临时工作经验等背景的大学毕业生求职使用。这是因为资历低浅的应聘者必须显示各种不同的资料,他们不深的资历很少需要分析和说明。

(2)文章记述式。这种格式可以用较少的资料表格、较长文字描述,表格的数量和文字的长度也可以变化。它特别适合年长的和资历丰富的应聘者,因为他们的科研成果、主持某项工程的工作经验或在某项工作上的专长,通过文字形式表达出来,更能引起用人单位对他的重视。当然,太多的叙述有时会影响简历的效果,这是使用这种方法作简历时需要注意的。

(3)小册子式。做简历时用多页的活页组成履历。这种简历往往页数较多,这种格式的优点是能在小册子简历中容纳一份分别打印、专门设计的求职信,将求职信和个人简历合为一体。目前有很多院校都统一制作这种形式的《就业推荐表》,个人做这种格式的简历需专门的设计和撰写能力。

2. 按内容划分

简历按表达内容可分为时序式、功能式和创造式。

(1)时序式。即按照时间顺序来排列个人受教育、工作的经历以及其他个人资料的简历。这是一种最常用的简历表,这种简历的优点是简洁、清晰、明了,用人单位招聘人员大多比较喜欢。但时序式简历并不一定对应聘者有利,尤其是应聘者最近从事的工作并不能给人较深刻的印象时。

(2)功能式。这种简历只强调曾经工作的种类(功能),而不含任何特别的时间顺序。功能式简历的主要优点是突出自己的实际成就,引起招聘者的注意。其缺点是招聘者不得不排出他们自己推算的时间顺序。这种简历一般适合那些已有一定工作经验的应聘者,不太适合刚刚毕业的学生。

(3)创造式。艺术界、广告界、宣传界和其他创造性领域里的求职者在准备简历时往往会打破标准的简历格式。当创造式简历寄给其应聘单位时,这种简历是有利的,它证明了求职者富有创造性,并提供了一个具有创造性和想象力的例子。创造式简历必须运用想象力,但同时必须向招聘者提供他们需要的内容。创造式简历只能用于创造性行业,一般要避免在银行业、商业、交通运输业和制造业运用。

三、电子简历

电子简历就是指通过互联网传播的求职简历。电子简历的投递非常简单:求职者在网上轻击鼠标就可以在全球范围内寻找适合自己的工作,不需传真,不需函寄,是全球范围的快捷传播方式。

1. 电子简历的格式和应用要点

（1）采用标准的文字处理应用软件，不要随便求新、求异。目前最通用的办公文字处理软件是 Microsoft Word。

（2）如果文字处理软件允许，不妨在页面的两边留有适量的空白。

（3）电子邮件的"主题"一栏应直接注明应聘的职位及自己的优势。

（4）最好在邮件发送后的一周内追加一封电子邮件，以便确认对方收到与否，当然也可以直接打电话与之联系，看看对方的态度和兴趣。

2. 投简历的技巧

现在大多数毕业生都是通过电子邮件向用人单位投递自己的个人简历的，但很多毕业生并不注意发送邮件的技巧。以下介绍一些通过电子邮件投递简历的技巧。

（1）邮件标题。标题一定要吸引人，如"姓名+应聘××职位+自身亮点"的形式，用这种形式投送的简历几乎100%会被收件人查看。亮点怎么写就看职位的招聘要求，有的要求工作经验，有的要求本地户口，有的要求同行业经验，有的要求形象气质，有的要求各种职称。看看自己的条件有没有和招聘要求其中之一吻合的，就可以将这一条写在邮件的标题里。邮件标题举例如下：

1）姓名，应聘××职位，5年同岗位经验。

2）姓名，应聘××职位，家住贵公司附近。

3）姓名，应聘××职位，在××公司做过××职位两年。

4）姓名，应聘××职位，模特大赛获奖。

5）姓名，应聘××职位，有××职称。

但在写邮件标题的时候也要注意，切忌不要夸大其词，越是夸大自己的亮点，就越会让人失望。

（2）邮件编辑。简历的投递尽量用自己的信箱将简历以文字的方式粘贴在正文中，尽量不要用附件发送。第一，招聘者没有大把的时间去查看邮件中的附件；第二，有些企业的邮箱会直接把附件过滤掉。

最好将正文和附件一起放在同一封邮件里，如果招聘者对你的简历感兴趣，就会将邮件中的附件下载下来，方便打印、给他人阅览或存档。正文的简历和附件简历的内容一定要一致，附件的题目最好和邮件的题目一致。如果招聘者收到的附件是"新建 Microsoft Word 文档"，可想而知，他会毫不犹豫地删除这封邮件。

有的用人单位会在招聘广告中强调"请勿以附件形式投递"，如果你还在邮件中添加附件，那只说明了一个问题：你并非真心应聘该岗位。因为你连招聘广告都没有仔细阅读。

（3）邮件发送。很多招聘者会在下午，甚至晚上查看求职者的简历，在这之前投递的简历被看到的机会会大大增加。还要注意一点，简历千万不要群发。如果群发简历邮件，在收件人的邮箱里是可以显示出来的，这会让招聘者觉得你没有诚意。同时也不要同一封简历多次投递给同一个招聘单位，这也是没有诚意的表现。

（4）跟踪邮件。绝大多数求职者在发完简历之后都在被动地等待面试通知，对自己的简历是否成功投递到用人单位或用人单位对你简历的态度一无所知。如果在投递简历后，与用人单位进行联系，跟踪邮件状态，会给用人单位一种真诚、认真的印象。但在联系用人单位时要注意，话语要简短，最好不要超过1分钟，速战速决，不要拖泥带水，切忌在电话里问其他具体的信息，因为招聘者可能还没有阅读过你的简历，对你的情况还不了解。

此外，招聘者对有礼貌的求职人员都是比较喜欢的，你有礼貌地进行了邮件跟踪，那么，你的简历多半会被招聘者查看的。

【知识链接】

求职信

求职信是同学们推销自己的过程中最关键的材料，也是同学们求职进程的第一步。求职信的书写质量很大程度上影响着是否能够顺利进入用人企业的初选范围。

一、求职信的结构

求职信一般包括称呼、引言、正文、结尾、署名、日期、附录等7部分。

1. 称呼

求职信的称呼往往比一般书信的称呼正规，求职者要针对招聘单位的性质选用不同的称谓。如果是政府机构就用"尊敬的处长（科长、负责人等）"称呼；如果是企业，则用"尊敬的×××董事长（或总经理）先生""尊敬的×××厂长（或经理）"；如果是写给学校校长或人事部门负责人的求职信，则称之为"尊敬的×××教授（或校长、老师等）"。一般不直呼"某某同志"，而是称呼其职务、职称或官衔。如果对象身份不清，则可用"尊敬的领导"一语代替。称呼要求严肃谨慎，有礼貌地写在第一行顶格。其语气既不能随随便便，也不能过分亲昵，以免给人以唐突的印象。称呼后的问候语一般应为"您好"而非"你好"，更不能用"您们好"。

2. 引言

引言部分需要开宗明义、自报家门，直截了当地说明求职意图，应力求简洁，使求职信的主旨明确、醒目。引言的作用有两点：一是吸引用人单位看完材料；二是引导对方进入你所设计的主题而不感到突然。切忌客套问候、离题万里，让对方产生厌恶情绪。写出求职信的理由和目的：说明你为什么选择该公司。可以表达你对公司发展理念的认同；或者你一直通过新闻了解该公司或者这个行业；也可表明你有着同样的工作经验。

3. 正文

正文部分要先简述个人基本情况，写明求职的理由及目标，要合乎情理、合乎实际，做到充足、可信。接着要重点介绍自己的主要成绩、特长、优势等，可以多提一些有代表性的工作经历，使之具有吸引力和新鲜感，要表明自己诚恳的求职态度和敬业精神，并附带说明对未来的设想等。主体部分是求职信的重点，要简洁而有针对性地概述自己，要突出自己的特点，使对方觉得你的各方面情况与招聘条件相一致，与有关职位要求、特点相吻合。

常见的求职信一般采用信函的形式，正文除了用一般信函的礼貌用语之外，主要包括以下内容。

（1）说明个人的基本情况（学历、工作简历）。

（2）说明工作能力和潜在能力。

（3）明确向用人企业提出申请职位。

（4）说明如被录用，能为用人单位做出什么贡献。
（5）写明自己的详细联系方式。
在写求职信之前，同学们应该做好以下几件事。
（1）尽可能多地对这个招聘单位进行了解。
（2）了解你应聘的企业需要什么样的人才。
（3）了解你能为招聘单位提供什么。
（4）了解你应聘的企业为其招聘的人提供的工作条件和薪资。
（5）了解你应聘的企业提供的工作条件和薪资与就业市场同类职位薪资行情的差异。

4. 结尾

结尾要进一步强调求职愿望，可以恰当地表达求职的迫切心情，恳请用人单位考虑你的求职请求，期望得到用人单位的认可及接纳。一般结尾应写明：第一，希望对方给予答复，盼望能有机会参加面试，表示希望早日成为贵公司一员的急切心情，并认真写明详细联系地址和联络电话；第二，写上简短的表示敬意、祝愿的祝词，如"祝贵公司兴旺发达""深表谢意"等语句，也可用"此致敬礼"等通用结束语。

5. 署名

署名应注意和自己的身份一致。

6. 日期

一般写在署名右下方，最好用阿拉伯数字，将年、月、日写全。

7. 附录

求职信一般都要同时附一些有效证件的复印件，如学历证、学位证、专业技术等级证、身份证、工作证、获奖证书等复印件及简历（附有照片），还有通信地址、联系电话要一一注明，便于招聘单位审核、通知。

二、写求职信的几点要求

1. 实事求是，恰如其分

写求职信务必抱着实事求是的态度，应做到正确介绍自己。对自己的能力、水平、特长应有恰如其分的评价，不可弄虚作假和虚构自己的学习成绩，也不能夸大自己的工作能力和特长，更不能虚构没有的荣誉。真实是求职信的基本要求，但毕业生要做的不是向招聘单位袒露自己的缺点，而是要证明自己的实力，在有限的篇幅里扬长避短，使招聘单位对求职者的才干和能力留下深刻的印象。

2. 谦逊诚恳，详略得当

写求职信要注意表现出自己谦虚的品质、诚恳的态度。语气要委婉，做到自信而不自大、自谦而不自卑。求职信中关于能够突出个性，吸引对方、打动对方的内容要详写，而且要写得有自己的风格。主要内容包括专业知识、工作经验、自身特长和个性特点。若你的求职信落入俗套，毫无特色的话，阅信人有可能"一扫"而过，然后扔进废纸篓。相反，如果你的求职信写得与众不同，一开始就引起了读信人的注意，表述得体，阅信人会很有兴趣地将其看完，这样，你的名字就很有可能列入候选人名册了。

3. 有的放矢，开门见山

写求职信应讲究分寸。通过多种渠道尽可能多地了解招聘单位的基本情况，特别是现状。只有这样，才能针对不同性质的单位及岗位要求写出你现在能做什么、将来能为单位做什么的内容，来表达你对招聘单位的了解和关心，从而赢得招聘单位对你的好感，切忌不分青红皂白地用一种求职信的版本复印后到处投递。

写求职信就是要"察其所需、供其所求"，并且恰当表现出你"供其所求"的本钱。对不同的单位和行业，不同的工作岗位，写求职信要"量体裁衣"，结合自身的特点来写。对这样有针对性的求职信，用人单位会认为求职者有诚意和较好的应聘条件。

4. 文字精练，简洁明了

求职信是一种功能性很强的应用文体，不是越长越好，越详细越好，而是要简洁明了、重点突出、具有特色。求职信的篇幅一般不超过一页，同时还要特别注意语言是否得当，文法和标点符号是否准确，字迹是否清楚，要杜绝错别字。一封精练的求职信，配上工整或清秀的书法，既能显露你的才华，又能博得招聘者对你的好感，加深对你的印象。文字冗长、没有条理，是白白浪费别人的时间，不但不会令人感兴趣，还妨碍了对信中重要内容的理解。要回答好三个问题：一是为什么申请这份工作；二是为什么你适合这份工作；三是你准备怎样为公司做贡献。

5. 祝词热诚，符合格式

正文后虽然只用几个字的祝词，但表示写信人对收件人的祝愿，不可忽视。

三、求职信与求职简历的异同

求职信与求职简历是两种重要的求职文件。它们都是求职者写给用人单位的，向用人单位介绍并推荐自己，以使对方接纳自己的一系列文字、图表等材料。

随着我国用人制度的改革，人才流动日益加剧。尤其是每年数百万大学毕业生涌入社会，求职、找工作，使整个社会就业压力骤然加大，竞争日趋残酷。"酒香不怕巷子深"的年代已经过去，现在是"好酒也必须会吆喝"。求职信和求职简历就是求职者迈向社会的第一声"吆喝"，是求职者与用人单位之间架设的一条桥梁和纽带。如何通过求职信或求职简历向用人单位介绍推荐自己，展示自己的真才实学和优秀品质，找到一份适合自己，能够发挥自己所长的工作，这是每一个求职者都十分关心和必须重视的。因此有人说，求职信或求职简历就是大学毕业生递到社会上的第一张"名片"，是大学毕业生迈向社会的第一块"敲门砖"。怎样才能让用人单位通过这张"名片"，认识和了解自己，怎样才能使自己这张"名片"从众多求职者递上的"名片"中脱颖而出，让用人单位披沙拣金，找到自己，看中自己，关键取决于你这张"名片"设计和制作。

但是在实际使用中，有许多人尤其是大学毕业生对求职信和求职简历这两种求职文件的认识极为模糊，混为一谈。认为它们没有区别，以至于该用求职信的时候用了简历，而该用简历的时候又用了求职信，甚至所写的求职文件中一会儿是信一会儿是简历，互相掺杂、重复累赘。不但不能帮助自己求职，反而给自己的求职带来很大障碍。

【项目练习】

提交自己的简历，请同学们相互点评。

项目二　职业适应

【本章导读】

本章着重介绍了大学生就业权益、就业协议书和劳动合同的差别、从学生向职业人转变原则及方法、求职目标确定确定方法以及调试方法。

第一节　大学生就业权益

【名言点津】

劳动有合同，权益有保障。

【案例导入】

小杨终于得到了某大型公司的试用通知，开始上班了。他的工作岗位是网络维护员。第一天，主管带他到公司各个部门走了一圈，熟悉工作环境，对他的业务能力也做了初步了解，对他也挺满意的。可是第二天，当他准备去上班的时候，却接到了公司打来的电话："对不起，你的那项工作我们已经有更合适的人选了，你不用来公司上班了。"对公司的这个"解雇"决定，小杨觉得十分气愤："我做错了什么？他们凭什么在上班第二天就把我撂下了？"

经了解，小杨在被聘用之前没有与聘用单位签订书面协议。

【分析讨论】

思考问题：小杨如果去维权能否成功？

即使再气愤，小杨也只能无奈接受这个结果。因为从一开始，该公司就以试用为名，没有与他签订任何书面协议，他没有办法讨回公道。

普通高校毕业生在就业过程中享有多方面的权益，清楚了解自己在就业过程中享有的一系列权利以及如何更好地在求职过程中维护好自己的权益是实现顺利就业的重要保障。

一、大学生就业权益的基本内容

毕业生要做到顺利就业，必须明确自己所享有的权利。只有明确了这些权利，才能更好地维护自己的权利不受侵害。根据目前就业规范的有关规定，毕业生主要享有以下几方面的权利：获取信息权、接受就业指导权、被推荐权、自主择业权、公平待遇权、违约求偿权等。

（一）获取信息权

就业信息是毕业生择业成功的前提，学校和有关就业指导部门应如实、无保留地向毕业生及时提供就业信息。毕业生只有在充分占有信息的基础上，才能结合自身情况选择适合自身发展的用人单位。因此，获得信息权是毕业生在就业过程中最基本的权利，可以从以下三方面来理解。

（1）信息公开，即所有用人信息向全体毕业生公开。

（2）信息及时，也就是毕业生获取的信息必须是及时、有效的，而不能将过时的无利用价值的信息传递给毕业生。

（3）信息全面，毕业生有权获得准确、全面的就业信息，全面地了解用人单位的需求，从而做出符合自身要求的选择。

（二）接受就业指导权

我国《高等教育法》规定，"高等学校应当为毕业生、结业生提供就业指导和服务。"由此可以看出，毕业生有权从学校接受就业指导。学校应成立专门机构，安排专门人员对毕业生进行就业指导，及时向毕业生传达有关就业方针、政策、法规，并对学生进行择业观念、择业技巧等方面的指导，引导毕业生根据国家、社会需要，结合个人实际情况进行择业。

（三）被推荐权

学校推荐往往会在较大程度上影响用人单位对毕业生的取舍，毕业生在就业中有权得到学校的如实推荐。高校在就业工作中的一个重要职责就是向用人单位推荐毕业生。毕业生享有的被推荐权应包含这样几方面内容：如实推荐、公正推荐、择优推荐。

（四）自主择业权

《中华人民共和国劳动法》以下简称《劳动法》第三条规定，劳动者享有选择职业的权利。因此，作为求职方的毕业生（委培生、定向生除外），在就业市场上享有自主选择职业的绝对权利，可以按照自己的兴趣、爱好和能力去选择自己将要从事的职业。家长、学校和用人单位，可以为初出校门、缺乏工作经验的毕业生，提供择业意向方面的建议、参考、推荐和引导，但不能强迫或限制他们选择职业。实行招生并轨后的毕业生要在国家就业方针政策指导下自主择业，只要符合国家的就业方针、政策，毕业生有权自主的选择用人单位，任何强令毕业生到某单位就业的行为都是侵犯毕业生自主权的行为。

（五）平等就业权

毕业生享有平等就业的权利。我国《劳动法》规定，"劳动者享有平等就业和选择职业的权利""劳动者就业不因民族、种族、性别、宗教信仰不同而受到歧视"。但在实际就业过程中，毕业生平等就业的权利常常受到侵犯，"就业歧视"现象屡见不鲜，它破坏了市场的公平竞争环境，造成了人力资源的巨大浪费。在当前，毕业生的公平待遇权受到很大的冲击，也最为毕业生所担忧。由于各项配套措施滞后，完全开放公平的就业市场尚未真正形成，用人单位录用毕业生还不同程度存在不公平、不公正的现象。这一问题的根本解决，还有待于相关法律条例的制订和完善。就目前来说，更重要的是求职者本身维权意识的加强。毕业生在参加就业求职过程中，应当享有平等就业权。平等就业，应当包括及时、全面有效地获取就业信息,能被公平、公正对待,参加"双选"时与用人单位自主洽谈协商。公平受录用权是毕业生最为迫切需要得到维护的权益。

在双向选择的过程中,毕业生有权向用人单位了解具体的使用意图、工作环境、福利待遇、发展前景等情况,从而做出符合自身条件的选择;用人单位有义务向毕业生和学校如实介绍本单位的真实情况,并提供相关的资料。任何用人单位发布虚假招聘信息、对毕业生隐瞒本单位实际情况的做法,都是对毕业生就业权利的漠视和侵犯。

(六)知情权

在双向选择的过程中,毕业生有全面获悉用人单位信息、了解用人单位的工作环境、福利待遇、发展前景等情况的权利,用人单位有义务向毕业生和学校如实介绍本单位的真实情况,任何发布虚假招聘信息、对毕业生隐瞒本单位实际情况的做法,都是对毕业生就业权利的漠视和侵犯。

(七)违约求偿权

毕业生的就业协议一经签订,毕业生、用人单位、学校任何一方不得擅自毁约,都应严格履行。任何一方提出变更或解除协议,均须得到另外两方的同意,并应承担违约责任。如用人一方违约,毕业生有权要求用人单位承担违约责任,支付违约补偿。

二、大学生就业权益产生的背景和特点

(一)产生的背景

对大学生就业权益进行保护的呼声是随着环境的变化而越来越高的,在过去的客观环境下,就业权益并没作为一种权益引起人们的重视。随着我国社会经济的快速发展,打破了过去的分配体制,侵犯毕业生权益的现象也时有发生,就业维权的呼声自然越来越高。维权作为一种权益引起人们的重视也基于政府的重视和推进社会就业,进一步理顺毕业生就业体制,始终坚持市场取向,提高劳动力市场的流动性。同时提供优惠政策,鼓励大学毕业生到农村和西部地区就业,鼓励自主创业。这些都对毕业生就业维权具有重要的推动意义。

另外,2008年1月1日起施行的《就业促进法》是一部充分体现执政为民理念,充分体现广大劳动者意愿的民生之法。《就业促进法》的颁布和实施,是我国广大劳动者,特别是失业人员、就业困难人员的一个福祉,标志着我国就业工作从此进入依法行政的新阶段,保障我国积极的就业政策长期实施和有效运行。

(二)特点

大学生就业权益的维护是在特定的历史背景下日益显现出来,有着其突出的特点。

(1)党和政府高度重视大学毕业生的就业维权工作,为毕业生的就业维权提供一系列优惠政策条件和良好的外部环境。中央和地方各级政府多次颁布文件,保证毕业生就业工作的顺利进行。因此高校毕业生的就业维权有着社会其他人员无法比拟的优越条件。

(2)就业时间集中性强,维权问题具有周期性特点。每年3月或7月,应届高校毕业生就业,一般要求在规定的时间内落实工作单位。也随之出现很多维权的问题,应予以重点关注。

（3）初次就业，缺乏就业权益的维护意识。高校毕业生大多数没有就业经历，缺乏就业维权经验，因此要更加注意预先指导和教育。

（4）毕业生就业权益受到侵害的途径和方式出现了很多时代性新特点。网络侵权、合同侵权、违约侵权等新问题时时出现，需要有更新的应对措施。

三、大学生就业权益维护的体现

如何在求职过程中保护自己的合法权益不受侵害，需要了解以下几方面。

（一）了解国家和地方有关就业政策和法律规定，增强法律维权意识

毕业生应了解目前国家和地方主管部门关于毕业生就业的有关方针、政策和法规及它们之间的关系，例如户籍政策、接收程序、用人制度等。如果在就业过程中用人单位的单方面规定与国家政策、法律、法规相抵触，侵犯了自己的权益，要勇于并善于依法维护自身合法权益。

（二）认真对待就业协议书，重视其作用

就业协议书是由教育部统一制定的明确毕业生个人、用人单位、学校三方在毕业生就业过程中的权利和义务的书面文本。毕业生在签订就业协议及其补充条款时要注意查明用人单位的主体资格是否合法，看清协议条款是否明确合法，签订就业协议的程序是否完备，违约责任的界定是否明确等，切忌盲目填写，有不明确的问题应及时向就业指导中心老师或用人单位询问。

（三）预防侵权行为，维护自身权益

一方面，毕业生在就业过程中应本着"诚实、守信"的原则，以自身实力参与竞争。另一方面，也要有风险意识，对于有些用人单位招聘人员时，使用夸大待遇条件等欺骗手段的做法要有提防戒备心理，预防危害自身合法权益行为的发生。

（四）勇敢运用法律武器，维护自身合法权益

由于高校毕业生就业市场尚不成熟完善，有关法律法规有待于健全，在就业过程中不可避免会出现一些不公平现象，侵害了毕业生的正当权益。在自身权益受到侵害时，毕业生有权向用人单位的上级主管部门提出申诉，也可提交给当地的劳动争议仲裁机构进行调解和仲裁，或直接向人民法院提起诉讼，要在就业的过程中敢于和善于运用法律武器来维护自身正当权益。

【知识链接】

大学生应如何避免就业陷阱呢？

一、大学生就业陷阱的表现特征

大学生就业陷阱是指招聘单位，其他机构或个人，利用大学生的弱势地位（如社会经验不足、自我保护意识差、就业竞争激烈等），以提供就业机会为诱因，采用违法悖德等手段，与大学生达成权利与义务不对等的各类就业意向（协议），以期侵害大学生合法权益的现象。当前大学生就业陷阱主要表现出四个典型的特征。

1. 欺骗性

欺骗性主要表现为招聘单位以攻势强劲的虚假宣传，信誓旦旦的不实承诺，热情有加的伪善行为来取得大学生的信任和很高期望，然后在协议中提出苛刻条件，隐藏各种不法目的。

2. 诱惑性

诱惑性主要表现为招聘单位着力包装，夸大事实，并以单位各种招牌、荣誉、待遇和发展前景蛊惑大学生，一旦大学生被其所诱骗上钩，则脸色突变，一幅我是流氓我怕谁的架势。

3. 隐蔽性

违法用人单位的各种伎俩都有十分华丽的诱人说辞，听起来入情入理，面面俱到，句句都令人心动，其实处处布下陷阱。涉世不深的大学生十分单纯，难辨真伪，很快成为猎取的对象。

4. 违法性

就业中的违法目的各有不同。一类是违法违规留人才。有些为留住人才而扣留大学生的户口、证件等使大学生欲走难行。有些迫使大学生签下"卖身契"，使大学生"生为单位的人，死为单位的鬼"。有些软硬兼施，一方面大开空头支票，另一方面强迫工作，迫使大学生逐渐接受不公正，不合理的现实。另一类就是坑蒙拐骗，使大学生掉进自己挖下的高薪陷阱、培训陷阱、中介陷阱，甚至诱骗大学生入股、推销、传销等，还有些用人单位给大学生设置了协议陷阱、合同陷阱或试用期陷阱，使大学生感到欲罢不能，求助无门。

二、大学生就业陷阱的主要类型

1. 招聘陷阱

（1）招聘会不合法。有些双选会打着毕业生就业的名义，实质是未经有关主管单位审批。参加双选会的单位也良莠不齐，出工不出力，只为凑数，以便主办单位收取高价门票，参加双选会的人员公费旅游，招聘单位收取一些毕业生的信息。有些招聘单位甚至出卖学生的个人信息，给一些违法之徒有可乘之机。

（2）变相收费。如有些招聘单位不当场签约，要求通过网络或电话继续洽谈，而这些网络或电话都是收费的；有些招聘单位收取应聘者报名费、资料费或培训费等。

（3）用招聘掩盖违法行为。有些企业打着招聘的幌子，逼迫毕业生做传销、推销或其他违法的事情。

2. 中介陷阱

收取高额的中介费用。为你列出一大堆要么不要人，要么不招收大学生，甚至不存在的单位，使你几次头撞南墙，知难而返。但想要回中介费——难！

外地非法中介机构或中介网络，收取一定的费用，却以种种理由推脱责任。有些虽然介绍了单位，但用人单位的状况与求职的要求相去甚远，既便如此，工作几个月，往往被炒鱿鱼，理由是试用不合格。

非法中介机构之间相互串通，以大城市高薪就业落户等名义开展中介，收取不菲的中介费后，介绍到外地中介。外地中介找不法用人单位或私人小企业让大学生打零工，而户口、档案却长期违法滞留，甚至被丢失。

3. 协议陷阱

口头承诺。口头承诺如果没有在协议书中白纸黑字予以体现，就没有法律约束力。一旦协议主体间发生矛盾，吃亏的一般都是学生。

不平等协议。由于大学生维权意识缺乏，在求职中又处于弱势地位，对不平等条款要么不知，要么不敢提出异议，使就业协议在某种程度上成为"霸王合同"。所以大学生在签订就业协议时，一定要慎防无保障协议，死协议、卖身协议等不平等协议。

就业协议代替了劳动合同。有些用人单位以就业协议替代劳动合同，究其原因，是用人单位在就业协议中的许多约定不符合劳动法规定，如果签订劳动合同，许多不合法约定将不存在，难以实现对大学生的约束，不能达到其违法用工的目的。

4. 试用期陷阱

没有试用期可能暗藏玄机。试用期是劳动合同是劳动合同的约定条款，对双方都有约束力，试用期长短或有无由双方依法在劳动合同中约定。某些用人单位规定大学生报到就签订劳动合同，马上上岗工作。可当大学生感到单位各方面情况不尽人意，想要另谋高就时，才发现自己在"无意"间放弃了试用期这一有利的武器，丧失了自己本该拥有的权利。在这种情况下，如果要单方面解除合同，无疑要承担惨重的代价。

试用期或见习期过长。劳动部在1996年全面实行劳动合同制时规定，大中专、技校毕业生新分配到用人单位工作的，仍应按原规定执行一年的见习制度，见习期内可以约定不超过半年的试用期。由于法律法规对见习期内的权利义务没有具体规定，在大学生就业中，违规违法现象主要表现为见习期与试用期的总期限超过一年，有的甚至长达两年；有些单位以见习期的名义不签合同，且借故延长见习期；有些单位签的是劳动合同，书写的却为见习期。诸如此类的现象屡见不鲜，应当引起大学生的高度重视。

5. 培训陷阱

在大学生就业中，常常会看到一些培训机构混迹其中，不断给大学生介绍"高薪就业""保证就业"之类的机遇，殊不知其中陷阱重重。

收了培训费仍然无工作。有些培训机构以"高薪就业""保证就业"的名义引诱大学生交了培训费，但培训结束后，却以种种理由不给安排就业。

培训机构与用人单位连手坑害大学生。大学生交了昂贵的培训费后，被推荐到一些位置偏僻、层次较低的企业，无人问津的低薪岗位，甚至在试用期就被借故辞退。

用人单位的培训陷阱。有些用人单位要求新进大学生必须经过某某机构培训，考核合格才能录用。于是花费不少的大学生经过培训，考核过关者却寥寥无几。即使如此，被录用者也难逃厄运，工作刚满见习期或试用期即被以各种理由辞退。

因为培训而失去自由。常言道"没有梧桐树，难留金凤凰；栽好梧桐树，招来金凤凰"，可一些没有梧桐树的用人单位自有"妙法"留人。那就是单位出钱培训上岗，"买走"大学生的"自由"。这些用人单位在大学生上岗前提出，单位出资送大学生到某培训机构进行所谓的培训，并且签订培训上岗协议或劳动合同，规定所有经过培训合格人员，才能准予上岗，且要签订长期劳动合同，少服务一年，必须交纳数目不菲的违约金，有些单位甚至扣押大学生的证件。

6. 保证金、押金陷阱

按照国家有关法律规定，严禁招聘单位在大学生就业中收取费用，包括资料费、培训费、保证金、押金等。可在招聘中,大学生还是经常碰到索要巧立名目的费用。大学生一方面求职心切,另一方面缺乏相应的法律知识和保护意识,所以经常陷入此类陷阱。

7. 安全陷阱

大学生就业存在的种种问题,给一些不法之徒提供了可乘之机。他们常常精心策划,坑蒙拐骗盗无所不用,如果大学生稍不留神就会受其所害。

索要各种证件、签名、盖章。如果大学生在招聘中留下重要证据之类的东西,就可能成为欠费、欠税、担保人等各种形式的债务人,也可能成为敲诈勒索的对象。

索要办证费、资料费、报名费、劳保费、保险费等名目繁多的收费。只要大学生切记,无论对方怎么巧舌如簧,没赚钱决不花钱,他们的如意盘算就会落空。

谨防偷盗抢劫。首先,对陌生的人、陌生的地点与可疑时间的面试,一定要谨慎小心,很可能各个环节都陷阱重重,令你防不胜防。其次,谨防将手机、钥匙交给对方,也不要随便吃喝对方提供的食物饮料,否则可能瞬间一无所有。最后,谨防诈骗。如果对方为掌握你的全面情况无休止面试,你可能已经处于危险的境地。要么设下小圈套让你闯祸,然后高价索赔;要么你的家人朋友可能接到你车祸、病危此类的通知,于是匆匆将钱转入了不法之徒的账户。

预防非法工作。工作性质不清,任务不明,遮遮掩掩、行动诡秘,这时就要非常留心,可能已沦为不法之徒的帮凶。可能正从事涉毒、偷运、销赃、窝赃、传销等非法工作。而一旦事情败露,违法者全无踪影,而你成了替罪羊。

女大学生安全第一。不法之徒更易选中女大学生,是因为她们就业更难,易于诱骗,而且防卫能力差,胆小怕事,易于掌控。女大学生在就业中稍不留神,可能会落入不法之徒、不良企业的陷阱中,轻则被劫财劫色,一无所有,更可怕的是陷入色情、传销业或被拐卖,反抗者甚至遭暴力相向,失去生命。所以,女大学生就业一定要将安全放在第一位,思想上切不可麻痹大意,贪图钱财与享受,以免被引诱;行动上一定要细思慎想,以防掉入陷阱;具体环节上要步步为营,以杜绝授人把柄。

三、解决大学生就业陷阱的途径

解决大学生就业,是政府和社会应有的责任。特别在当前大学生就业出现困难的情况下,政府和社会应加强改革和管理,保障大学生的基本权益,为创建和谐社会而努力。

1. 改革完善大学生就业机制,保护大学生合法权益

现行的就业协议,对用人单位约束力不够强,学校的枢纽作用难以真正发挥,造成学生的合法权益得不到保护,更突显出学生的弱势地位。因此,有必要对现行就业协议制度进行改革。首先,学校应退出三方就业协议的签订。高校不是就业协议的主体,更不具有社会用工管理的职能,把高校作为协议主体一方使其处境尴尬,且易造成扯皮与侵害学生权益事件。其次,现行就业协议应向劳动合同方向发展。现行大学生就业协议与劳动法规范的劳动合同虽有异曲同工之效,但二者结合点模糊不清,且就业协议文本不够规范、协议内容不全面,这些常成为用人单位规避责任或违法以侵害大学生合法权利的重要因素。其中最重要的是就业协议无法可依,无法律定性;内容由双方自由约定,无强制性规定,这是造成协议与劳动法冲突,就业大学生与用人单位发生矛盾,用人单位侵害弱势就业大学生合法权益的根本原因。笔者认为,大学生就业协议应朝附有生效条件的劳动合同方向发展,不妨认为,用人单位与大学生提前签订了附有生效条件的劳动合同。这种劳动合同

有法可依，性质明确，能有效约束用人单位的违法现象，即使发生争议也有法为据，可通过法定程序解决。最后，高校应淡化就业管理职能，而应强化就业服务职能。作为高校，更重要的职能是为学生就业提供职业指导和就业服务，而不应成为尴尬的"第三者"。高校所履行的就业管理职能应当"物归原主"，即由有关政府职能部门"理所当然"地承担。这样既能避免三方协议的扯皮现象，又能充分保护协议双方的合法权益，更使违法违约者承担相应的责任。

2. 规范大学生就业市场管理

大学毕业生就业市场是用人单位与大学生洽谈签订就业协议的主渠道，是政府、社会与高校促进大学生就业，为大学生提供就业服务的主要方式。由于大学生社会经验不足，自我保护意识较差，有必要对他们进行一定程度的保护。政府、社会和高校应积极为大学毕业生提供就业服务，创造就业的有利条件，努力推介大学生充分就业。特别是有关政府职能部门，应当在用人单位与大学生之间架起一个沟通交流的平台与桥梁，使二者能充分协商，各自找到满意的"对象"。然而，现在的就业市场管理缺失，就业市场的功能"变质"，市场主体的身份复杂等问题已成为通病，给大学生就业蒙上阴影。因此，完善和规范大学生就业市场管理已势在必行。政府有关职能部门应切实加强制度建设，严格审批制度，加大监督检查力度，严厉打击违法违规现象，为大学生就业提供有序、规范、诚实可信的公平市场。

3. 加强对用人单位的用人管理

现阶段，有许多用人单位在用工方面有意或无意地违反法律有关规定，更不乏一些用人单位在与大学生签订就业协议时就设下陷阱，并以此为依据，长期侵害当事人合法权益。因此，加强对用人单位的用工管理与检查，严厉处罚不法用工的单位，同时应加强在劳动者中宣传劳动法，鼓励劳动者检举揭发用人单位的违法现象等方法，以规范用人单位依法用工，是解决大学生就业陷阱的有效途径之一。

4. 严厉打击不法分子和不良企业的违法行为

不法分子和不良企业严重扰乱就业秩序，给大学生人身、财产等方面造成严重威胁，使大学生常常遭受难以承受的打击，对他们的成长和发展造成极为不利的影响，也对社会的稳定安全造成极大的破坏。因此，应予以严厉的打击，常抓不懈，以阻此风，为社会和大学生创造良好的就业外部环境。

5. 加强对大学生的法律教育，提高大学生的自我保护意识

防止大学生就业陷阱不仅要创造安全、有序、公正、合理的外部环境，更重要的是要加强对大学生的法律教育，使大学生知法、懂法、守法，并能利用法律武器维护自身的权利。当前，普法教育在大学还很不够，一些普法课程得不到大学生的重视，致使许多大学生法律知识缺乏，法律观念淡漠，维权意识不强，即使权利受到侵害也不知道，当然，也不乏为息事宁人、忍气吞声者，但很少有依法维权，争取自己的合法权益者。这种现象不仅只是个别大学生利益，权利受到侵害，更严重的是助长了许多违法分子的气焰，造成许多不安全不稳定事件，也使刚进入社会的许多大学生受到不良影响，为他们的今后发展可能埋下隐患。

四、树立自我保护意识，学会防范陷阱

由于大学生没有求职经验，缺乏社会阅历，容易轻信别人，所以每年都有一部分大学生在求职过程中受到种种迷惑而上当受骗。有的在街头、桥下陷入私招的陷阱，工作数月，

加班加点却领不到工资；有的在试用期内苦干实干，实习期结束却被单位以不合格为由辞退而白干数月。那么大学生在求职过程中，应该怎样避免上当受骗呢？

大学生也要不断参与社会实践，在社会化过程中不断锤炼，迅速成熟起来。社会和学校的保护是有限的，短暂的，更现实的办法是要求大学生积累社会经验，分清是非，明辨良莠，树立较强的自我保护意识。

1. 要选择正规的中介

求职时尽量到大的、正规的人才市场或人才机构，不要求职心切，一见招聘的字样就去应聘。

求职时千万要小心那些无营业执照，无职业介绍许可证或人才交流许可证的非法中介，他们常常以找不到工作不收费为幌子，诱惑求职者入套，乘机向求职者敲诈勒索。

2. 拒交各种名义的费用

求职的大学生应该知道：任何招聘单位，以任何名义向求职者收取抵押金、风险金、报名费、培训费等行为，都属非法行为。如果在求职中遇到此类情况，一定要坚持拒交，并向招聘单位所在区、县举报，以确保自己的合法权益不受侵害。

3. 不轻信许诺到外地上班

面对非法中介或私招滥雇者声称的承接外地企业或北京总公司某某外地分公司、分厂的高薪招聘，不论其待遇多么好，千万不要轻信他的口头许诺，一定要到劳动保障部门咨询，并办理相关的手续。

4. 发觉被骗，及时报案

一旦发觉上当受骗，要及时向招聘单位所在地的人事局人才市场管理办公室、劳动保障监察大队或公安派出所报案，寻求法律保护。

5. 学习相关法律知识

大学生在求职前或求职过程中，应主动学习一些劳动法规和相关政策，提高自己的求职素质和独立思考的能力。

【项目练习】

（1）大学生就业权益的基本内容体现在哪些方面？
（2）大学生就业过程中常见的就业陷阱有哪些？
（3）结合就业形势，论述如何在就业过程中维护自身的合法权益。

第二节 就业协议书和劳动合同

【名言点津】

大学生在就业过程中与就业单位签订就业协议书、与工作单位签订劳动合同是维护大学生就业合法权益的有效途径。

【案例导入】

某院校2016届毕业生小李，在2016年5月份找到一份工作，他见很多同学都签订了就业协议书，就不假思索地与某公司签订了就业协议书，并把协议书通过辅导员汇总到了学校。在某公司工作了一个多月,小李觉得自己不适合这份工作,在给部门经理打了个电话之后,没有办理任何手续就不去公司上班了。10月份当小李找到一份新的工作时,新单位提出要与小李签订就业协议书。此时,小李遇到了麻烦,因为就业协议书已与原单位签订了。在这之前,学校已根据就业协议书将小李的档案、户口等关系转到了小李的原公司。小李到原公司解决问题时,原公司人力资源部因为小李未办理任何手续而离开单位,要求他支付一笔不菲的违约金。

此事例告诉我们,每一位大学毕业生签订就业协议书时应采取慎重态度,在充分了解就业政策之后,经认真考虑再决定与用人单位签订就业协议书。

【分析讨论】

此事例中小李因为不重视就业协议书,不了解就业协议书的重要性,而随意签订协议书,最后造成违约,给自己的工作和生活带来不良影响。这个实例告诉我们,每一位大学毕业生签订就业协议书时应采取慎重态度,在充分了解就业政策之后,经认真考虑再决定与用人单位签订就业协议书。本节将着重讲述影响我们大学生就业的就业协议书与劳动合同相关知识。

正如第一节所述,大学生在保护自己的就业权益时,要做到了解有关就业政策和法律规定,增强法律意识以及用法律武器维护自身合法权益。因此,在了解了就业权益的基本内容后,大学生还要了解一些最基本的与就业相关的法律常识,这样才能在自己的权益受到侵犯时,知道用相应的法律知识来维护自己的合法权益。

一、与大学生就业有关的法律法规

1. 《劳动法》

1994年7月5日,第八届全国人大常委会第八次会议通过了《劳动法》,自1995年1月1日起施行。这是一部保护劳动者合法权益,调整劳动关系的法律。毕业生在求职择业过程中必须掌握该法律的有关内容,才能避免自己的权益遭到侵害。

《劳动法》规定:劳动者享有平等就业和选择职业的权利、取得劳动报酬的权利、休息休假的权利、获得劳动安全卫生保护的权利、接受职业技能培训的权利、享受社会保险和福利的权利、提请劳动争议处理的权利以及法律规定的其他劳动权利。《劳动法》还对劳动者工作时间以及延长工作时间等做了相应的规定。

鉴于新颁布的《劳动合同法》在保护劳动者权益方面做了很多的规定,此处不再赘述。

2. 《劳动合同法》

2007年6月29日,第十届全国人民代表大会常务委员会第二十八次会议通过《劳动合同法》,自2008年1月1日起施行。这是一部调整平等主体的劳动者与用人单位之间订立和履行劳动合同的法律。毕业生正式报到后与用人单位签订的劳动合同也应符合《劳动合同法》的有关规定,因此,在与用人单位签订劳动合同前,应对《劳动合同法》的相关规定进行了解,特别是订立阶段的有关注意事项,以更好地维护自身的合法权益。

《劳动合同法》规定了其调整对象和适用主体,从相关法条可以看出,劳动合同法调整通过劳动合同建立的劳动关系,即凡是通过合同而形成的劳动关系,由劳动合同法调整,其他的则不予调整。需要特别注意的是,国家机关、事业单位、社会团体只有与劳动者建立劳动关系的,才适用劳动合同法。其次,劳动合同法的适用主体是劳动者与用人单位。此处的用人单位的地域范围是境内,所以外国企业的驻华代表如果在中国境内开展业务,也要受到《劳动合同法》的调整。

《劳动合同法》还对订立劳动合同的原则、形式、期限、劳动合同的生效以及文本的保管、劳动合同应具备的条款及试用期的有关条款、劳动合同中违约金的约定等都做了详细的规定,对保护劳动者的切身权益有着十分重要的作用。

3.《普通高等学校毕业生就业工作暂行规定》

《普通高等学校毕业生就业工作暂行规定》是指导毕业生就业工作的最根本最原则性的规定,主要内容有:毕业生就业工作程序;毕业生就业指导与毕业生鉴定;供需见面和双向选择活动;就业计划的制订;调配、派遣工作;接收工作及毕业生待遇;违反规定的处理等方面。它对全国高校、毕业生、用人单位具有普遍约束力,是目前最为系统的就业规范。

二、《全国普通高等学校毕业生就业协议书》与劳动合同概述

许多毕业生认为《全国普通高等学校毕业生就业协议书》与劳动合同具有同等的效力,可以相互替代,另外,毕业生到单位报到后,有些用人单位也并没有马上与劳动者签订劳动合同,而是以就业协议书及补充协议代为履行劳动合同的职能。需要强调的是,虽然就业协议书与劳动合同均为用人单位录用毕业生时所签订的书面协议,但两者处于两个相互联系的不同阶段,不能相互替代。

(一)《全国普通高等学校毕业生就业协议书》概述

1.《全国普通高等学校毕业生就业协议书》的主要内容

教育部高校学生司制作的《全国普通高等学校毕业生就业协议书》(简称《就业生协议书》),也简称为三方协议,是由毕业生、用人单位和学校三方之间就学生就业方向签订的一种协议,由三方共同签署后生效。其内容包括以下五部分:①用人单位的情况及意见;②毕业生的情况及意见;③学校意见;④备注;⑤规定条款(《毕业生就业协议书》背面)。

它一式四联,依次为:白(鉴证登记单位)、红(办理有关手续)、蓝(用人单位)、黄(学生),所以用人单位一般称之为"四联单"。它事实上有五张纸,最后一张"第五联 信息填报规则说明",填甲方(用人单位)信息时用得到。(见图4-2-1)

图4-2-1 就业协议书

2. 就业协议书的法律性质和地位

根据我国法律规定，合同是平等主体的自然人、法人和其他组织之间设立、变更、终止民事权利义务关系的意思表示一致的协议。毕业生所签订的就业协议书的主体是平等的，是在双方意思表示一致后订立的，并且协议书所涉及的权利义务均属于我国民事法律调整的范围，所以毕业生就业协议书具有合同的属性。就业协议书是明确毕业生、用人单位、学校三方在毕业生就业工作中的权利和义务的书面表现形式。协议在毕业生到单位报到、用人单位正式接收后自行终止。就业协议起到保护毕业生、用人单位和各自的权益，是学校制订、国家审批毕业生就业计划的依据。

3. 就业协议的签订

毕业生到所在学校就业工作部门或院（系、所）指定工作人员处领取统一编号的就业协议书后应该妥善保管，当与用人单位在洽谈、协商基础上达成一致意见，便以就业协议的形式将这种关系确定下来，此即为签约。毕业生在签订就业协议书时，要遵循一定的法定程序，才能最大限度地保障自己的权益。

（1）用人单位在对毕业生综合考察的基础上初步确定用人意向，由用人单位出具加盖公章的接收函，毕业生凭此函到学校就业主管部门领取三方协议。

（2）毕业生与用人单位就协议书中所列事项平等协商，在双方在场的情况下，认真填写各项基本资料并签名盖章，如另有其他约定条款的，需在就业协议书上注明或另附补充协议。

（3）学校盖章。毕业生与用人单位应在双方签字盖章后的十个工作日内持就业协议书到学校就业主管部门登记盖章。学校需对就业协议书中的内容及双方签字盖章的效力进行形式审查，签署意见，然后将毕业生纳入当年的就业派遣方案。

（4）学校签署意见后，学校保留一份协议，毕业生自己执一份，并由毕业生将另一份协议及时反馈给用人单位。

签订就业协议是一种法律行为，协议书一经签订，便视为生效合同，具有法律效力。因此，毕业生应注意协议内容是否明确、是否完整，避免模棱两可，含糊不清等，尤其要对关系到自己切身利益的工资待遇、工作期限（包括试用期）、发展前途、社会保障、违约责任等方面的条款更应逐字逐句推敲、斟酌，以免日后产生歧义。

4. 违约及处理程序

毕业生就业协议书一经签订，任何一方不得擅自解除，否则，应承担违约责任。由于种种因素，就业协议书签订之后，违约现象客观存在，为维护当事人合法权益，可遵循以下程序处理违约责任。

（1）签订就业协议书时，毕业生应与用人单位充分协商，在就业协议书的备注栏，书面确定违约问责及补偿办法，高等院校也应出台相应规范措施，维护毕业生的权益不受侵犯，促进就业市场的进一步规范。

（2）毕业生单方擅自解除就业协议的，需征得原用人单位的同意和解约书面证明，并按协议向用人单位交纳违约金，承担违约责任。

（3）用人单位提出违约，应与毕业生积极沟通，并向毕业生支付一定的补偿金。如用人单位拒不支付或故意拖延的，毕业生可通过用人单位所在地的劳动行政部门干预处理，或申请劳动仲裁，学校也应当出面通过各种途径维护毕业生的合法权益。

(二)劳动合同概述

1. 劳动合同概念

劳动合同，也称劳动契约、劳动协议，它是指劳动者与用人单位之间为确立劳动关系，明确双方权利和义务的协议。《中华人民共和国劳动合同法》（以下简称"《劳动合同法》"）第十条规定："建立劳动关系，应当订立书面劳动合同。"这说明劳动合同是确定劳动关系的法律形式。《劳动合同法》第八十二条规定："用人单位自用工之日起超过一个月不满一年未与劳动者订立书面劳动合同的，应当向劳动者每月支付两倍的工资。"第十四条规定："用人单位自用工之日起满一年不与劳动者订立书面劳动合同的，视为用人单位与劳动者已订立无固定期限的劳动合同。"上述条款表明用人单位与劳动者签订劳动合同是新颁布《劳动合同法》作出的强制性规定。

大学毕业生与用人单位确定了工作意向，并不意味着就此完成就业。对于初涉职场的大学生来说，与用人单位签订劳动合同是一个非常重要的环节，它是劳动者合法权益得到有力保障的唯一途径。劳动合同是劳动者保护自己权益的基本形式和书面文件，一旦劳动者所在单位违反劳动合同，劳动者便可以此为依据通过行政、协商、仲裁和司法等手段维护自己的权益。

2. 劳动合同的分类

劳动合同按照标准可划分为不同的种类，最常见的分类有：以合同的目的为标准，划分为聘用合同、录用合同、借调合同等；以合同的期限为标准，可划分为固定期限劳动合同、无固定期限劳动合同、以完成一定工作任务为期限的劳动合同；按照劳动者人数不同，划分为个人劳动合同和集体劳动合同。

3. 劳动合同的基本内容

劳动合同的内容与劳动者的权益密切相关，毕业生在正式报到后一定要按照有关的原则、形式和内容要求等与用人单位签订劳动合同。劳动合同的内容，指的是劳动合同中双方共同达成的规定双方当事人权利和义务的有关条款。

劳动合同的内容，是指双方当事人在劳动合同订立中必须明确的各自的权利、义务及其他有关问题。劳动合同的内容是劳动关系的实质，也是劳动合同成立和发生法律效力的核心问题。

根据《劳动合同法》第十七条规定，劳动合同的内容，可分为法定条款和约定条款两大部分，前者是指由劳动合同法规定的劳动合同必须具备的内容；后者是指不须由法律直接规定，而由双方当事人自愿协商约定的合同内容。

(1) 法定条款。按照《劳动合同法》规定，劳动合同的法定条款包含以下九项：用人单位的名称、住所和法定代表人或者主要负责人；劳动者的姓名、住址和居民身份证或者其他有效身份证件号码；劳动合同期限；工作内容和工作地点；工作时间和休息休假；劳动报酬；社会保险；劳动保护、劳动条件和职业危害防护；法律、法规规定应当纳入劳动合同的其他事项。

劳动合同分为固定期限劳动合同、无固定期限劳动合同和以完成一定工作任务为期限的劳动合同。有以下情形之一的，除劳动者提出订立固定期限劳动合同外，应当订立无固定期限劳动合同：第一，劳动者在该用人单位连续工作满十年的；第二，用人单位初次实行劳动合同制度或者国有企业改制重新订立劳动合同时,劳动者在该用人单位连续工作满十年且距法定退休年龄不足十年的;第三,连续订立二次固定期限劳动合同,且没有出现法定解除劳动合同情形的;第四,用人单位自用工之日起满一年不与劳动者订立书面劳动合同的,视为用人单位与劳动者已订立无固定期限劳动合同。

劳动者解除劳动合同,应当提前三十日以书面形式通知用人单位,在试用期内的时间为提前三日。

(2) 约定条款。约定条款是订立劳动合同双方当事人根据劳动合同法规定过协商约定、自行规定的合同内容,如试用期、培训、保守秘密、补充保险、福利待遇、劳动者从事的工种、担任的职务、争议解决途径等等。

劳动合同可以约定试用期,根据合同期限的长短,试用期时间长短包括不超过一个月、不超过二个月和最长不超过六个月。同一用人单位与同一劳动者只能约定一次试用期。试用期包含在劳动合同期限内。

4. 签订劳动合同的原则

根据《劳动合同法》的规定,毕业生在与用人单位签订劳动合同时,应注意以下几项原则。

(1) 合法原则。主要从以下三方面内容来把握:一是签订劳动合同的主体合法:用人单位必须是依法设立的企业、事业单位、国家机关、社会团体和个体经济组织等;劳动者必须是达到法定年龄、具有劳动权利能力和行为能力的自然人。二是劳动合同的内容合法:即劳动合同的所有条款都不能违反国家法律、法规的规定。三是劳动合同订立的形式和程序必须合法,即劳动合同必须有规范的文本,并经用人单位与劳动者在劳动合同文本上签字或者盖章生效。劳动合同文本由用人单位和劳动者各执一份。

(2) 公平原则。公平原则是指劳动合同当事人要公平地确定合同权利义务,使双方的权利义务对等,合同当事人不得利用自己的优势地位或对方的不利地位而订立显失公平的合同。此原则尤为重要,由于我国劳动力市场的供过于求,使劳动者的弱势地位更加明显,有些用人单位利用这个特点签订显失公平的劳动合同,如果存在因一方的欺诈行为而导致合同不公平或者合同中对劳动者约定的违约金的数额过高等而导致合同不公平现象,当事人一方有权请求劳动争议仲裁机构或人民法院确认显失公平的合同无效。

(3) 平等自愿、协商一致原则。平等是指当事人双方在签订劳动合同时依照法律规定地位平等,没有任何隶属关系、服从关系,用人单位与劳动者是以平等的身份订立劳动合同;自愿是指订立劳动合同完全出于当事人自己的意志,任何一方不得把自己的意志强加给另一方,也不允许第三者干涉劳动合同的订立。协商一致是指合同的双方当事人对合同的各项条款,只有在双方充分表达自己意志基础上,经过平等协商,取得一致意见的情况下,劳动合同才能成立。凡是违反平等自愿、协商一致原则签订的劳动合同,不仅不具有法律效力,而且还应承担一定的法律责任。

(4) 诚实信用原则。诚实信用原则是指劳动合同当事人在订立劳动合同时要诚实,不得有欺诈行为。"欺诈行为"是指一方当事人故意实施某种欺骗他人而使他人违背自己的真实意愿做出某种决定的行为。如,用人单位或劳动者为了签订劳动合同,故意告知对方虚假的情况等。签订劳动合同是一种严肃的法律行为,毕业生和用人单位在签订合同前应当就相关事项进行充分协商并选择,劳动合同一旦签订,双方应本着诚信的原则,全面履行劳动合同的各项约定。

5. 劳动合同的签订

在签约的基础上，毕业生完成大学学业领取了就业报到证之后，去用人单位上班，此即为正式报到。为了更好地保障自己的权益，毕业生应及时和用人单位签订劳动合同，此时劳动者与用人单位之间依据劳动合同形成了法律上的权利义务关系即劳动关系。这种法律关系，具有以下基本法律特征：

（1）劳动关系的主体是特定的，即一方是劳动者，另一方是用人单位。用人单位包括企业、事业单位、机关、社会团体、个体工商户等。

（2）劳动关系的发生、变更和终止，以及当事人双方在劳动过程中的权利、义务等均应依照劳动法和劳动合同法处理。

（3）劳动合同的标的是劳动过程，而不仅仅是劳动成果。只要劳动者按时完成了劳动合同所规定的工作量，用人单位就应当按照劳动合同的约定支付劳动报酬。

（三）就业协议与劳动合同的共性与区别

1. 就业协议与劳动合同的共性

就业协议是高校毕业生与用人单位确立劳动关系的依据。而劳动合同是劳动者与用人单位确定劳动关系的法律形式。就确立劳动关系这一点来说，就业协议与劳动合同是相通的，可以这样认为，就业协议的实质是预备劳动合同，是劳动合同的一种特殊表现形式。它们有以下共同点：

（1）性质一致。用人单位与大学毕业生签订就业协议，与其他社会劳动者签订劳动合同，都是要确立劳动关系，明确双方权利和义务，就此来看，就业协议与劳动合同的性质是一致的。

（2）主体的意思表达一致。签订就业协议的双方，在表达主观愿望、意思表示真实、无强制、胁迫这一点上，与劳动者和用人单位之间签订劳动合同时，双方的主观意思表达所处的状态完全一致。

（3）法律依据一致。由于就业协议是确立劳动关系的一种协议，具有准劳动合同的性质，因此，在订立就业协议时，也应遵循《劳动法》《劳动合同法》等劳动法律法规中的有关规定，发生争议纠纷，也应依照有关劳动法律、法规加以解决。

2. 就业协议与劳动合同的区别

尽管就业协议与劳动合同有相近之处，但就业协议毕竟不是劳动合同，二者不能互相替代。用现实生活来打比方，就业协议就像是"订婚仪式"，而劳动合同就是"结婚登记"。它们的主要区别体现在以下几方面。

（1）适用的法律、法规不同。劳动合同适用《劳动合同法》及劳动行政部门颁布的有关劳动人事方面的法规。而就业协议虽然在法律适用时的法律依据与劳动合同相一致，但并不直接适用劳动法律法规，而主要是适用有关政策制度。

（2）适用主体不同。劳动合同是劳动者与用人单位之间确立劳动关系的协议，只要双方当事人协商一致，符合国家的法律、行政法规，无欺诈、胁迫等手段，经双方签字盖章，合同即生效。而就业协议的主体有三方，即毕业生、用人单位和高等院校。

（3）内容不同。依据《劳动法》的规定劳动合同的内容比较详细，而就业协议的条款相对比较简单,主要是毕业生如实向用人单位介绍自己情况,愿意在规定期限内到用人单位报到,用人单位如实向毕业生介绍本单位情况,同意录用该毕业生,高等学校是否同意毕业生与用人单位的意见等。至于毕业生到用人单位后享有什么权利,应承担哪些义务,就业协议并未做出强制性的要求。

(4) 适用的人员不同。劳动合同可以适用于各类人员,凡是中华人民共和国的公民只要有劳动权利能力和劳动行为能力并符合法律规定的条件,经过供需见面、双向选择,一经录用都可以与用人单位签订劳动合同,而就业协议适用的人群相对单一,一般只适用于高等院校毕业生、毕业研究生。

(5) 签订的时间不同。一般来说,就业协议签订在前,它是在毕业生就业之前签订的,而劳动合同一般是在毕业生到用人单位报到上班后才签订的。当然,也有用人单位要求在毕业生报到前签订劳动合同的,但程序上一般是先签就业协议,再签劳动合同。

三、违约责任

(一) 关于违约

国家基于维护广大毕业生的利益,要求用人单位维护毕业生就业计划的严肃性,就业协议一经签订,用人单位不得拒收毕业生;毕业生也不得随意更换单位,否则都属于违约行为。

(二) 违约处理程序

签就业协议书后一般不允许违约。双向选择的就业机制以及各单位在招聘时间上存在的差异,使毕业生在就业过程中,违约现象时有发生。一方面,用人单位单方面违约,在这种情况下,毕业生应该具有维权意识,主动运用法律的武器积极主张权利,追究用人单位的违约责任,也可以向用人单位上级主管部门和学校申诉,必要时可以向单位所在地劳动仲裁机构投诉或直接向人民法院起诉,从而保护自身的合法权益。另一方面,可能是毕业生因为种种原因造成的违约,这时候,毕业生应该跟用人单位坦诚相商的基础上,合理的解决,取得原单位的同意后,再跟新单位签订新的就业协议书。但任何情况下其中一方提出违约的,都须经另两方同意后才能办理并要承担违约责任。另外,毕业生还须履行以下手续:

(1) 要征得原用人单位同意,并出示原单位向学校开具的退函,将因此造成的对学校的不良影响减少到最小。

(2) 违约调整要符合国家就业政策导向。

(3) 学校审核同意毕业生个人违约后,毕业生提供新单位的接收函,重新办理相关手续。

四、劳动争议的解决

(一) 劳动争议概述

1. 劳动争议的概念

劳动争议又称劳动纠纷,是指劳动者与用人单位之间因履行劳动合同而发生的争执。

2. 劳动争议的分类

按不同标准划分,劳动争议有不同的分类:

（1）按劳动者人数划分，劳动争议分为个人劳动争议和集体劳动争议。个人劳动争议是指劳动者个人与其所在用人单位发生的劳动争议。集体劳动争议是指3人以上（含3人）劳动者有共同申诉理由与其所在用人单位发生的劳动争议。

（2）按合同类型划分，劳动争议分为劳动合同争议和集体合同争议。劳动合同争议，是指因确认劳动合同效力和履行劳动合同而发生的争议。集体合同争议，是指因订立、履行集体合同发生的争议。

（3）按争议内容划分，劳动争议分为：因开除、除名、辞退职工和职工辞退、自动离职而发生的争议；因执行国家有关工时、工资、保险、福利、培训、劳动保护的规定而发生的争议；因履行劳动合同、集体合同而发生的争议等。

（二）劳动争议处理机构

1. **劳动争议调解委员会**

《劳动法》第八十条规定："在用人单位内，可以设立劳动争议调解委员会。劳动争议调解委员会由职工代表、用人单位代表和工会代表组成。劳动争议调解委员会主任由工会代表担任。"可见，劳动争议调解委员会是指在本单位内部依法成立的调解劳动争议的群众组织。

调解委员会的职责是对职工进行劳动法律法规的宣传教育，做好劳动争议的预防工作；调解本单位发生的劳动争议；检查督促争议双方当事人履行调解协议。

2. **劳动争议仲裁委员会**

《劳动法》第八十一条规定："劳动争议仲裁委员会由劳动行政部门代表、同级工会代表、用人单位方面的代表组成。"可见，劳动争议仲裁委员会是指依法成立的行使劳动争议仲裁权的劳动争议处理机构。

地方仲裁委员会的职责：负责处理本委员会管辖范围内的劳动争议案件；聘任专职和兼职仲裁员，并对仲裁员进行管理；领导和监督仲裁委员会办事机构和仲裁庭开展工作；总结并组织交流办案经验。

3. **人民法院**

人民法院是行使审判权的行政机关，劳动争议案件经过仲裁仍然不能解决的，可以由人民法院的民事审判庭受理。

（三）劳动争议处理程序

《劳动法》第七十七条规定："用人单位与劳动者发生争议，当事人可以依法申请调解、仲裁、提起诉讼，也可以协商解决。"另外，根据《劳动法》第七十九条以及《中华人民共和国单位劳动争议处理条例》（1993年7月6日国务院颁布），劳动争议处理程序可以分为协商、调解、仲裁、诉讼四个阶段。当然，这些阶段并不是按先后顺序的，当事人可以依法选择。

（1）协商。《劳动法》第七十九条及《中华人民共和国单位劳动争议处理条例》第六条规定：劳动争议发生后，当事人应当协商解决，不愿协商或协商不成的可以向本单位劳动争议调解委员会申请调解。可见，协商不是处理劳动争议的必经程序，不愿协商的，可以直接向本单位劳动争议调解委员会申请调解。

（2）调解。《劳动法》第七十九条及《中华人民共和国单位劳动争议处理条例》第六条规定：调解不成的，当事人一方要求仲裁的，可以向劳动争议仲裁委员会申请仲裁；当事人一方也可以直接向劳动争议仲裁委员会申请仲裁。可见，调解也不是处理劳动争议的必经程序。

（3）仲裁。《劳动法》第七十九条及《中华人民共和国单位劳动争议处理条例》第六条规定：对仲裁裁决不服的，可以向人民法院提起诉讼。因此，仲裁是处理劳动争议的必经程序。

（4）诉讼。《劳动法》第八十三条规定："劳动争议当事人对仲裁裁决不服的，可以自收到仲裁裁决书之日起十五日内向人民法院提起诉讼。一方当事人在法定期限内不起诉又不履行仲裁裁决的；另一方当事人可以申请人民法院强制执行。"

五、签订就业协议与劳动合同的注意事项

（一）签订就业协议书的注意事项

毕业生就业协议书的签订对用人单位、毕业生和高等院校都具有一定的约束力，它不仅明确了毕业生与用人单位的选择意向，也是毕业生就业派遣和人事、户口、档案转接的主要依据。通过双向选择，毕业生在与用人单位达成用人意向之前，一定要结合自己的实际，综合分析所选择的用人单位是否有利于促进自己事业的发展，推动人生价值的实现，确定是否要留在该用人单位工作。一旦定下来，应与用人单位及时签订就业协议书，不可犹豫观望，也不可盲目冲动。过去，就有部分毕业生在签订就业协议时态度不慎重，而影响自己的顺利择业。

签订就业协议书时应注意以下事项。

1. 详细了解用人单位的主体资格

签订《就业协议书》前，要弄清用人单位的性质及用人方式等；单位是否有独立人事管理权，能否为毕业生办理户口档案转接及社会保险等手续，是单位办理还是通过人才市场人事代理办理；是哪一种用人方式，正式编制内录用、聘用合同制、临时聘用或派遣制等，以便毕业后及早与相关单位签订《劳动合同》。

2. 按规定程序签订就业协议书

毕业生凭学校统一编号的《就业协议书》原件（一式四份，复印件无效）与用人单位签约。双方签好后由毕业生或用人单位交毕业生所在院（系）审核，最后交学校就业工作部门审核盖章。按规定的程序签订就业协议书，由学校最后把关，这样，有利于维护学生的合法权益。

3. 充分利用备注栏，明确约定条款内容

在毕业生与用人单位的洽谈中，必然会就一些具体问题进行协商，若双方达成一致意见后，毕业生要注意将约定好的内容以示范条款的方式在备注栏中书面说明，并明确表示在今后订立劳动合同时应予以确认，然后由双方签字盖章。这有利于促进与劳动合同的衔接，避免日后产生纠纷。需要在协议书备注栏约定的条款包括：服务期限、福利待遇、住房条件及违约处理办法等。

另外，报考研究生、准备专升本或出国留学的毕业生在签订就业协议书时，应将报考研究生、专升本或出国留学的有关事宜告知用人单位，经沟通协商达成一致意见后在备注栏说明，否则毕业生需承担违约责任。

4. 只能与一个用人单位签订就业协议书

凡与两个或两个以上用人单位签订协议书的，一般只认定与最先签约的用人单位的协议书有效，其他按违约处理。

（二）签订劳动合同的注意事项

大学毕业生与用人单位签订劳动合同是大学生在求职中取得成功的标志，但大学毕业生与用人单位在经验和掌握专业知识程度等方面的不对称性，使他们明显处于劣势，因此签订劳动合同时应慎重，不可大意。通常签订劳动合同时应注意以下几个问题。

1. 签订的劳动合同须合法

依法签订劳动合同是其产生法律约束力的前提。如果签订的劳动合同不合法，那么求职者的权益保护会遇到困难。为此，求职者一定要先确认自己签订的劳动合同是否具备产生法律约束力的条件，包括：用人单位这一劳动合同主体须符合法定条件，用人单位依法成立，依法支付工资、缴纳社会保险费、提供劳动保护条件，并能够承担相应的民事责任；双方签订的劳动合同内容不得与相关法律法规相冲突。《劳动法》规定，违反法律、行政法规签订的劳动合同为无效劳动合同；因此签订劳动合同的程序、形式必须合法。

2. 坚持平等自愿的原则

在签订劳动合同时，毕业生和用人单位是平等的民事主体，具有平等的法律地位，享有法律规定的平等权利，因此，双方必须坚持自愿的原则，协商合同条款内容，任何一方不得将自己的意志强加给另一方，更不能采取欺诈手段订立劳动合同。

3. 对合同内容应仔细推敲

一是看合同条款的语言文字表达是否清楚而有条理，是否存在歧义；二是看合同条款是否包括《劳动合同法》的九项法定必备条款内容，还有那些约定内容须写入劳动合同，约定试用期的时间是否在法律规定范围内；三是对用人单位提供的格式合同须认真推敲，对格式合同中出现的不愿接受的诸如范围界定不清、表述含糊、一语多义等有关条款，应予以拒绝；四是看双方的权利、义务、责任是否划分清楚，对"单方面合同"应予以拒绝；五是认真校对外文合同文本或部分外文合同文本的中文意思内容，是否与其递交给当地劳动行政部门鉴证的中文合同文本内容一致。

4. 因用人单位原因没有签订劳动合同仍然受劳动法律、法规的保护

《劳动法》第十六条明确规定"劳动合同是劳动者与用人单位确立劳动关系、明确双方权利和义务的协议。建立劳动关系应当订立劳动合同"。

《劳动合同法》第十条规定"建立劳动关系，应当订立书面劳动合同"。

用人单位在聘用劳动者后不签订劳动合同是违反法律的。用人单位不与劳动者签订劳动合同，原因是多方面的，除了建立劳动雇佣关系时应当签订劳动合同的观念未广泛建立外，还有一个重要原因就是用人单位认为不签劳动合同，就可以不受劳动法律的约束，对劳动者的管理就比较自由。这种理解是错误的，根据我国劳动法律法规如原劳动部《关于贯彻执行〈中华人民共和国劳动法〉若干问题的意见》《关于劳动争议受理问题的复函》《中华人民共和国企业劳动争议处理条例》等的规定，只要发生劳动关系，即使用人单位不与劳动者签订劳动合同，只要形成事实上的劳动关系，劳动者依然受劳动法律的保护。

新《劳动合同法》又在第十四条规定:"用人单位自用工之日起满一年不与劳动者订立书面劳动合同的,视为用人单位与劳动者已订立无固定期限劳动合同。"第八十二条规定:"用人单位自用工之日起超过一个月不满一年未与劳动者订立书面劳动合同的,应当向劳动者每月支付二倍的工资。"

这些规定进一步保护了劳动者的合法权益。虽然有以上法律的保护,但毕业生应尽可能地要求用人单位签订劳动合同,因为它可以对劳动内容和法律未尽事宜作出详细、具体的规定,在发生劳动争议时也是解决纠纷的重要证据。

【知识链接】

社会保险的有关知识

一、社会保险概述

1. 社会保险的含义

社会保险是由国家通过立法,多渠道筹集资金,对劳动者在因年老、失业、生病、工伤、生育而减少劳动收入时给予的经济补偿,使他们能享有基本生活保障的一项社会保障制度。

2. 社会保险的种类

社会保险主要包括养老保险、失业保险、医疗保险、工伤保险和生育保险等,具有强制性。

(1)养老保险。所谓养老保险(或养老保险制度)是国家和社会根据一定的法律和法规,为解决劳动者在达到国家规定的解除劳动义务的劳动年龄界限,或因年老丧失劳动能力退出劳动岗位后的基本生活而建立的一种社会保险制度。养老保险是社会保障制度的重要组成部分,是社会保险五大险种中最重要的险种之一。

(2)失业保险。失业保险制度是国家通过立法强制实施,由政府负责建立失业保险基金,对非因本人意愿中断就业而失去工资收入的劳动者提供一定时期的物资帮助及再就业服务的一项社会保险制度。

(3)医疗保险。所谓社会医疗保险制度就是通过国家立法,强制性地由国家、单位和个人缴纳医疗保险费,建立医疗保险基金,当个人因疾病需要获得医疗服务时,有社会医疗保险机构按规定提供医疗费用补偿的一种社会保障制度。医疗保险具有社会保险的强制性、互济性、社会性等基本特征。因此,医疗保险制度通常由国家立法,强制实施,建立基金制度,费用由用人单位和个人共同缴纳,医疗保险费由医疗保险机构支付,以解决劳动者因患病或受伤害带来的医疗风险。医疗保险就是当人们生病或受到伤害后,由国家或社会给予的一种物质帮助,即提供医疗服务或经济补偿的一种社会保障制度。

(4)工伤保险。工伤保险也称职业伤害保险,是指劳动者由于工作原因并在工作过程中遭受意外伤害,或因接触粉尘、放射线、有毒有害物质等职业危害因素引起职业病后,由国家或社会给负伤、致残者以及死亡者生前供养亲属提供必要的物质帮助的一项社会保险制度。

(5)生育保险。生育保险是通过国家立法规定,在劳动者因生育子女而导致劳动力暂时中断时,由国家和社会及时给予物质帮助的一项社会保险制度。我国生育保险待遇主要包括两项：一是生育津贴，用于保障女职工产假期间的基本生活需要；二是生育医疗待遇，用于保障女职工怀孕、分娩期间以及职工实施节育手术时的基本医疗保健需要。

二、"三险一金"与"五险一金"

社会保险是由国家通过立法，多渠道筹集资金，对劳动者在因年老、失业、生病、工伤、生育而减少劳动收入时给予的经济补偿，使他们能享有基本生活保障的一项社会保障制度，主要包括养老保险、失业保险、医疗保险、工伤保险和生育保险等项目，具有强制性。"三险一金"中的"三险"是指养老保险、失业保险、医疗保险。"五险一金"中的"五险"是指养老保险、失业保险、医疗保险、工伤保险、生育保险。"一金"均指住房公积金。

其中养老保险、失业保险和医疗保险，这三种险是由企业和个人共同缴纳的保费，工伤保险和生育保险完全是由企业承担的，个人不需要缴纳。

【项目练习】

（1）简述大学生签订就业协议书的流程。
（2）比较说明大学生就业协议书与劳动合同的异同。
（3）简述签订就业协议与劳动合同的注意事项。
（4）论述说明社会保险对于劳动者的重要性。

第三节 从学生向职业人转变

【名言点津】

懂得将工作与快乐结合者，堪称是命运的幸运儿。

——丘吉尔

【案例导入】

即将毕业的学生，谈论最多的往往是自己的工作。然而好多毕业生刚走上工作岗位时，充满了困惑，本节将教会你如何从一个学生转变成职业人。

学生小明，所学专业为制药工程，已经与某制药工厂签订就业协议书，并在该厂实习三个月，实习工作期间，总觉得工厂环境污染比较严重，当初实训课时，授课教师讲授化学知识时，常讲到一些化学品有毒。现在小明觉得自己每天都要和化学品打交道，备受其害，还得忍受机器噪音的污染，早上还要早早起来，一点不适应，除此之外还要干一些同事们不愿做的杂活，很不开心，不想干这份工作的念头越来越强烈。

【分析讨论】

万事开头难，大学生因为习惯了学校的生活，走上工作岗位之后，发现现实和理想之间的差距很大，因此产生了种种不适应，这都是正常的；关键是我们一定要明白：必须及早调整心态，完成从学生向职业人的转变。

大学生离开校园进入不同行业，迎接人生第一份工作的挑战。对涉世未深、缺乏职业规划能力的毕业生来说，存在着相当大的压力，最重要的矛盾是与先前理想中的职位相差甚远，面临着巨大转型压力。

一、从宏大的"人生理想"向现实的"职业理想"转变

第一份工作对大学生们的冲击是巨大的，从高高的象牙塔走下来的他们怀抱的是理想化的思维方式，是指点江山的做事方法。然而就业压力大，选择余地小，能够专业对口，就已经很不容易了，让他们感到理想与现实之间的落差太大，一时难以接受。先前宏大的理想，在现实面前已经失去目标，失去动力，只感到实现是遥遥无期的事情，因此情绪低落。当务之急需要的是把理想转化为职业目标，并制订出切实可行的方式方法，去实现职业目标，搭起一座桥梁让自己从理想走入现实。

实现职业目标有很多的途径，要结合自己的综合因素去选择一条最适合自己的途径，更快的实现职业目标，从而最终实现职业理想。从实现职业理想的角度看，我们所做的工作一定要与职业目标有密切的相关性，否则，所做的工作将不会对职业理想产生支持，那实现职业理想的就会再次成为空想（先要学会成为职业人，然后成为理想人，理想通常是一个博大和较难实现的东西，有很多的因素制约，还是先把职业搞定吧，然后考虑远大的理想抱负，没有搞清楚，一根筋似的人通常会在理想面前栽跟头）。

二、从"学校人"到成熟"职业人"的转变

同样的实习经历，可以出现不同的出路和结局。关键是你自己的路怎么走，虽说自己做主，但也要首先认识到究竟要在实习过程中获得什么，怎么才能把握实习机会为自己求职增加砝码？实习生一定要摆平心态，在做事方面，首先要建设的是自己的心态。一颗浮躁的心会带着你的眼睛在各个职位、各个企业之间来回游移，你会觉得这个工作你能做，那个你也能做，最后导致你连最简单的都做不好。

从学生人转变成职场人的第一步，应从企业文化、业务流程、公司制度、仪态仪表、接人待物、为人处世等多个方面进行了解，企业需要的是什么人员，什么职位应该具备什么样的素质，如何能够更好地发挥自己的潜力。职业人最需要的就是敬业精神，职场新人要做的以日常性的事务工作居多，专业性的工作一般要经过企业的再培训之后才去做。要保持沉稳的心态，因为这是做好任何一份工作的关键。俗话说，"良好的开端是成功的一半。"你首先要学会适应。学会适应艰苦、紧张而又有节奏的基层生活。你缺少基层生活经历，可能不习惯一些制度、做法，这时，你千万不要用你的习惯去改变环境，而是要学会入乡随俗，适应新的环境。好高骛远、自命不凡，只能毁掉你的前程。

要学习企业中那些卓越人才必备的八大基本素质：创新能力、学习能力、自信自立、自律、积极乐观、执着追求、责任感、合作开放。

三、从单纯的处理问题方式向复杂的人际关系转换

新到一个公司，崭新的生活方式、陌生的社会环境、复杂的人际关系，都让他们感到不习惯。没有耐心去思考一些细节上的问题，因此，难以适应、四处碰壁。

在做人方面，首先要揭掉自我标签，低调做人。现代大学生的特点是张扬个性，彰显自我风格，追求与众不同。这种风气与氛围培养了不少"特别"的大学生。但工作岗位不

是上演个人秀的舞台，因此，刚刚迈上工作岗位的大学生们一定要注意自我形象问题，做事一定要低调。低头少说多看，尽快熟悉人际关系，融入环境。

锐气藏于胸，和气浮于脸，才气见于事，义气施于人。处事对上司先尊重后磨合、对同事多理解慎支持、对朋友善交际勤联络复杂的人际关系是社会构成的一部分，亲和力太小，摩擦力太大，一不小心，天时、地利、人和都离你而去。融入环境的手段之一是要学习基本的礼仪知识。职场有职场的规则，单纯的讲礼貌是不够的。身处其中，一言一行，一举一动都要符合职场规范。礼仪是构成形象的一个更广泛的概念，包括了语言、表情、行为、环境、习惯等等，相信没有人愿意因为自己在社交场合上，因为失礼而成为为众人关注的焦点，并因此给人们留下不良的印象。

对大学生来说，礼仪是一门必修课。大学生应当修好这门课免得在职场上碰了钉子才想去补课。

四、从系统的理论学习向多方位的实际应用转换

学校里学习的都是系统的理论，一科连接一科，科科有现成的教科书，有教授讲解，有助教辅导。到了工作岗位，实际动手能力靠培养、练习，而且，实际应用是多角度、全方位的。没有人告诉你哪个该学，怎么学习，知识积累全靠自己探索。从而导致做了事却没有实现目标，甚至偏离了目标。或者不知从哪里入手，学些什么。

在应届毕业生进入公司的时候，企业都会对职场新人进行新员工入职培训，要多学多看，多虚心请教，才能积累工作经验。大学生缺乏实践经验就很难提到发展，公司的人都是有经验的人，没有经验，则只能打下手，心理又不平衡，就会越搞越糟，使自己境地尴尬，甚至不懂装懂，让人笑话。以谦逊的态度去向别人请教，这并不是什么难事，放下架子，虚心请教，你会发现别人身上值得你学习的地方有很多，你自己身上也有别人值得学习的优点。虚心求教，进步很快，又能建立良好人际的关系，把自己很快融入集体中去，既受益匪浅，又让人喜欢。

五、从散漫的校园生活向紧张的工作模式转换

悠闲的校园生活方式被紧张的职场打拼所代替，使这些处于在家里备受呵护的"宝宝"进入"断乳期"，像是在奶奶、姥姥娇惯下自由淘气的孩子，一下被送到幼儿园，受到纪律、时间的约束，感到浑身不自在，迟到、请假成家常便饭，总想找个借口，编个理由请假去外面玩一玩。

每当新生力量进入单位，都会带来新的气息，同时也会带来一些新的问题。对于大多数刚刚走上工作岗位的大中专毕业生来说，除了工作能力之外，还要有实干精神、懂得人际沟通。不但要完成好属于自己的每一项工作，还要做自己不愿做的事情。能否做好那些自己不愿意做的事情是一个人是否成熟的标志，也是一个人能否取得人生成功的主要因素。做好自己不愿做的事，学会妥协，向职场妥协、向现实妥协。

六、从浮躁的心态向逐步理性化转换

转型需要时间，与企业的磨合需要时间，积累经验也需要时间，具备竞争力同样需要时间。要给他们融入职场的时间，他们需要过渡过程。哪怕时间很短，这个过渡过程必须

经过。企业会给实习生时间和机会,但自己不能以此为借口,要积极努力,从浮躁的心态中走出来,尽快进入符合企业要求的状态,这是理性化的成熟表现。

企业看重应届大学生,主要就是看到了隐藏在这些年轻人身上的"发展基因"。实习是一个大学生走向社会的阶梯,如果实习好了,机遇也就会随时光顾你,或者拿到实习单位的Offer,或者把实习经验当成跳板。不管什么用人单位,他们都需要一个谦虚谨慎、好学上进的员工;勤奋刻苦,把远大志向落到实处、树立责任感、执着追求事业的态度。对待实习兢兢业业,最后就能留在实习单位。在现实生活中,有些学生自以为不会留在实习单位,或者这山望着那山高,敷衍了事地对待实习工作,领导安排的工作不能完成,还总想搞点猫腻,偷偷出去应聘,结果,新的公司没聘上,实习的公司又丢掉,最后走向工作岗位,同界同学都成了老手,自己仍然是个短炼的新兵。

七、从家长的呵护向自己保护自己转换

许多大学生在进入就业大军时,往往对就业的相关期限、实习权益一知半解。原来依赖家长,现在需要自立。需要自己判断、自己选择。如果选择去一个根本不了解的公司,这是一种冒险,不要轻易决定第一份工作,一般来说,新人的第一次对职场的体验是刻骨铭心的,它会使新人对职场产生一种固定印象,形成固定心理状态,从而影响到今后的职业心态和职业规划。因此,走好职场的第一步,能够使大学生更好地为企业及社会服务,更大的发挥自己的潜力,若是为了在毕业前找到一份工作,或者迫于其他同学签约带来的压力而草率接受一份自己并不满意的工作,都是不可行的。

对于一家自己向往的公司,作为实习生当然应该全力以赴地做好自己的工作,争取最终能被录用。但是我们也要警惕,一些用人单位制度由于不完善有苦难诉,是不是侵犯了我们自己的权益。在毕业以前,我们作为在校生,无法享受劳动法的保护,但一旦我们毕业了,我们就要懂得维护自己,以防一些不法的公司将自己作为廉价劳动力使用。学会在社会上独立的站立,学会保护自己。面对人生的种种挫折,学会应对,学会维权。

【知识链接】

德裔美籍人塞缪尔·厄尔曼70多年前写的一篇只有四百多字的短文,首次在美国发表的时候,引起全美国轰动效应,成千上万的读者把它抄下来当作座右铭收藏,许多中老年人把它作为安排后半生的精神支柱。美国的麦克阿瑟将军在指挥整个太平洋战争期间,办公桌上始终摆着装有短文《年轻》复印件的镜框,文中的许多的词句常被他在谈话或开会作报告时引用。后来此文传到日本,文章的观点成为许多日本人生活哲学的基础。松下公司的创始人松下幸之助说:"多年来,《年轻》始终是我的座右铭。"

年 轻
——塞缪尔·乌尔曼

年轻,并非人生旅程的一段时光,也并非粉颊红唇和体魄的矫健。

它是心灵中的一种状态,是头脑中的一个意念,是理性思维中的创造潜力,是情感活动中的一股勃勃的朝气,是人生春色深处的一缕东风。

年轻，意味着甘愿放弃温馨浪漫的爱情去闯荡生活，意味着超越羞涩、怯懦和欲望的胆识与气质。而60岁的男人可能比20岁的小伙子更多地拥有这种胆识与气质。没有人仅仅因为时光的流逝而变得衰老，只是随着理想的毁灭，人类才出现了老人。

岁月可以在皮肤上留下皱纹，却无法为灵魂刻上一丝痕迹。忧虑、恐惧、缺乏自信才使人佝偻于时间尘埃之中。

无论是60岁还是16岁，每个人都会被未来所吸引，都会对人生竞争中的欢乐怀着孩子般无穷无尽的渴望。

在你我心灵的深处，同样有一个无线电台，只要它不停地从人群中，从无限的时间中接受美好、希望、欢欣、勇气和力量的信息，你我就永远年轻。一旦这无线电台坍塌，你的心便会被玩世不恭和悲观失望的寒冷酷雪所覆盖，你便衰老了——即使你只有20岁。但如果这无线电台始终矗立在你心中，捕捉着每个乐观向上的电波，你便有希望超过年轻的80岁。

所以只要勇于有梦，敢于追梦，勤于圆梦，我们就永远年轻！

千万不要动不动就说自己老了，错误引导自己！年轻就是力量，有梦就有未来！

【项目练习】

结合自身情况说明如何才能尽快从学生转变成职业人。

第四节 求职目标确定与调试

【名言点津】

成功，在一开始仅仅是自我的一个选取。

【案例导入】

哈佛大学有一个十分著名的关于目标对人生影响的跟踪调查。对象是一群智力、学历、环境等条件都差不多的年轻人，调查结果发现：27%的人，没有目标；60%的人，目标模糊；10%的人，有清晰但比较短期的目标；3%的人，有清晰且长期的目标。

25年的跟踪研究结果表明，他们的生活状况及分布现象十分有意思。

那些占3%者，25年来几乎都不曾更改过自我的人生目标。25年来他们都朝着同一个方向不懈地发奋，25年后，他们几乎都成了社会各界的顶尖成功人士，他们中不乏白手创业者、行业精英、社会精英。

那些占10%有清晰短期目标者，大都生活在社会的中上层。他们的共同特点是，那些短期目标不断被达成，生活状态稳步上升，成为各行各业的不可或缺的专业人士。如医生、律师、工程师、高级主管等等。

其中占60%的模糊目标者，几乎都生活在社会的中下层面，他们能安稳地生活与工作，但都没有什么个性的成绩。

剩下27%的是那些25年来都没有目标的人群，他们几乎都生活在社会的最底层。他们生活都过的很不如意，常常失业，靠社会救济，并且常常都在抱怨他人，抱怨社会，抱怨世界。

调查者因此得出结论：目标对人生有巨大的导向性作用。

又一个案例：小林，女，21岁，某大学中文系大三学生。

她乐观、外向、健谈、热情、喜欢结识新朋友，人缘好，比较敏感，对人和事通常都有细致的洞察力。喜欢独立做决定，很有责任感，擅长写作，学业成绩优秀，多次获得奖学金。她最大的生活梦想就是周游世界；最大的职业梦想是成为白领精英。

她做过一些测评，如 MBTI 的人格类型是 ESFJ，霍兰德职业兴趣与能力倾向量表的结果是社会型，价值观量表中显示她看中的是职业中的社会交往，认为工作的目的和价值，在于能和各种人交往，建立比较广泛的社会联系和关系，甚至能和知名人物结识。

因此，她想从事跟人打交道的工作，最好能运用自己的中文写作特长，经过考虑，她觉得中学教师、行政秘书和人力资源专员这三种工作都可以作为自己的选择，而她父母的意见是女孩子做中学教师工作稳定，也能照顾家庭，希望她做教师。究竟哪一种职业更适合自己的发展和生活的平衡，她难以做决定。

【分析讨论】

当面对很多份职业，很多大学生无法做出决定，是因为他们缺少一个职业目标，"不知道自己将来要做什么，不知道自己喜欢做什么，不知道自己能做什么。"这成为影响就业的重要因素。大学生在职业生涯规划过程中，很多人会表现出缺乏对职业和自我的合理认识和定位，犹豫不决、不知所措，面对各种就业机会感到迷茫，对于职业决策和职业选择能力不足，无法做出明确的职业决策，由此而引起一系列的反应，比如焦虑、挫折感，甚至不敢正视现实、面对未来，这其实是职业目标决策困难的典型表现。

人生的职业发展要有明确的目标，如果职业没有目标，职业随时有可能陷入停滞状态。

一、确立正确求职目标应遵循的原则

1. 实事求是

准确的自我认识和自我评价是制订个人职业计划的前提，要切实可行。首先，个人的职业目标一定要同自己的能力、个人特质及工作适应性相符合，一个学历不高又无专业特长的职员，却一心想进入管理层，在现代企业中显然不切实际。其次，个人职业目标和职业道路确定，要考虑到客观环境条件。例如，在一个论资排辈的企业里，刚毕业的大学生就不宜把担当重要管理工作确定为自己的短期职业目标。

2. 社会需求

根据社会需求，结合社会经济、政治、科技教育的发展趋势，来设定个人的职业生涯规划。

选择职业往往受社会各种外在因素和自我因素的制约，虽然选择职业时任何人都是自由的，但却都是相对的、有条件的。如果选择脱离社会需要，那么将很难被社会接纳。

因此，大学生在求职时应以社会导向性为原则，努力做到社会发展与个人发展相统一，做到社会需要与个人愿望有机结合，以社会需要为出发点，以社会对人才的要求为准绳，把握社会对人才需求的动向，既要考虑个人的因素也要自觉服从社会需要。

3. 专业优势

大学生都有自己所学专业，每个专业都有一定的培养目标和就业方向，一般来说，专业在很大程度上决定学生的知识结构、工作能力和职业取向，这是大学生的优势。也是职

业生涯规划时的基本依据。需要强调的是，大学生除了要掌握宽厚的基础知识和精深的专业知识外，还要积极拓宽专业知识面，了解或掌握与本专业相关，相近的若干专业知识和技术，在多学科交叉中增强实践能力，提高自己的竞争力，成为素质全面的"通才"。

4. 个性突出

每个人都有与众不同的气质特征，职业生涯设计要与自己的个人性格、气质、兴趣、能力等方面相结合，充分发挥自己的优势，扬长避短，体现人尽其才、才尽其用的要求。学校在帮助和指导大学生进行职业生涯规划时根据每个人的不同特点提供相应的服务，做到有的放矢。

5. 个人职业计划目标要与企业目标协调一致

职员是借助于企业而实现自己的职业目标的，其职业计划必须要在为企业目标奋斗的过程中实现。离开企业的目标，便没有个人的职业发展，甚至难以在企业中立足。所以，职员在制定自己的计划时，要与企业目标协调一致。

二、确定求职目标的方法

1. 盘点自己

主要盘点自己的个人的能力、个人的兴趣与爱好、个人的性格与气质、个人的学识水平以及个人的技能等方面，进而综合评价职业自我。

2. 分析自己

优势分析：你曾经做过什么？你学习了什么？最成功的是什么？

劣势分析：性格的弱点；经验或经历中所欠缺的方面。

机会分析：对社会大环境的分析；对自己选择企业的外部分析；人际关系分析；潜在的危险分析。

分析自己学业、专业与职业。学业是职业发展的基础，根据自己的能力与专业来选择自己的职业，确立职业目标。清楚认识自己，就是要对自己的专业和职业进行完美组合，处理好专业与职业的五种关系：专业包容职业；以专业为核心；专业与职业部分重合；专业与职业相切；专业与职业分离。确定自己的职业发展路线，询问自己：想往哪一条路线发展？我适合往哪一路线发展？我可以往哪一路线发展？

3. 设置求职目标的标准

求职目标必须是自己认真选择的，对选择的结果要认真评估，对目标充满信心，愿付出行动来完成，适合你的生活模式，符合你的价值观。同时要注意：不要太贪心，目标要具体明确，高低适度，兼顾平衡，个人目标与企业目标要一致。

4. 选定求职目标

要以自己的最佳才能、最优性格、最大兴趣、最有利的环境等信息为依据。通常设定目标时分短期目标、中期目标、长期目标和人生目标。微软公司针对不同岗位员工的工作性质和每个人不同的成长需要，采取一对一的方式，来具体规划员工的职业发展道路。每年员工都有两次机会向公司提出自己未来半年中的职业发展方向，以及需要什么帮助。然后，人事部门会做出基本的职业规划，直接经理会和员工谈具体的职业发展道路，最终将具体提供什么培训、发展空间和资源支持紧密结合在一起。李万军从一个普通的工程师提升为微软公司最年轻的部门经理，他的成功，首先是源于个人的兴趣和对技术的痴迷，其次得益于公司的大力支持。现在，微软全球都在使用他发明的系统，公司内部的管理效率大大提高了。李不仅为公司做出了贡献，也为自己创造了价值。

三、用 PDCA 循环法调整自己的职业目标

　　PDCA 管理循环，由日本的高管们在 1950 年日本科学家和工程师联盟研讨班上学到的戴明环改造而成，最先是由休哈特博士提出来的，由戴明把 PDCA 发扬光大，并且用到质量领域，故称为质量环和戴明环。它是全面质量管理所应遵循的科学程序。

　　PDCA 循环作为全面质量管理体系运转的基本方法，其实是需要搜集大量数据资料，并综合运用各种管理技术和方法。全面质量管理活动的全部过程，就是质量计划的制订和组织实现的过程，这个过程就是按照 PDCA 循环，不停顿地周而复始地运转。用 PDCA 法来管理自己的求职目标的整是十分有效的。

　　（1）P（计划 PLAN）：明确自己选择岗位的需求，做出适应计划。
　　（2）D（实施 DO）：实施行动计划。
　　（3）C（检查 CHECK）：评估检查自身适应结果。
　　（4）A（处理 ACT）：如果对结果不满意就返回到计划阶段，或者如果结果满意就对解决方案进行标准化。

　　PDCA 循环，可以使我们的思想方法和工作步骤更加条理化、系统化、图像化和科学化。它具有如下特点：大环套小环，小环保大环，互相促进，推动大循环；PDCA 循环是爬楼梯上升式的循环，每转动一周，质量就提高一步；PDCA 循环是综合性循环，4 个阶段是相对的，它们之间不是截然分开的。

　　PDCA 循环法包含八个步骤。

　　步骤一：分析现状，找出题目。强调的是对现状的把握和发现题目的意识、能力，发掘题目是解决题目的第一步，是分析题目的条件。

　　步骤二：分析产生题目的原因。找准题目后分析产生题目的原因至关重要，运用头脑风暴法等多种集思广益的科学方法，把导致题目产生的所有原因统统找出来。

　　步骤三：要因确认，区分主因和次因是最有效解决题目的关键。

　　步骤四：拟定措施、制定计划（5W1H）即：为什么制定该措施（Why）？达到什么目标（What）？在何处执行（Where）？由谁负责完成（Who）？什么时间完成（When）？如何完成（How）？措施和计划是执行力的基础，尽可能使其具有可操性。

　　步骤五：执行措施、执行计划。高效的执行力是组织完成目标的重要一环。

　　步骤六：检查验证、评估效果。

　　步骤七：标准化，固定成绩。标准化是维持、积累、沉淀经验的最好方法，也是自身管理水平不断提升的基础。

　　步骤八：处理遗留题目。所有题目不可能在一个 PDCA 循环中全部解决，遗留的题目会自动转进下一个 PDCA 循环，如此，周而复始，螺旋上升。

【知识链接】

骑驴找马

　　骑驴找马，意指在没找到目标之前先将就着，能用就用，等找到了再把现有的换掉。

比如大学生刚毕业就面临工作难找的问题，一根筋地找下去处处碰壁。这个时候你先找个临时工先做着，边做边等待机会，等找到了再把这个换掉。

骑驴找马没有特定地指哪一件事，是指在你没有找到你想要的之前先降低等级、标准、要求，退而求其次。

【项目练习】

运用 SWOT 分析法确定自己的求职目标。
(1) 职业兴趣分析——你喜欢干什么？
(2) 职业价值观分析——你最看重什么？
(3) 职业能力——你能够干什么？
(4) 你的具体情况如何？
(5) 你潜在的弱点有哪些？
(6) 你性格特征——适合干什么？
(7) SWOT 分析：

优势能力	弱势能力
外部机遇	外部威胁

结论：你的求职目标是_____。

参考文献

[1] 曲振国. 大学生职业生涯规划与就业创业指导教程 [M]. 西安:西安交通大学出版社,2015.

[2] 钟古兰,杨开. 大学生职业生涯发展与规划 [M]. 上海:华东师范大学出版社,2016.

[3] 吴新业. 大学生职业生涯规划与就业创业指导 [M]. 天津:南开大学出版社,2014.

[4] 邓宁. 你的职业性格是什么? MBTI16型人格与职业规划 [M],杨良得,译. 北京:电子工业出版社,2014.

[5] 邓宁. 读懂你的性格选准你的职业 [M]. 钱峰,译. 沈阳:辽宁教育出版社,2012.

[6] 张岩松,刘志敏,高琳. 新编自我管理能力训练 [M]. 西安:西安电子科技大学出版社,2015.

[7] 张廷程,杨显东. 自我管理能力训练教程 [M]. 北京:中国人民大学出版社,2011.

[8] 李志洪. 麦肯锡时间分配法 [M]. 海口:南海出版公司,2017.

[9] 赵敏,张凤. 大学生生涯规划与辅导实务 [M]. 北京:电子工业出版社,2010.

[10] 谢珊. 大学生职业生涯发展训练 [M]. 广州:广东高等教育出版社,2011.

[11] Brent. 时间管理从入门到精通——如何击败99%的人 [M]. 北京:北京大学出版社,2017.

[12] 国家职业分类大典修订工作委员会. 中华人民共和国职业分类大典 [M]. 2版. 北京:中国劳动社会保障出版社,2015.

[13] 王珊. 调整心态控制情绪 [M]. 北京:中国华侨出版社,2016.

[14] 王易,邱吉. 职业道德 [M]. 北京:中国人民大学出版社,2009.

[15] 汤福球. 大学生职业生涯规划与就业指导 [M]. 北京:北京邮电大学出版社,2010.

[16] 鲁江旭. 大学生职业生涯规划与就业指导 [M]. 北京:中国轻工业出版社,2016.

[17] 寇宝明. 大学生职业生涯规划 [M]. 北京:北京理工大学出版社,2016.

[18] 赵麟斌. 大学生职业生涯规划与就业指导 [M]. 北京:北京大学出版社,2011.

[19] 刘廉明. 大学生职业生涯规划与就业指导 [M]. 厦门:厦门大学出版社,2016.

[20] 鲍利斯,李春雨. 你的降落伞是什么颜色 [M]. 王鹏程. 译. 北京:中国华侨出版社,2014.

[21] 李富军. 大学生职业生涯规划与就业指导 [M]. 西安:西安工业大学出版社,2010.

[22] 张慧丽,汪达. 职业生涯规划与大学生素质发展 [M]. 北京:科学出版社,2009.

[23] 郭志文,李斌成. 大学生职业生涯规划 [M]. 武汉:华中科技大学出版社,2008.

[24] 胡琼妃,刘定巧. 大学生职业生涯规划与就业指导 [M]. 北京:中国人民大学出版社,2017.

[25] 陶德胜,李世明,邹艳星. 大学生职业生涯规划与就业创业指导 [M]. 苏州:苏州大学出版社. 2017.

[26] 谢珊. 新编大学生职业生涯规划与就业指导. 北京:中国轻工业出版社,2017.

[27] 费瑟斯通豪. 远见——如何规划职业生涯3大阶段[M]. 苏健,译. 北京:北京联合出版社,2018.

[28] 苏文平. 大学生职业生涯规划与就业创业指导[M]. 北京:中国人民大学出版社,2018.

[29] 刘莹. 大学生职业发展指导与创新创业教育[M]. 沈阳:东北大学出版社,2016.

[30] 冯子材. 大学生就业与学业刍议[J]. 西南科技大学学报:哲学社会科学版,2003,20(4):75-78.

[31] 邓基泽. 大学生职业规划与就业创业指导[M]. 北京:中国农业大学出版社,2011.

[32] 刘清亮. 职业生涯规划与就业指导[M]. 北京:人民邮电出版社,2010.